青年成长与青年教育
——辅导助人工作读本

张广东 李桦 编著

中山大学出版社
·广州·

版权所有　翻印必究

图书在版编目（CIP）数据

青年成长与青年教育：辅导助人工作读本/张广东，李桦编著. —广州：中山大学出版社，2018.12

ISBN 978-7-306-06488-2

Ⅰ. ①青… Ⅱ. ①张… ②李… Ⅲ. ①青少年—心理健康—健康教育 Ⅳ. ①G444

中国版本图书馆 CIP 数据核字（2018）第 274556 号

QINGNIAN CHENGZHANG YU QINGNIAN JIAOYU——FUDAO ZHUREN GONGZUO DUBEN

出 版 人：	王天琪
策划编辑：	王　润
责任编辑：	邓子华
封面设计：	刘　俊
责任校对：	王　璞
责任技编：	何雅涛
出版发行：	中山大学出版社
电　　话：	编辑部 020 - 84111996，84113349
	发行部 020 - 84111998，84111981，84111160
地　　址：	广州市新港西路 135 号
邮　　编：	510275　传　真：020 - 84036565
网　　址：	http：//www.zsup.com.cn　E-mail：zdcbs@mail.sysu.edu.cn
印 刷 者：	佛山市浩文彩色印刷有限公司
规　　格：	787mm×1092mm　1/16　18.5 印张　320 千字
版次印次：	2018 年 12 月第 1 版　2018 年 12 月第 1 次印刷
定　　价：	68.00 元

如发现本书因印装质量问题影响阅读，请与出版社发行部联系调换

序：青年成长与青年教育

党和国家高度重视青年人才培养，青年是国家和民族的未来，是事业发达的希望，青年强则国家强。青年的强是多方面的，既包括思想品德、专业知识、创新精神、实践能力，也包括身心健康。从某种意义上说，青年的价值取向决定了未来整个社会的价值取向。所以，重视青年的成长与教育，重视青年期的价值观培养和身心健康至关重要。

苏联教育家苏霍姆林斯基曾说过："教育者应当深刻了解正在成长的人的心灵。"这本读本做了一次这样整理性的尝试，从既有的理论框架和研究出发，从发展心理学的角度切入，从已有的当代青年学生的思想和心理现状调查分析入手，结合社会变迁的时代背景，分析研究青年学生的思想和心理特点，以此引出青年学生的发展与期待、问题与需要，并从强化学生心理健康教育出发，来进一步梳理学校发展性辅导与一线辅导员的工作，讨论心理健康教育与大学生思想政治教育契合的紧迫性和必要性，阐明学校心理健康教育工作者和辅导员、学生工作队伍的工作技巧与接入策略，特别地整理了心理评估与学校心理测评、大学生心理危机干预的内容。希望可以在后续的使用过程中不断加以完善及进行更深入的思考。

本书着眼于青年成长与青年教育来展开，介绍了很多心理健康教育和心理咨询的相关理论。但值得特别思考的是，服务于微观层面的现代西方心理咨询萌芽于17世纪工业革命以后，在20世纪初逐渐发展起来，回应的正是工业革命对社会生活带来深刻影响，继而对人们的心理带来巨大冲击的社会现实。20世纪30年代，威廉森创立了第一个心理咨询理论；20世纪40年代后，真正意义上的心理咨询时代来临，涌现了一批杰出的心理学家，发展出精神分析、行为主义、认知理论、人本－存在主义等心理咨询理论流派；20世纪50年代末，心理咨询理论的数量和种类达到了前所未有的丰富，这一方面反映心理失衡、人性异化成为现代人类普遍面临的精神困扰，另一方面也说明如何及时地排遣不良心理，保持心理健康，寻求人性的复归，乃是现代人类迫切需要解决的问题。

20世纪80年代始，几乎所有的西方主流心理治疗理论和技术都被引入中国，有关心理治疗的文章数量迅速增加，心理治疗的对象逐步扩大，全国各大城市的大学和综合性医院普遍建立了咨询和治疗门诊。但在发展上，中国的心理治疗和咨询工作深受西方心理咨询各种理论和流派的影响，在实务工作上的经验积累较多，而对心理学理论，特别是心理咨询的理论建构则较少。受自20世纪80年代的"本土心理学"运动的影响，我国学者在过去的几十年间也围绕着心理学研究的本土化问题做出了许多有益的尝试和探索：杨国枢提出把"本土契合性"作为本土化的标准，黄光国运用西方的理论框架分析了中国人的人情和面子，王登峰对中国人人格结构及其测量进行了研究，朱滢做了关于中国人自我的认知行为研究，杨中芳提出本土化的研究要放在"文化、社会、历史"的脉络中才能有效。她认为，直到2001年，此运动始终停留在诉苦、呐喊、誓师的阶段，大部分人对更进一步、脚踏实地地进行本土研究工作，都一直裹足不前。

从整体上来看，西方学校传统的辅导主要着眼于矫治的层面，为少数有学习困难、适应障碍、退缩行为以及有暴力倾向等问题的学生提供服务，帮助他们消除异常的心理和行为，以适应环境。随着时代的发展，这已与学校教育是促进人的发展的目标不相适应。学校心理辅导理应积极向发展性层面推进，促进学生身心的健康发展，包括健全的人格和心理适应能力的发展，使之提高自尊心，增强承受挫折的能力，发展社交能力，充分发挥各种潜能。在我国，大学生思想政治教育实践着眼于学生的身心全面发展，思想政治教育理论研究正向多学科交叉、全口径整体推进。在青年成长与青年教育的工作中，应注重运用世界眼光、秉持中国情怀、着眼时代特征，以把握思想政治工作的规律。关于青年发展的研究显示了一项重要的事实：青年所遇到的问题与困难，既不是单独决定于内在的身心因素，也不是单独决定于外在的环境因素，而是两者交互作用的结果。这决定了大学生思想政治工作具有极强的长期性与社会性。在加强专业辅导质量的同时还要积极调动非专业人员的参与和支持，在校内形成专职教师、辅导员、一般教师和学生干部相结合的教育网络。同时，在社会发展日益复杂的当今时代，过去那种单纯由学校独自实施心理辅导的格局已经不合时宜，应积极形成学校、社会、家庭相结合的辅导网络，建立校内外辅导一体化网络的工作格局。因此，这本书的阅读对象并不局限于学校的教育工作者。

关注青年发展，着眼青年成长，这是一个国家和民族的希望，也是追求和光明所在。从政治、历史、文化、心理的综合视角影响培养青年，从思想政治素质、科学文化素质、身心健康素质的协调发展促进青年成长，应该是值得我们不懈努力和奋斗的事业。

冯刚

2018 年 9 月 18 日

引言

青年成长和青年教育是大学教育直面的领域。再宏伟的理想，也需要落实在每一天的度过中。当我们带着某种局限性生活时，生命形式也把他自身的局限性强加给了我们。心理教育是一个不断突破的反身性实践过程，因为那些年轻的生命和那些虽然年长过我们却洋溢着青春热血的前辈时刻鼓舞着我们。在他们富于冲击力的思考推动下，我的同事们整理了这本书，力图寻找到一些理解青年这个生命时期的研究线索和生活脉络，以带给我们思考的源泉和行动的指导，特别是，带来研究上再出发的可能。

对于新世代的好奇，对于生命的敬畏，一直是心理辅导工作的原动力；而服务年轻生命的同时，也被年轻人的执着所带动和感染。青少年工作者最大的福利无疑是日常中直面这些心灵的成长和青少年们对未来孜孜不倦的追求。我们的主要工作是日常的知识构建和发掘青少年工作与社会变迁的内在联系。Christian Norberg-Schulz 在《存在·空间·建筑》（1971 年）中定义了"日常生活的世界"这个广义的概念。每个"日常生活的世界"都存在一个全景的框架，每个"日常生活的世界"都有以自己为中心的消失点，映射出观察者和行动者的位置关系。

在教育领域，对教育与生活世界的关注源于教育工作者对教育与生活关系的思考。两者之间的关系在教育史的演进中不断发生着变化。教学相长，透过这样的一种相互成长，我们日渐一日更清晰地知道站在哪一个位置上，得以辨识与周围环境的脉络关联，不断地追溯和反思工作的起点，透过他人的成长，看见自己劳动的意义，思考如何在帮助别人的过程中，更清楚地觉知如何自处。

回望我们的青春的最好的方式之一是融入别人的青春。敏感于成长中的挣扎和内心世界的苦难，欣赏那一份迟疑、那一份纠结，并善于陪伴，长于转换。

希望这本资料，是一个出发。

（作者为中山大学教授，学生处心理健康教育咨询中心主任）

李桦

2018 年 9 月 20 日

目录

1	第一章 认识青年：青年期的定义与特征
1	一、关于青年期
7	二、青年期的年龄界定
13	三、青年心理发展的主要特征
24	四、青年心理发展的一般特点
34	第二章 发展中的青年：青年心理发展的理论
35	一、生物学理论
40	二、心理学方面的理论
71	三、社会学及社会工作方面的理论
80	四、人类学及社会心理学方面的理论
83	五、青少年心理发展的辩证观
87	第三章 理解青年：社会变迁中的青年社会心理与心态
88	一、青年社会心理的现状和特征：朝向现代化的开放与理性
95	二、青年心理问题的社会原因：社会转型中的心理转型
99	三、影响青年学生心理健康的因素
104	第四章 青年学生的问题与需要
104	一、青年学生心理问题产生的社会原因
108	二、青年学生心理问题产生的生活背景原因
117	三、青年学生心理问题产生的心理原因

第五章　青年学生的心理健康
- 128　一、心理健康概述
- 154　二、心理辅导的内涵

第六章　发展性辅导与辅导员工作
- 166　一、发展性辅导提出的背景和基本观念
- 175　二、辅导员工作与发展性辅导

第七章　心理评估与学校心理测评
- 208　一、心理评估的含义及其目的
- 209　二、心理评估的方法及内容
- 226　二、学校心理测评

第八章　学生心理危机的预防与干预
- 243　一、危机及其特征
- 244　二、危机历程
- 246　三、与危机相关的理论
- 248　四、大学生心理危机
- 262　五、心理危机事件预防干预工作流程及要点

275　参考文献

第一章　认识青年：青年期的定义与特征

> 科学是对日常思维的一种提炼。
> ——爱因斯坦

青年是我们的工作对象。今天，我们已经明确地意识到青年期是人的一生中身体发育和心理发展的重要时期，是人生发展过程中承先启后的一个重要阶段，某种意义上，也是个体本身一生发展的关键。但是，应如何理解青年期？不同的历史时期对青少年的描述是怎样的？关于青少年的科学研究是从什么时候开始的？青年心理发展的特征是怎样的？作为学校心理健康教育工作者和辅导人员，应对青年期的发展有更进一步的认识，以便能在日常的工作中贴近他们，提供更有效的辅导，帮助他们顺利地度过这一时期，促成正常的发展。我们梳理了青年期的定义和特征，并结合相关的科学研究，从生物基础、心理发展和社会文化三个方面去理解青年期。特别地，我们以青年心理发展的主要特征为脉络，从教育工作者和助人工作者的角度，梳理青年心理发展的主线。

一、关于青年期

我们视"青年"为理所当然的概念，并相信"青年期"是人类社会"自然而然"存在的。但通过对过往研究进行检索，我们发现，无论是在中国还是在西方国家,"青年"这个概念并非自有历史记录就存在。

(一) 早期的历史

在西方国家早期的历史中,似乎只有成人和非成人的分类。在纪录片《中世纪的儿童》中,史学家斯蒂芬·巴克斯特博士透过儿童的眼睛重新审视中世纪。那时候,有一半的人口是 18 岁以下的青少年。他认为,在中世纪之前,没有所谓儿童的概念,他们认为儿童只是缩小版的大人,混在成人中间,和他们一起劳动、竞争、社交、玩耍,并早早承担起成人的责任;直到中世纪末期,青年的概念才开始与成人分离。法国史学家 Philippe Ariès 在其著作《儿童的世纪:旧制度下的儿童和家庭生活》中指出,即使是童年时期,也是一种社会的建构。过了 7 岁的儿童就被视为"缩小的成人",而非一个有不同需求的个体。到了 16 世纪,成人才开始注意到儿童,认为儿童必须接受训练,被纠正行为,且需要保护与改造。17 世纪时,人们逐渐明白儿童不同于成人,不是缩小版的成人,他们是独特的一群,有自己的穿着打扮及休闲娱乐。到了 18 世纪,现代童年的概念才正式出现,儿童成为家庭中重要成员。

从对儿童与青少年的教育来看,在西方国家,早期可以追溯到古希腊时期,哲学家柏拉图和亚里士多德对青年人的本质做过阐述。按照柏拉图(公元前 427—公元前 347 年)的观点,儿童没有理性思维,但青少年已经初显其理性思维。柏拉图在《法律篇》中详细论述了儿童教育,并把儿童教育分为 3 个阶段:胎教、学前教育和儿童教育。在儿童教育方面,柏拉图认为儿童早期教育的目的是让幼儿得到心灵的熏陶,因此,他强调教育的内容应具有道德思想楷模的作用,故事、游戏和歌曲的内容要经过严格挑选,要选择那些歌颂勇敢、正义和高尚品德的故事和游戏。基于他的"灵魂三分"和"四元德"思想,柏拉图把音乐和体育教育作为儿童教育的主要内容,而青少年的主要活动则应该是科学和数学。公元前 4 世纪,亚里士多德明确地提出了体育、德育和智育的划分,而且也是最早根据儿童身心发展的特点,提出按年龄划分教育阶段的主张。他把一个人的教育阶段按每 7 年为 1 个阶段来划分。0～7 岁为第一阶段,以体育训练为主;7～14 岁为第二个阶段,以德育为主;14～21 岁为第三个阶段,以理智培养为主。他认为,青少年期最重要的任务是培养选择能力,他们成熟的标志就是能够做出自我决定。亚里士多德所强调的青少年自我决定能力的发展不同于当代的一些观点,后者把独立性、自我同一性、职业发展看作青少年期发展的课题。亚里士多德也认识到了青少年的自我中心的特点,他曾说过,青少年总是认为自己无所不知,而且对此坚信无疑。大约自1500年,在一些欧洲国家,年轻人普遍参与历史学家所称的"生命周期服务"(life-cycle service)。年轻人在十七八岁到二十几岁这段时间参加家务活动、农场劳动,或者在各种贸易行业和手工行业做学徒。生命周期服务需要搬离自己的家,住进师傅的家。在学徒期间,学徒会一直为师傅服务,一般是7年。年轻女性可能比年轻男性少参与生命周期服务,但是,大多数年轻女性还是在青春期离开家,一般是在一个家庭里做仆人。生命周期服务在新英格兰早期殖民时代的美国也是普遍的,但是在殖民地新英格兰,这样的服务通常发生在亲朋好友的家里。18世纪,一些人文主义教育家,如夸美纽斯(J. A. Comenius)、裴斯泰洛齐(J. H. Pestalozzi)、福禄培尔(F. Froebel)、卢梭(J. J. Rousseau)等人也开展了有关的工作,他们提出尊重儿童、了解儿童的教育思想,特别地,法国哲学家卢梭提出了一个更富有启发性的青少年期的观点,他认为儿童和青少年完全不同于成人。和柏拉图一样,卢梭也认为理性思维形成于青少年期。但他指出,在12~14岁个体的教育中,尤其应该鼓励其好奇心。15~20岁,个体情绪日益成熟,对自己的关注发生变化,开始转向对他人的关注。因此,卢梭坚信发展是分阶段的。进入19世纪,达尔文(C. Darwin)的进化论思想则直接推动了儿童发展的研究。达尔文根据长期观察自己的孩子的心理发展记录并撰写成《一个婴儿的传略》(1876年)一书,是儿童心理学早期专题研究成果之一,它对推动儿童发展的传记法(或曰日记法)的研究有重要影响。

在中国古代,一方面已经开始通过生理特征进行分类,而且也有了关于个人毕生发展的年龄分类的提法,我们可以通过古人对年龄的称谓窥见一斑。古人对年龄的称谓来源不一,大多根据不同年龄的生理特征而命名,如:人初生叫"婴儿",是因为人初生需要抱在胸前喂奶。"婴"可与"膺"通假,膺者胸也。婴儿即为抱在胸前之儿。7岁除叫作"悼"外,还叫"韶龀",也叫作"毁齿",因为正是换牙时期,所以有此称谓。15岁男子未加冠,被称为"束发",应该学会各种技艺。《大戴礼记·保傅》中记载:"束发而就大学,学大艺焉,履大节焉。"而古代男子于20岁行冠礼,《礼记·曲礼上》记载"二十曰弱冠",表示已经成年,开始承担各种社会责任。左思《咏史》诗之一曰:"弱冠弄柔翰,卓荦观群书。"女子则被视为15岁为成年,称为及笄,《礼记·内则》记载"女子……十有五年而笄","笄",谓结发而用笄贯之，表示已到出嫁的年岁。另外，我们现在常说的"而立之年""不惑之年""知命之年"，则来自《论语·为政》的记载。"子曰：'吾十有五而志于学，三十而立，四十而不惑，五十而知天命，六十而耳顺，七十从心所欲不逾矩。'"而在汉代，戴圣所辑《礼记·曲记篇》说："人生十年曰幼，二十曰弱，三十曰壮，四十曰强，五十曰艾，六十曰耆，七十曰老，八十、九十曰耄，百年曰期。"这些划分已经有了生命全程的发展观，对今天的国人依然影响至深，体现了人类心理发展的一般原理，初步阐述了人的心理发展的趋势。另一方面，已经有了朴素的先天与后天的分别，如孟子（公元前372—公元前289年）的性善论，荀子（公元前313—公元前238年）的性恶论，韩愈（768—824年）的性与情的三品说，王廷相（1474—1544年）的"天性之知""凡人之性成为习"的观点。而且，已开始重视教育对人的影响与改变。《颜氏家训》中即说，"教妇初来，教儿婴孩"，儿童天性未染污前，善言易入，长大后也难以发生改变，因此，"人之善心、信心，须在幼小时培养"，而"若幼小时不教，待其长大，则习性已成，无能为力矣！"

在对儿童与青少年的教育上，中国儿童教育开展甚早，但主要是私人教学。古代私学设置大体可以分为两类：一类是教授识字和基本知识的蒙学，这类蒙学或称小学，或是乡校、村学，或是由宗族设立的义学，或是富有之家的私塾等。另一类是为年龄较长、程度较高的学生从事学问或学习科举文字之所。而前一类的教学对象是儿童，从事的是儿童教育；后一类的对象则为青少年，开展青少年的教育。纪录片《我从汉朝来》叙述了汉朝时的小学教育。到南宋时期，朱熹在他的"小学理论"中，将一个人的教育分成两个段落：一是"小学"段落，二是"大学"段落。这个分段不只是指从学习年龄次序上说，也指从内容和意义上说。他说从孩幼时，便须从洒扫应对进退上将伦常礼教教导儿童，进而教他诗、书、礼、乐之文，要使儿童在日常生活上、具体行事上，熟悉、伦常礼乐之教。再进而入"大学"，即在小学的基础上，做格物致知的工夫，对宇宙间的一切道理要有一贯的理解。

从内容来看，古代极为重视做人或者说道德的教育，古代蒙学教育主要包括识字、写字、读书、作对和习文等5个阶段，而且在每一个阶段，教学都融进了如何做人的思想，儿童初级阶段的教育自然也不例外。诚如钱穆先生的发现——他在《中国历史上的传统教育》一文中提及，中国传统教育的主要意义"并不专为传授知识，更不专为训练职业，亦不专为幼年、青年乃至中年以下人而设"，此项教育的主要对象"乃为全社会，亦可说为全人类。

不论幼年、青年、中年、老年，不论男女，不论任何职业，亦不论种族分别，都包括在此项教育精神与教育理想之内"。先秦时期的蒙学教材流传下来的不多，较著名的有李斯的《仓颉》、胡母敬的《博学》等。其中，《仓颉》一直流行到东汉，唐以后才完全亡佚。20世纪，各地考古发现许多汉简，时有《仓颉篇》，其中，最早的离秦代不过50年，含有"仓颉作书，以教后嗣。幼子承昭，谨慎敬戒。勉力风诵，昼夜勿置。苟辑成史，计会辨治，超等轶群，出元别异"等内容。汉魏六朝时期，流传后世比较有名的是南朝武帝时期周兴嗣编撰的《千字文》，不仅讲述了天地万物，做人的标准和准则（如要孝顺父母），要"知过必改"，讲信用，保持纯真本色，要忠诚等，还讲述了恬淡的田园生活，对那些甘于寂寞、不为名利羁绊的人们予以赞美，其内容涵盖了天文、地理、自然、社会、历史等多方面的知识，因此，被称为"小百科"。从唐宋起，由于平民教育普及，致使蒙学教材数量增加，种类增多。其中，传为南宋王应麟作的《三字经》不仅短小精悍、朗朗上口，而且内容涵盖了历史、天文、地理、道德以及一些民间传说。从开篇的"人之初，性本善"到"人不学，不知义"，讲述的是教育和学习对儿童成长的重要性；从"为人子，方少时"到"首孝悌，次见闻"，强调儿童要懂礼仪、要孝敬父母、尊敬兄长，并列举了黄香和孔融的例子。其后，介绍中国古代的重要典籍和儿童读书的程序以及朝代变革，最后部分强调只有努力学习并懂得如何做人，才能"上致君，下泽民"。而明确以德育教育为主的蒙学课本有孔子的《孝经》《论语》，南宋朱熹的《小学》，吕祖谦的《少仪外传》，明代吕得胜、吕坤父子编的《小儿语》《续小儿语》，清李毓秀的《弟子规》，等等。这些课本规范了幼童在家、出外、待人、接物与学习等方面应该恪守的行为规范。如《弟子规》开篇就是要遵从"圣人训"，要"首孝悌，次谨信，泛爱众，而亲仁"，有了剩余时间才学习文化知识。

（二）青年期定义的正式诞生

19世纪末至20世纪初，出现了"青少年期"的概念，并被广泛使用。1890—1920年，在美国以及其他西方国家，对现代青春期特点的形成至关重要。这段时间发生了一些重大的变化，包括颁布了禁用童工、要求儿童接受中学教育等法规；青春期领域方面的学术研究取得进展。所有这些原因，共同促使1890—1920年被称之为"青春期时代"。19世纪末，工业革命在美国和其他西方国家如火如荼地进行着。煤矿、商店和工厂对劳动力的需求量非常大。因为雇佣廉价，儿童和正值青春期的少年尤其抢手。随着越来越多的青少年加入劳工大军，城市改革者、年轻工人以及教育者之间才逐渐担忧起来。这些成人认为，让青少年参加成人劳动是剥削劳动，精神和肉体都受到伤害。这些活动家的努力有了结果，以下法规得以颁布，诸如：禁止雇佣不足 13 岁的童工、严格限制青少年雇工的工作时间。法律在限制童工的同时，要求延长受教育时间。19 世纪晚期之前，很多州没有法律强制儿童入学，即使那些有法律规定的州，也仅仅是要求上小学。1890—1920 年，美国各州开始颁布法律，要求不仅要上小学还要上中学。1890 年，14～17 岁的青少年在校比例仅占 5%，但是到了 1920 年，数字提高到 30%。

1890—1920 年，一些心理学家、城市改革者、教育家、青年工作者开始形成有关青少年期的概念。在那个时候，年轻人，特别是男孩子被越来越多地认为是顺从的和脆弱的——而这些品质在早期被认为是与青少年女性相关。霍尔关于青少年期的著作在 1904 年问世，它在重构有关青少年期的论述中扮演着主要的角色。霍尔在他的书中写道，尽管许多青少年表面看起来是顺从的，但他们内心却经历着相当程度的躁动。

历史学家们将霍尔（G. Stanley Hall，1844—1924 年）看作关于青少年期的科学研究之父。1904 年，霍尔出版了《青少年：它的心理学及其生理学、人类学、社会学、性、犯罪、宗教和教育的关系》，从此确定了儿童心理学研究的年龄范围，即儿童心理学研究儿童从出生到成熟（青少年期到青年期）各个阶段心理发展的特征。霍尔受著名的进化论学家达尔文的影响很大，他把达尔文的思想运用到青少年发展的研究中。霍尔假设，所有的发展都源于由基因决定的生理因素的控制，他认为，环境因素对发展只起到了微弱的作用，特别是在婴儿期和儿童期。然而，霍尔承认环境对青少年期发展的作用要大于对早期发展的作用。至少，在青少年期，霍尔相信，就像我们今天所认为的，遗传与环境共同决定着个体的发展。

按照霍尔（1904 年）的观点，青少年期指的是 12～23 岁这个年龄段，在此期间，个体发展发生了巨变。"疾风怒涛"（storm and drang）是霍尔关于青少年期的描述，他认为青少年期是一个伴随着冲突和情绪波动的躁动阶段。霍尔在著作中讨论的话题很广泛，例如，身体健康和发育、跨文化和历史上的青春期以及青春期的爱情。最新的研究证实了许多的霍尔观点，如关于青春期生理发育的描述；认为青少年的抑郁情绪达到最高点，以及青春期最需要同龄人的回应。然而，霍尔的著作中也有很多过时的观点。很大程度上，他将自己的观点建立在过时的复演论（recapit-ulation）的基础上。

二、青年期的年龄界定

（一）年龄分类与成人初显期

目前，国内和国际上都没有对"青年"概念进行年龄上的明确界定。一些划分人生阶段依据的典型资料可归为以下几类：①以生理发展作为划分标准，如柏曼（L. Berman）以内分泌腺作为分期标准；②以智力发展作为划分标准，如皮亚杰（J. Piaget）以思维发展作为分期标准；③以个性发展特征为划分标准，如埃里克森（E. H. Erikson）对人格发展的划分；④以活动特点为划分标准，如艾利康宁（Д. Б. Эльконин）和达维多夫（В. В. Давыдов）对心理发展的划分；⑤以生活事件为划分标准，如将成年期（18 岁以后）以生活事件分为成年早期（18～35 岁）、成年中期（35～55 或 60 岁）、成年晚期（55 或 60 岁以后）。此外，还有桑代克（E. L. Thorndike）以教育为划分阶段的着眼点，库尔德（Could）以医疗门诊为划分阶段的依据等。一般而言，定义青年开始的时间，采用生物学的标准，即以性成熟开始后第二性征的出现作为标志，但在结束的时间上意见不一。我们从国际组织和我国有关部门中寻找了一个界定的方式，作为一些可参考指标，如表 1-1 所示。

表 1-1 青年的不同年龄分类

国际组织的有关界定	我国有关部门的界定
联合国教科文组织的界定：14～34 岁为青年人口（1982 年）	国家统计局的界定：15～34 岁为青年人（人口普查）
世界卫生组织的界定：14～44 岁为青年人口（1992 年）	共青团的相关界定：14～28 岁为青年人（《团章》）
联合国人口基金的界定：14～24 岁为青年人口（1998 年）	青少年联合会的相关界定：18～40 岁为青年人（《青联章程》）

美国学者 Arnett 等人将年龄为 18～25 岁的阶段称为成人初显期（emerging adulthood），这是一个过渡阶段，从青少年步入成年。成人初显期和其他人生阶段相比，有如下几个显著的特征。

最显著的特征或许是成人初显期是自我同一性的探索时期。这意味着这个年龄段的他们在做恋爱和工作的长久决定之前，可以探索各种可能性。在探索恋爱和职业方面的各种可能性过程中，成人初显期的成人进行自我确认，理解他们是谁、他们的能力和局限、他们持有的信仰和价值观，以及他们如何融入周围的世界。1950 年，埃里克森（Erik Erikson）首度发展自我同一性理论，认为这是青春期一个重要的问题。但是，那是在 50 多年前，现在这个问题却是成人初显期面对的问题。

成人初显期的各种探索使这个时期具有不稳定性。恋爱和工作的各种可能性导致成人初显期的生活经常捉摸不定。成人初显期也是自我关注的时期。大多数美国的成人在十八九岁的时候搬家和父母分开住，直到二十七八岁后才会结婚生子。作为成人初显期的成人，他们夹在年龄层中间，既有青少年对父母的依赖，也有大多数成人对工作和爱情的长期承诺和任务。他们将精力集中在知识、技能和自我理解上，为以后阶段的生活做准备。成人初显期阶段，他们学会独立做决定，这些决定小到晚饭吃什么，大到是否读研究生。自我关注是正常的、健康的和暂时的情况。他们自我关注的目标是自给自足，学会以一个自给自足者的姿态独立生活，但他们并不认为自给自足是一个永久的状态。事实上，他们将自我关注视为自己承诺与他人建立长久关系前必经的一个阶段。

成人初显期的另一个特征是处于夹层中的时期，既不处于青春期，也还没步入成年。当他们被问到"你觉得你是成人了吗"，大多数初显成人不能明确回答"是"或"否"，而是模棱两可地回答："有些方面是，有些方面还不是。"只有到了 30 岁左右，大多数人才明确感觉步入成年。多数初显期成人的个人感觉是处于人生的过渡期，在步入成年的道路上但尚未步入成年的世界。

最后一个特征是，成人初显期充满机遇，未来可能多姿多彩，人生方向没有完全被确定。初显期成人理想远大、期许甚高，部分原因是他们的梦想很少得到真实生活的考验。美国的一项调查发现，年龄在 18～24 岁的人群中，几乎所有的人（96%）都同意这个观点："我很确信将来某天我会实现自己的人生理想。"不过，他们万万没有想到，日后，他们可能亲身经历这样的生活——沉闷枯燥的工作、痛苦的离婚、没有教养的孩子。

成人初显期充满可能性的一个原因是，他们虽然离开了原生的家庭，但还无法绝对忠诚于这一时期的恋爱关系，也无法承担过多的责任。对来自问题家庭的那些人来说，成人初显期有机会让他们扭曲的生活得以好转。不再依靠父母、每天不再受到父母问题的困扰，他们可以自己做决定，或者搬到别的地方，或者上大学，使他们的生活方向和之前的截然不同。即使是那些家庭关系相对和谐的初显期成人，这个阶段也是他们改变自己的时机，让自己不再局限于父母的模式来发展，而是自己决定想做什么样的人、想过什么样的生活。在这段有限的时间里（约为7年或10年），实现他们所有的理想看似都是可能的。因为对他们中的大多数人来说，生活的选择范围比过去和未来都要宽广得多。

不是所有文化都存在成人初显期。各个国家或民族对年龄期的划分，因社会条件与文化背景的差异而不同，年轻人步入成年、承担成人的责任的年龄存在很大的文化差异。Arnett的研究发现，成人初显期主要存在于工业化国家，如美国、加拿大、大多数欧洲国家、澳大利亚、新西兰和日本，在这些国家中，因经济和工作的压力，年轻人不得不将成人角色（如结婚、为人父母）推迟到至少二十五六岁。同时，他也发现，随着文化和经济越来越呈现全球化，在世界其他地区，成人初显期也逐渐盛行起来。

成人初显期是近代的历史现象。在美国，结婚的中间年龄创下历史新高，女性约为25岁，男性约为27岁。2005年，美国教育统计中心（National Center for Education Statistics）的资料显示，接受高等教育的年轻人也比以往任何时候都多，现在的比例大概是60%。最近几十年来，类似的情况也在其他工业化国家发生。将成人责任延迟到至少25岁乃至近30岁使得初显期成人有时间进行人生探索。随着世界范围内工业的发展以及经济的融合，21世纪，成人初显期可能成为全球普遍的现象。

（二）发展的本质

在某些方面，每个人的发展与其他人的没有明显差异；但在另一些方面，人与人之间却有很大不同。大多数时候，我们的注意力都集中于个体的独特性，但是，从事发展研究的研究者们为我们勾画出了人类发展的某些共同特征和独特性。作为人类，我们走过了一些共同的历程。我们中的每一个人——无论是张三,还是李四;无论是你,还是我,都是在 1 岁左右开始走路,在 2 岁左右开始说话,在幼儿时期喜欢玩游戏,而在青少年期变得更独立。

当我们说到个体发展的时候,到底意味着什么?发展心理学的研究为我们揭示,发展(development)就是变化的模式,从胎儿期开始,贯穿生命全程。发展在多数情况下指的是成长,虽然也包括衰退(就像死亡和趋于死亡)。发展的模式很复杂,因为它是多个不同过程的结果。一般而言,人类发展是由生理过程、认知过程、社会情绪过程所决定的,而一个人的成长与发展也是生理的、认识的、社会情绪的过程。生理的、认识的、社会情绪的过程总是复杂地交织在一起。社会情绪过程塑造了认知过程,生理过程也影响着认知过程。

在本读本中,我们所谓的青年期更多地局限在大学阶段,年龄跨度与上述研究中的成人初显期(18~25 岁)相对一致。在发展心理学上,关于青春期早期和青春期后期的研究资料要比成人初显期丰富得多,我们试图借助青春期的各项研究信息考察青少年发展的方方面面——生理上、心理上以及经历的社会文化变迁等,以建立起对青年的一般印象。

1. 生物的青年观

青年期被视为身体发展的阶段,是进入成年期的前阶段,是身体急速成长的时期,因为身体的极速成长现象在性成熟之前或与性成熟同时,这一时期身体方面的变化主要有体格大小的改变、身体各种机能发育完善、第一性征及第二性征的发展等。这个阶段结束后,儿童的生理特征转变为成人的。这个阶段的长短每个人不同,所以要精确地界定其结束时间相当不容易。

青年期是个体生理发育成熟的时期,主要表现在下述几个方面。

(1) 生长发育形态。形态生长发育完全成熟的年龄在 22 岁左右。此时身高、坐高均达最大值。

(2) 生理功能。脉搏频率随年龄的增长而逐渐减慢,18~19 岁时趋于稳定;血压方面,收缩压和舒张压均随年龄的增长而增加,18~19 岁起趋于稳定;肺活量随年龄增长而增大。青年从 12~13 岁起增长加快,19~20 岁时趋于稳定。身体素质方面,中国青年身体素质的各项指标,男性的发展高峰均在 19~22 岁,23 岁后缓慢下降,呈现单峰型;女性在 11~14 岁时出现发展的第一波峰,14~17 岁时趋于停滞或有所下降,18 岁后回升,19~25 岁时出现发展的第二波峰，呈现双峰型。

（3）青春发育期特征。青春发育期的第二性征，男女均在19～20岁发育完成。

（4）脑的发育。进入青春期后，脑的发展不论在形态上还是功能上都已成熟。

2. 心理发展的青年观

从发展心理学的观点来看，人类在生理、智力、个性、教育、生活诸方面发展各有其特点，身心发展确实有一些一致性的年龄阶段，因此，允许以身心发展的各种指标来划分各自的年龄阶段，但同时又要看到内在的一致性。发展心理学的实验研究，主要围绕心理发展的年龄特征展开。个体心理的年龄特征是心理发展的各个阶段中形成的一般特征（带有普遍性）、典型特征（具有代表性）和本质特征（表示有一定的性质）。它与年龄相关，因为年龄代表一定的时期和阶段，其事物的发展与时间相关。当然，它并非完全由时间决定。发展心理学要通过进行实验研究，从大量的个别的心理特征中概括出某一年龄阶段心理发展的一般趋势、典型趋势和本质趋势。尽管这些趋势不能揭示这一年龄阶段人们的一切个别特点，但代表该年龄阶段心理发展的整体特征。一般而言，青年期在心理方面有认识、情绪、意识、行为等的急剧发展，是实验各种成人角色及对自我做比较实际认定的阶段。心理上的变化最主要是受身体变化影响，除了在身高、体重、身体比例、生理机能等发生明显的变化，个体的内在世界也受到影响，认识能力明显提高。随着实践活动的明显增加，青年的思维活动有了长足的进步，并从逻辑思维向辩证思维过渡，出现了特有的独立批判性和创造性。开始用批判的眼光看待周围事物，理想、信念、人生观初步形成。由于自我意识基本成熟，青年的自我评价、自我教育和自我控制以及对别人与社会的评价已达到一定的水平。例如，对自己有新的觉察，急于找到自己的定位，常常自问我是谁，我有价值吗？开始注重自己是否性感，也对异性有兴趣；情绪变化大，也常常有矛盾的情绪出现；兴趣发展较为成熟、稳定；重视未来的发展，厌烦被管束而期待自我独立……这些心理需求与状态都成了此时期的发展任务。例如，达成自己男性或女性的角色，通过学习训练获得为社会服务的本领；与同性及异性建立关系、培养情绪上的独立、建立自己的价值系统、准备职业生活与婚姻生活等，而这些发展任务都围绕着一个核心：发展积极、健康的自我观念。这些发展任务的形成与达成都与个体所在社会环境有关。在一定的条件下，心理发展的年龄特征既是相对稳定的，同时又可以随着社会生活和教育条件等文化背景的改变而有一定程度的改变。显然，人类心理现象的复杂性决定了发展心理学研究的多学科性，其中，包括心理学、社会学、人类学、生物学、遗传学、家庭科学、教育学、历史学、哲学和医学等。

3. 社会文化的青年观

以身体和心理来看青年期是比较陈旧的概念，而以社会观点来看青年期是较前沿的概念。

玛格丽特·米德（M. Mead，1901—1978 年）通过南太平洋岛屿的一系列田野工作，得出青春期危机理论是特定文化的产物，并非所有社会的青少年在青春期都会出现心理危机。"以往我们归诸于人类本性的东西，绝大多数不过是我们对于生活于其中的文明施加给自己的各种限制的一种反应。"从而对霍尔的"青春期危机"理论提出了挑战，使当时颇为流行的基因决定论遭遇这一有力的"证伪实验"。玛格丽特·米德以其敏锐的洞察力，发现了文化传统对儿童成长的强大影响力。她得出结论：第一，人格具有可塑性，儿童在成长过程中有一段时期可以接受与父辈不同的价值观。但是，可塑性是有限的，让孩子创造不符合其所处社会的价值观是徒劳无益的，因为成人的规则最终将取胜。这里，玛格丽特·米德强调了文化的力量是异常强大的，一个人不可能试图通过让学龄儿童接受其父母根本不能容忍的新行为模式，来改变他们身处的社会。第二，有必要研究不同文化中人们的各个成长阶段以及各阶段之间的关系。玛格丽特·米德的研究结果激励科学家们开始探究文化对人格的影响程度，许多人类学家和心理学家也纷纷开始研究儿童的教养方式对人格的影响。

奥苏贝尔（D. P. Ausubel，1954 年）称，青年期是"在生物性和社会性的成熟方面，由儿童向成人的过渡期"。青年期是指在一定的社会条件下，人从不成熟走向成熟、从儿童进入成年的一个个体发展的过渡时期。这一时期，既是人的身体全面成熟，也是人的个性形成并渐趋完善的关键时期。从社会观点来看，青年期个体既不是可以自立的成人，也不是完全依赖的儿童，而是扮演生物成熟与社会成人之间的学徒身份（apprenticeship）。青年期依此而言是一种文化创造时期。每个社会或团体或家庭都对青年期的个体有社会期待，希望他们表现他们该有的行为，例如：几乎每个社会都对结婚年龄有相应的规定；对进入职场也有法定的年龄。除此以外，他们还享受一些社会或团体赋予的权利。制定义务教育法案以保障青年的受教育权等制定青年权益保障法以保障青年正常、健康的生活。由于社会变得越来越复杂，学习社会角色的扮演也比以前困难，因此，延长青年期适应了这种变化。然而，正如个体需要时间学习复杂与多变的成人角色，社会与团体需要提供支持给这些新角色，例如，普遍而经济的青年照顾机构在当今社会就十分需要，因为女性的角色正在改变。如今的年轻人，不论性别，都被告知应该尽力发挥潜能，但是社会尚未提供他们所需的各种支援。如果社会的发展与个体的发展未能同向而行，则可能导致个人产生挫折和发展障碍。

三、青年心理发展的主要特征

青年的心理特征不是一成不变的，它有一个形成和发展的过程。青年期由于生理、社会环境、生活经历、认知调节、意志努力、情绪控制等因素的不断发展变化而引起的心理特征的发展，我们将从青年社会化、青年性心理、青年的自我意识、青年智力、青年的情绪、青年价值观、青年道德、青年性格、青年的恋爱和青年职业心理这10个角度分别阐述。但是，这10个方面不是孤立发展的，它们互相作用、互相影响，共同组成了青年心理发展的主要特征。

（一）青年社会化的发展特征

社会化是一个自然人转化为社会人的过程。一个新生儿只是结构功能最高级的生命有机体，它要成为社会的一员，在社会中生活，就必须进行长期而复杂的学习，这个学习过程就是社会化。

（1）在社会制约因素上，青年在社会化的过程中，成人控制逐渐失去重要性，社会化的方式逐渐转化为内化。

（2）在强化方式上，由儿童时的将成人的奖惩作为接受规则的动力到青年时受个人对环境的认识等内在因素的调节。

（3）在榜样的选择上，由成人为其选择榜样到由青年自己选择榜样。

（4）在社会化的承担者上，由儿童时的受家庭和学校的影响为主逐渐转向青年时受朋友和媒体的影响为主。正是由于这些变化的存在，青年社会化才能在延续儿童社会化的同时，得到提高。

（二）青年性心理的发展

进入青春期以后，个体生理发育并引进第二性征突变以及心理上自我意识增强所形成的合力，促使了青年的性心理迅速发展。一般将性心理的发展分为以下4个阶段（其中，女性比男性早1～2年）。

（1）疏远异性期（12～14岁）。刚进入青春期，由于生理迅速变化，性别差异日益明显，随着性意识、性动机出现，便产生明显的性不安、羞涩甚至对自身的反感，对异性怀有神秘感和恐惧感，开始疏远以前两小无猜的童伴。学校里男女界限分明，有时男女同学间的正常交往也遭到起哄和嘲笑。

（2）接近异性期（14～16岁）。短暂的疏远和相斥之后，必然是渐浓的关注与接近。在初二、初三年级后逐渐明显。他（她）们常常以欣赏的心情和友好的态度，来对待异性的言谈和行为。男女青年开始注意异性对自己的态度，往往在异性面前表现自己，以博得异性的好感。他们对异性的关注具有好奇性、试验性和盲目性。但实质上并不具有恋爱的感情深度和心理准备，也很少具有专一的恋爱对象。

（3）向往异性期（16～18岁）。这一时期主要表现为对异性的向往和倾慕。这时的男女青年往往以各种主动的方式对异性表示好感，希望得到对方的积极反应。这个阶段的大多数学生还没有对特定异性产生倾慕，但也有少数高中男女生开始倾慕特定的异性，出现了初恋。

（4）恋爱期（18岁以后）。18岁以后，青年人身心的发展和丰富的社交活动，促使他们把对异性的情思逐步导向恋爱的轨道。这种恋爱已不是游戏性的恋爱，而是与结婚、未来的事业和家庭相联系。

（三）青年的自我意识发展

自我意识是个体对自身状况的意识。自我意识的成熟是青年心理成熟的本质因素之一。

1. 自我意识的萌芽阶段

刚出生的婴儿并不能够区分自己和自己以外的东西，将自己的手指、母乳和玩具视为同样性质的东西。但在逐渐与外界事物的相互作用过程中，婴儿开始从周围事物中分出自己、自己的器官和整个身体。

2. 自我意识的产生阶段

2 岁左右，儿童逐渐能够把自己和自己的动作分开。儿童意识到他所做的动作是他自己的动作，这些动作是由自己发动的，自己是活动的主体。随着语言的发展发生，活动和交际范围的扩大，"我"的概念逐渐明晰起来，儿童开始用自己的名字称呼自己。儿童从叫自己的名字过渡到用"我"称呼自己，这表明，儿童已经完成从自己的表象向抽象飞跃，也标志着个体的自我意识确实产生了。这一阶段自我的发展主要表现在生理自我的发展上，儿童的行为与心理表现为以自我为中心。

3. 自我意识的发展阶段

四五岁到青春期前这一阶段是个体自我意识的发展阶段。这一阶段儿童的自我意识一改婴幼儿以自我为中心的倾向，表现出强烈的社会认同意识。儿童希望自己言行与他人取得一致，希望得到父母、老师和社会的肯定。

4. 自我意识的成熟阶段

这一时期与青年期相对应，是个体心理自我得到巨大发展的时期。急剧的身体成熟、社会人际关系的扩大和认识能力的发展使青年将大部分注意力转投到自己的内部世界中去，转投到发现自我、关心自我的存在上来。由此形成了一些自我观察、自我分析、自我评价的习惯和能力，同时，也产生出各种各样的自我想象和自我理想。随着成长，自我中心现象将逐渐减少。在整个青年期，自我意识将得到全面发展并逐步趋向于成熟。

（四）青年智力的发展

智力由观察力、记忆力、思维力和想象力组成。

1. 青年观察力的发展

儿童期局限在表象和直观上,很少能触及事物的本质特征。而到了青年期,随着抽象思维和认识水平的发展,观察力的水平较儿童时期有了更高程度的发展,更富有敏锐性、目的性、系统性、严谨性、全面性、准确性和深刻性。具体地讲,从观察的广度看,他们已经不再局限于眼前的日常琐事,视野开始延伸到自然和社会;从观察的深度看,他们已经不再满足于事物的本来面目,而带有再创造的性质,能够较正确地认识各种事物的本质和各事物间的内在联系,较完善地反映事物的整体。这就是青年观察力发展的最突出表现。

2. 青年记忆力的发展

青年期是青年记忆力的全盛时期,主要表现在青年记忆的容量增大、青年有意记忆逐渐占据主导地位、青年意义记忆的能力日益增强、青年抽象记忆的水平也开始有所提高等几个方面。

3. 青年思维力的发展

思维是人脑对客观事物本质与规律的概括和间接反映。一般说来,从儿童到青年时期的发展总趋势是:从具体到抽象,从不完善到完善,从低级到高级。具体说来,这个发展趋势大致经过了 3 个发展水平不同但却相互联系的阶段:直觉行动思维—具体形象思维—抽象逻辑思维。青年时期正处于抽象逻辑思维日益占主导地位的阶段,在这个阶段中主要表现出以下几个方面的特点:①从思维的品质上看,思维的敏捷性占有主导地位;②从思维的方法上看,理论思维的能力日趋增强;③从思维的方式上看,逆向性和横向性表现突出。

4. 青年想象力的发展

想象是人脑在原有感性形象的基础上创造出新形象的心理过程。青年的想象力与儿童相比,有如下特点。

(1) 想象的目的性。在青年的想象中,有目的的有意想象占据主导地位。

(2) 想象的创造性。青年能够在一些形象、资料的基础上按照一定的目标进行综合与概括,创造出新的形象。

（3）想象的现实性。青年的想象往往具有越来越多的现实依据，而不切实际、荒诞离奇的成分则逐渐减少。

（4）想象的广阔性。青年想象的内容和范围越来越多地涉及有关职业、家庭、社会、人生、科学等更为广阔的领域。

（五）青年的情绪发展

情绪是人的需要是否得到满足而产生的一种主观体验和反应。青年的整个身心发展都处于从儿童向成年过渡的时期。这种过渡的地位和发展状态决定了他们的情绪发展常常具有双重性，也就是说，既有儿童的某些特征，又具有成人的某些特征，表现出矛盾性和两极性的特点。根据种族复演论（霍尔，1904年）的解释，在青年期前期呈现普罗米修斯式的热情与多愁善感之间的相反的冲动的"疾风怒涛"的特征，具体表现为：精力旺盛的、兴奋的、过度的活动之后便是冷淡、无精打采和厌倦；异常高兴、欢乐和欣喜很快就被烦躁不安、悲伤郁闷和忧愁所代替；自信、虚荣和自高自大与自卑、自疑和羞怯等都是这一阶段的特征；既可看到儿童似的自私心的存留，也可看到理想的利他主义的提高；具有良好和纯粹的美德，但也容易受邪念的诱惑，出现追求正义与说谎犯罪等好行动坏行动的交替；当青年陷入迷恋和友谊之中时又向往着独处和孤单；青年一段时间可以表现强烈的敏感和亲切，另一段时间又可以表现无情和残酷；冷漠和惰性伴随着热情、好奇与探索；向往偶像和权威但又具有反对任何权威的革命激进主义倾向。到了青年晚期，个体重演现代文明时代的开始阶段，逐渐由波动趋向平稳。

（六）青年价值观发展

幼儿期个体对成人提供的观念完全信赖。儿童期个体虽已开始对人类、自然和社会现象产生兴趣和疑问，但尚未形成价值观。到了青年早期，价值观开始萌芽，这时既要学习传统社会价值观，又要扩充个人价值观，会出现冲突现象。进入青年中期，要克服观念与行为实践的矛盾，价值观逐渐形成和稳定。青年中期的价值观毕竟还不像成人那样难以改变，仍具有一定的可塑性。特别是对大学生而言，四年学制期间使他们所承担的社会任务远没有成人那样具体而明确。所以，整个大学阶段的青年学生的价值观只能说日趋稳定。总之，从目前的研究来看，价值观的形成和稳定主要是在青年期，其中，青年中期是一个关键性的阶段。

（七）青年期道德发展

人的发展是更大的我的形成，是一个和外在世界不断交往，并且在自己之内不断形成一系列的判断标准的过程。这些标准影响我们处理很多问题的态度。

美国心理学家科尔伯格（L. Kohlberg，1927—1987年）从发展心理学的角度来论述道德发展。他强调道德发展是认知发展的一部分，强调道德判断同逻辑思维能力有关，强调社会环境对道德发展有着巨大的刺激作用。

科尔伯格采用的研究方法主要是道德两难论法。他编制了9个道德两难故事和问题，常用的一个便是海因茨偷药的故事：欧洲有个妇女患了癌症，生命垂危。医生认为只有一种药能救她，即本城一个药剂师新研制的镭锭。配制这种药成本为200元，但售价却要2000元。病妇的丈夫海因茨到处借钱，但最终只凑得1000元。海因茨恳求药剂师说：他的妻子快要死了，能否将药便宜点卖给他，或者允许他赊账。但他遭到药剂师的拒绝，药剂师还说："我研制的这种药正是为了赚钱。"海因茨没有别的办法，于是破门进入药剂师的仓库把药偷走。问：这个丈夫该这么做吗？为什么？利用这类两难故事，科尔伯格研究了75名10～16岁的被试者。以后每隔3年重复1次，直至被试者的年龄达到22～28岁。科尔柏格让被试者听了故事后判断是非，然后提出一系列的问题让他们回答，再根据他们的回答划分道德判断发展的水平。同时，又根据一系列的回答，编制了各种不同水平的量表，再来测定其他儿童的道德发展水平。科尔伯格从被试的陈述中区分出30个普遍的道德属性，如公正、权利、义务、道德责任、道德动机和后果等。每一个属性可分为6个等级，合计180项，把谈话中儿童的道德观念归属到180项，然后把谈话中儿童的道德观念归属到180项分类表的一个小项下，作为得分。儿童在某一阶段的得分在其全部表述数中所占的百分比，便是儿童在该阶段的道德判断水平。据称，其信度高达0.68～0.84。这种方法是科尔伯格研究人的道德判断发展的重要手段，并在研究中发现，人的道德判断存在着一个渐进的发展过程，分为一系列不同的阶段。科尔伯格认为，人的道德判断可分为3种水平，每种水平各有2个阶段，共6个阶段。

(1) 前习俗水平。这一水平上的儿童已具备关于是非善恶的社会准则和道德要求，但他们是从行动的结果及与自身的利害关系来判断是非的。这一水平有2个阶段：①惩罚与服从的定向阶段。这个阶段的儿童认为，凡是权威人物选择的就是好的，遭到他们批评的就是坏的。他们道德判断的理由是根据是否受到惩罚或服从权力。他们凭自己的水平做出避免惩罚和无条件服从权威的决定，而不考虑惩罚或权威背后的道德准则。②工具性的相对主义的定向阶段。这一阶段儿童首先考虑的是，准则是否符合自己的需要，有时也包括别人的需要，并初步考虑到人与人的关系，但人际关系常被看成是交易的关系。对自己有利的就好，不利的就不好。好坏以自己的利益为准。

(2) 习俗水平。这一水平上的儿童有了满足社会的愿望，比较关心别人的需要。这一水平的2个阶段是：①人际关系的定向阶段或好孩子定向。这个阶段的儿童认为一个人的行为正确与否，主要看他是否为别人所喜爱，是否对别人有帮助或受别人称赞。②维护权威或秩序的道德定向阶段。这一阶段的儿童意识到了普遍的社会秩序，强调服从法律，使社会秩序得以维持。儿童遵守不变的法则和尊重权威，并要求别人也遵守。

(3) 后习俗水平。这一水平上的人们力求对正当而合适的道德价值和道德原则做出自己的解释，而不理会权威人士如何支持这些原则，履行自己选择的道德准则。这个水平的2个阶段是：①社会契约的定向阶段。在前一阶段，个人持严格维持法律与秩序的态度，刻板地遵守法律与社会秩序。而在本阶段，个人看待法律较为灵活，认识到法律、社会习俗仅是一种社会契约，是可以改变的，而不是固定不变的。一般说来，这一阶段是不违反大多数人的意愿和幸福的，但并不同意用单一的规则来衡量一个人的行为。道德判断灵活了，能从法律上、道义上较辩证地看待各种行为的是非善恶。②普遍的道德原则的定向阶段。这个阶段个人有某种抽象的、超越某些刻板的法律条文的、较确定的概念。在判断道德行为时，不仅考虑到适合法律的道德准则，同时也考虑到未成文的有普遍意义的道德准则。道德判断已超越了某些规章制度，更多地考虑道德的本质，而非具体的准则。

我国学者将青年的道德发展进行了早中晚期的分类，具体如下。

(1) 青年早期的道德发展。青年早期的道德观念有了较大的发展，对道德概念的理解更加深刻，道德判断有了明确的独立性和批判性。但仍停留在对现象的认识上，容易产生偏激；道德判断常带有一定的简单盲目性；道德情感易受具体环境的影响，原则性和理智性还不太强。

（2）青年中期的道德发展。青年中期对道德概念的把握更加广泛深刻，道德信念初步形成，已能对一些复杂的道德现象做出正确的判断。青年道德观的体系结构已具雏形。但由于社会实践和人生经历还不够广泛深入，青年中期对一些复杂的道德现象和道德关系仍看不透摸不准，道德信念尚不稳定。

（3）青年晚期的道德发展。对社会、人生，特别是人与人的关系有了深刻的认识和理解，世界观、人生观、价值观都已形成。青年对许多复杂的道德现象和道德关系有着独立的深刻认识，形成了各自稳定的道德观念，道德情感能够具有稳定性和高尚性，道德行为也能表现出理智性和平衡性。多数青年的道德日臻成熟和完善。

不过，关于青年期的道德发展尚有许多争议，吉利根等人在1988年编辑出版的《描绘道德的版图：女性思考对于心理学理论和教育的贡献》一书中，更多地分析了青少年的道德发展问题，吉利根想通过对女孩和女性的研究让人们听到关于青少年道德发展的"不同的声音"。

（八）青年性格的发展

1. 青年性格发展的加速与稳定

青年性格的发展过程是一个由迅速发展趋于相对稳定的过程。随着一系列社会化课题的完成，青年的性格模式的改变也相对完成，并达到相对稳定的状态。在青年初期，甚至是青年中期，在生活经历的变化、认知调节、意志努力、情绪控制等因素的影响下，性格发展的内部矛盾冲突明显，性格发展随之加速。但随着青年对现实的态度与行为方式的习惯化，性格也逐渐"定型"，性格的类型趋于稳定，这个时候便以较完整、鲜明、稳定的特征表现出来。此后，在一般的情况下，其性格品质及其结构的改变只是量的增减，而非质的改变，若要达到质的改变则需具备主客观必要和充分条件，主要是改变客观生活环境和增强主观自我控制调节功能。

2. 青年对性格的自我认识与控制的水平日益提高

青年期心理活动明显指向内心世界。由于青年期社会化加速，青年自我意识亦明显地指向自己的个体，其中，包括指向自己的性格。例如，青年常常主动地观察分析自己对待现实的态度与行为方式的出发点、动机和效果，自觉地总结评价自己的这一态度与行为方式的过程和结果，积极地调整自己的这一态度和行为方式以达到积极地适应环境，教育与完善自我。

3. 青年性格特征的外部表现形式更为丰富复杂

人的性格特征会表现在其言行与外貌上。人的一举一动常会打上他自己性格的烙印。青年较之儿童：第一，由于其性格本身的丰富复杂，其外部表现也更为丰富复杂；第二，由于自我意识的发展和社会化，其性格的表现不那么外露和直接。因此，对青年性格的了解就比儿童的困难得多。

（九）青年的恋爱心理

1. 理想对象的构建

当青年人从对异性的反感和抗拒阶段进入对异性接近爱慕的时期以后，这时爱慕的异性是一个没有分化的整体，也就是说，是全体异性，没有明确的指向。这时的青年人的理想的异性往往是包含了通过报纸、杂志、电视和网络等各种传媒手段获取而来的信息，以及以往生活的经验，还有父母的形象等结合起来的一个完美的个体。正因为如此，这样的异性个体往往带有完美和虚幻的色彩，在现实生活中大多是不存在的。这个时候的青年人常常会对一些明星产生爱慕。

2. 现实对象的确定

在青年的理想对象的构建过程完成以后，青年就开始在现实生活中寻找他们的对象，这时，他们所依据的标准是在前一阶段中所构建的理想异性的标准。如果在此之前青年制订的标准比较贴近实际，那么他就不用对自己的标准进行进一步修改，就可以在现实中找到自己的追求对象；相反，如果制订的标准比较高，那么他可能就不得不降低自己的标准，或者按照自己的标准去寻找，最后却发现对方与自己的标准有一定差距，可能导致其降低对对方的标准。青年在与异性的交往中，一旦异性对象专一化，就标志着进入了一个新的阶段，从此开始接触、感受、体验另一个全新的世界，这个阶段就是常常说的初恋阶段。初恋是一个十分复杂的情感过程，快乐、痛苦、幻想、焦虑、羞涩、甜蜜、疑惑、孤独、痴心……几乎人类所有的情绪都强烈地体现出来，震撼着恋人们的心灵。初恋的情感表达一般都比较含蓄和委婉，大多以中介性的活动，如通过看电影、旅游、散步、交心等来表达各自的思想情感，或者在工作、学习和日常生活中相互帮助、共同合作来建立关系，加深情感。初恋者常常有美化对方，只见优点而不顾及其他的倾向。初恋者也容易产生疑惑感，对对方的微小变化十分敏感。在疑惑心理的支配下，恋爱者有时可能在对方身上看到别人看不到的东西，听到别人听不到的声音。而有时他们又会形成心理盲区，常人能看到或听到的，他们却都看不到听不到。初恋一般是秘密进行的，初恋者不愿在初恋阶段把关系公开化，他们怕别人说闲话或受到他人干扰、反对。而初恋者想征求他人意见时，就会产生公开还是保密的矛盾。如果初恋中出现无法解决和调和的矛盾，则会使初恋夭折。

3. 激情的恋爱阶段

青年男女在确定现实恋爱对象以后，彼此满意，关系越来越密切，双方会产生一种难舍难分、依依不舍的眷恋之情。恋爱便进入一个全新的阶段——热恋阶段，热恋是恋爱的深入化和全面化。在热恋阶段，双方的心思和情感毫无保留，双方的各种思想、意见、设想甚至梦幻都全向对方倾吐。此外，热恋往往还伴随着甜言蜜语和山盟海誓。热恋中，由于恋人之间感情交往的深入化，双方会把对方看得无限美好，"情人眼里出西施"是热恋中情人的一种普遍性认知现象。与恋人在一起时，还会美化外部世界，认为周围一切都是对自己爱的肯定和颂扬，都体现出爱的情意。总之，通过想象把自己的情感对象化，热恋者的时空观也会发生变化，从时间感来说，总觉得在一起的时间太短，而分离的时间太长，即"一日不见，如隔三秋"。从空间感来说，总觉得对方的距离太远。热恋中的恋人常常处于激动、兴奋的状态，受情感支配的程度比平时大得多，而理智则处于比较脆弱的地位。因此，热恋者总是处于强烈的追求之中。有的人对于生活和事业不太重视了，在恋人身上花的时间和精力很多，在恋人面前表现过分殷勤和热烈，婚前性关系也容易出现。

4. 心理调适阶段

在经历了一段时间的激情热恋以后便进入了其后的心理调适阶段。随着时间的推移，在激情的热恋阶段过去以后，双方逐渐地都可以用客观的眼光来看待对方；而且在热恋或热恋中的男女，都是极力表现自己的优点和长处，掩饰自己的缺点，到了这个时候，自己的一些缺点也开始自觉不自觉地表现了出来，一些潜在的矛盾也逐渐地表现了出来。这时双方会发生一些争论，甚至冲突，心灵之间展开激烈的碰撞。恋爱的双方也不得不面对一个相互适应、彼此磨合的过程，如果他们能够很好地完成这个过程，他们的爱情就会达到一个更加和谐、默契的状态。

5. 感情的平静阶段

在完成了心理调适阶段以后，恋爱的双方对自己爱恋对象已经有了一个完整、深入的了解，既喜爱对方的优点和长处，又能对对方的缺点和不足采取容忍和建设性的态度，彼此都心平气和，在心灵上达到了融为一体的境界。这个就是所谓的感情的平静阶段。这是一个相对来说比较长的一个阶段，可能会维持到爱侣生命的终结。

（十）青年职业心理发展的特点

1. 职业心理的形成时期

这个时期相当于从初中到高中，从年龄看，为十三四岁至十七八岁。这个时期又可以划分为3个阶段。

（1）职业意识的萌芽阶段。他们摆脱了小学生对职业的幻想，已经对某种职业有了一些初步的认识和了解，对职业的威望、收入，甚至工作地点等感兴趣。

（2）理想化职业选择阶段。开始探索各种职业的社会意义和价值，但是这种认识和探索带有明显的理想化色彩。

（3）职业意识的确立阶段。这一般在高中毕业时期。此时，他们无论升学还是就业都面临着对未来职业的正式选择。他们的职业需要成了迫切的需要，职业兴趣增强，职业动机明显，特别重视对自身条件的内省和估量。

2. 职业心理的发展完善时期

这个时期也分为3个阶段。

（1）矛盾困惑阶段。职业意识矛盾困惑较多发生在大学一年级。经过一段时间的大学生活，很多人开始怀疑自己对职业（专业）的选择，心理处于矛盾困惑之中。造成这种情况，一是很多大学生入学前对本专业实际了解不够，二是同大学的教学方法、教学内容有关，三是专业思想教育没跟上。

（2）综合考察阶段。综合考察自己未来从事的职业发生在大学二三年级。大学生随着对所学专业的逐步了解，心理逐渐平静，矛盾困惑已经度过，对社会需要和个人的知识、兴趣、个性品质有了比较客观的分析，能够比较全面综合各方面因素去考察职业问题。

（3）适应完善阶段。在职业适应中完善职业意识大都在大学毕业到参加工作的前一二年，个别的甚至更长。这时，处在真实社会职业中的青年会不断地根据自己的经历、经验以及自己的理解去调整自己的职业心理。一方面，使自己的职业心理适合自己的需要，另一方面，使自己的职业心理适合于社会的需要和国家的政策，同时也使自己的职业心理不断地发展和成熟。

四、青年心理发展的一般特点

青年期作为个体心理尚未完全成熟的时期，其心理发展也具有许多独特的特点。

（一）心理发展的一般特点

人的心理发展是在新需要同原有的心理水平发生矛盾的情况下进行的，它经过一定的历程实现，在此过程中，有它固有的规律。影响心理发展的不同因素都在这些规律的制约下发生作用，谁都不能违背。

一般来讲，心理发展的一般特点包括如下几方面。

1. 发展具有方向性和顺序性

在正常的条件下，个体的心理发展遵循由低级到高级、由量变到质变的发展顺序，这个顺序既不能颠倒，也不能超越。因此，在一定的社会和教育条件下，个体心理发展的阶段的顺序、每一阶段的心理变化的速度大体上是相似的。例如，1968年，个体在童年期时，都表现为其身体和动作的发展顺序是自上而下和自中心向边缘的，即遵循着头尾法则（身体和动作的发展从头部延伸到身体下半部）和远近法则（身体和动作的发展从身体的中部开始，然后延伸到边缘部分）。又如，在情绪发展方面，任何人都是先出现情绪，再出现情感。此外，即使在不同社会、不同时代，个体思维的深度、范围在一定程度表现出差异，但其发展顺序都要经历由"直觉行动思维"到"具体形象思维"再到"逻辑抽象思维"这样一个过程，谁也不能跨越前一阶段直接达到较高的阶段，更不能把发展的顺序逆转。

2. 心理发展连续性与阶段性

人的心理发展，一方面，是一个连续不断的过程，表现为连续性；另一方面，在这个过程中，又存在间断现象，表现为阶段性。体现了心理发展中的量变与质变。量变在实质上就是心理发展过程中同一阶段中各种能力的发展；质变则是指在心理发展过程中，当一些代表新阶段的要素达到一定程度，就会取代旧的阶段要素而逐渐处于主导地位，到一个新的发展阶段。但后一阶段的发展总是以前一阶段为基础的，同时，这一阶段蕴含着萌发下一阶段的要素，表现出心理发展的连续性。例如，1968年，艾里克·埃里克森的心理社会性发展阶段理论充分说明了个体心理发展的连续性，他认为人的生长包括8个阶段，每个阶段在完成特定的发展任务后，发展到一个新的阶段。此外，少年时的逻辑思维以经验型为主，但在进行抽象思维的同时，要用具体的形象来支持；到了青年中期后，经验型的思维逐渐被理论型的思维所取代，但也离不开已有的经验等，他们可以通过对经验和材料加以理论证明，发现其规律性。

3. 发展的个别差异性

一般而言，不同时代、不同的社会背景下，心理发展也会表现出某种普遍性或相似性。然而，不可忽视的是，由于遗传素质的差异、社会和教育条件的不同及个体各种主客观因素的影响，使处于同一发展阶段的个体的心理发展也存在个别差异性，即同一规律在不同的个体身上又会有它不同的表现。例如，个体的心理发展在发展的速度、最终达到的水平，以及发展的优势领域方面存在千差万别，如有的人早慧，有的人则大器晚成。此外，心理发展的个别差异和个人特点是贯穿心理发展始终的，心理发展的共同性也是建立在相对差异存在的基础之上获得意义的。例如，处于同一发展阶段的个体有的反应敏捷，有的则反应迟钝；有的活泼开朗，有的则沉着内向。

4. 发展的不均衡性

个体的心理发展，在各个不同的年龄阶段具有不同的发展程度和速度。就程度而言，指在一定的阶段内心理特征表现得是否鲜明；就速度而言，指心理特征出现时间的早晚及经历时间的长短。一般而言，心理发展的不平衡性表现在个体不同系统在发展的速度、发展的起止时间与到达成熟的不同进程上；同时，也表现在同一机能在不同时期内有不同的发展速率。有时候发展速度比较平缓、均衡，有时候发展速度加快，程度加深，出现质的变化。

总之，这些是心理发展的特点，同时蕴含着个体心理发展规律，它们是相互联系、相互制约、不可分割的，反映着人类心理发展的进程。

（二）青年心理发展的特点

青年期是人生发展变化的转折时期，作为个体尚未完全成熟的时期，由于知识经验少，其心理在发展上出现了一系列不同于儿童也不同于成人的明显变化，具有许多独特的特点。具体而言，青年的心理发展的特点包括过渡性、闭锁性、矛盾动荡性和社会性。

1. 过渡性

在这个阶段，青年既保留有儿童的某些心理特点，又具有成人的一些新的心理品质，这些新旧不同的特征，在青年期心理发展过程中交叉重叠出现。一般来说，青年前期是一个半幼稚、半成熟的时期，是独立性和依赖性、自觉性和幼稚性错综复杂、充满矛盾的时期；而青年后期则是一个逐步趋于成熟的时期，是个体独立走向社会生活的准备阶段。青年心理发展的过渡性主要表现如下。

（1）心理上的成人感。由于青年身体快速发育和性的成熟，表现为其具有了成人特征，使其心理上具有了成人感。对成人应有的成熟有了强烈的追求和渴望。在这种情感的作用下，他们在为人处事的态度会发生显著的变化，即总是试图以自认为较成熟的方式去处理，但由于他们还没有完全成熟，他们的认识和学习能力还处在发展时期，尽管具有一定的逻辑思维水平，能够进行系统、全面的知识学习，但其认识或学习仍不够全面、深刻；情绪、情感强烈、丰富，富于热情，但还不稳定，并常常缺乏控制；青年的思维逐渐趋向于成人水平，抽象思维开始占据优势地位，逐渐由经验型向理论型过渡。这些事实说明，尽管他们主观上认为自己成熟了，但在客观上，他们无论在生理、心理上，都还有许多不成熟的地方，只是处于一种半幼稚、半成熟，半儿童、半成人的过渡状态。

（2）否定童年，但又眷恋童年。对于成长中的青年，随着身体的发育成熟，他们逐渐跨越无忧无虑的、天真烂漫的童年时期，他们会在很大程度上希望把自己的行为与儿童早期的行为区分开来，对自己的童年的生活的各个方面中不成熟的痕迹加以否定，改变自己的兴趣爱好、思维方式，以新的姿态来面对接踵而至的许多挑战与问题。但是在否定童年的同时，他们又眷恋着童年无忧无虑的生活，喜欢用儿时的简单方式处事及宣泄情感；同时，在生活中遇到困难或障碍时，他们仍希望把父母作为自己的保护伞，得到他们的关照。

2. 闭锁性

所谓闭锁性是指人的心理活动具有某种含蓄、内隐的特点，它是相对于人的外部行为表现与内部心理活动之间的一致性而言。由于青年思维的发展，对外部世界认识的广泛性和深刻性的发展，尤其是对新的自我的出现，他们更多地关注自己的内心体验，心理活动开始走向自己的内部世界。此外，随着独立性与自尊心的发展，他们逐渐失去了儿童时期的外露、直率、单纯和天真，开始有了自己的"秘密"，不再轻易地表露自己的内心世界，而是更多地封闭自己，于是心理活动出现了闭锁性。青年的闭锁性主要表现在如下方面。

（1）保守自己的秘密。青年期是个体自我意识的第二个飞速发展期，此时，青年把注意力重新指向主观世界，使思想意识再一次进入到自我世界的时期。在这个世界中，他们打开了探究自己内心感受的大门，他们不时在问自己"我的特点表现在何处""我有什么优点""在别人的眼里我是什么样""我到底是一个什么样的人"等诸如此类的问题。但是，对这些问题的思索总是不得其解，一直感到困扰。这时，他们不愿意向别人倾诉自己的秘密。于是，他们喜欢偷偷地写日记，自己向自己倾诉内心的秘密，述说自己的体会和种种内心感受等。他们的情感也开始有了一定文饰的特点，例如，此时青年内心喜悦，但其表面上看来可能是若无其事的样子。与此同时，他们在与人交往中变得不那么坦率了，即使对最亲近的人也不容易做到心理上毫无保留。他们不轻易向别人吐露真情,对一些问题总是以各种借口拒绝回答。因此,处在青年期的个体不仅与父母、教师不易沟通,就是在同龄人中也很难找到真正的知音。正因为如此,青年常感到非常孤独寂寞。

(2) 反抗父母的管束。到了青年期,青年开始要求从儿童时期那种父母的保护、监督、依赖关系中摆脱出来,自己来决定自己的行动,并在家庭中要求获得平等和独立的地位。美国心理学家霍林沃思(L. S. Hollingworth)曾用"心理性断乳"这一概念来描述青年期的这一变化。具体表现为:在情感上,他们与父母拉开了距离,不再像儿时那样亲密无间,有的孩子甚至开始挑父母的毛病,并试图摆脱对父母的依赖获得真正的自由、独立。他们必然要寻找可能的"替代品"。第一种"替代品"是他们崇敬的、模仿的英雄人物,或被社会赞许的理想人物。找到"替代品"后,他们常常把感情重新寄托在这些"替代品"身上。第二种"替代品"是他们身边的某位他们热爱的、尊敬的老师或大朋友。第三种"替代品"是他们自己喜欢的同龄伙伴或好朋友。这三种"替代品"都能使他们及时振奋。在思想上,由于他们的抽象逻辑思维以及思维品质中的独立性、批判性迅速发展,促使他们对于任何事件都愿意通过自己的大脑进行分析和判断,不愿接受现成的观念和规范,于是他们开始审视与父母的观点的不一致,哪怕是过去他们一直相信的观点也要重新审视。同时,随着青年生活空间的扩大,交往范围的展开,与其他成人的接触交流越来越多,这会使他们产生对比,也会发现父母身上存在的缺点。正是由于从前定型化了的思维习惯与相信父母总是正确的理想化看法,使今天父母的缺点显得更为突出,从而使父母的榜样作用也开始动摇、削弱。在行为上,他们要求父母、教师给予他们更大的自由,把他们当成大人看待,让他们独立地做事。他们开始反对父母对他们的各种干涉、指导、控制。但是,如果他们感受到某些方面享有的自由被剥夺时,自身激发的一种抗拒心理,即反抗心理将会出现,他们的行为就会发生很大的变化。在反抗心理的支配下,他们表现得或态度强硬、举止粗暴,对他人的态度表现得过于敏感,常因小事而暴跳如雷;或漠不关心、冷淡对待,反抗行为不显露于外,对对方的一切置之不理。

3. 矛盾动荡性

随着身体的发育,青年必须适应发展中的新自我,同时还必须适应别人对他的新形象所表现出的反应。然而,由于身心方面的发展的不平衡,因此会产生不稳定的现象,心理上的"成人感"与"幼稚感"并存,忽而表现出"成熟",忽而表现出"幼稚"。此时,他们表现出各种矛盾的心理现象。青年的动荡性主要表现如下。

(1) 独立与依赖的矛盾。青年期强烈的成人感会促使他们产生强烈的独立意识,并且随着活动能力的提高,活动范围的扩大,青年已经能够自主应付学习和生活中的一些问题,对成人的依赖逐渐减少。此时,他们喜欢独立,开始按照自己的意愿做事,与父母的"权威"的冲突日益增多,常常处于一种与成人抵触的情绪之中。但他们通常过高估计了自己的独立生活能力,很容易遭遇困难与挫折,还是要求助于父母,表现出其对父母的依附性。实际上,在青年期,个体的心灵深处是无法完全摆脱对父母及其他成人的依赖与屈从的,只是他们对父母及其他人依赖的方式和程度与过去相比有所改变。例如,童年时对父母的依赖更多的是在情感和生活上,而青年则更希望从父母那里得到精神上的理解、支持、信任与呵护,他们需要在自由自在、无拘无束的气氛中与家长、老师平等地交流感情、倾吐心声。尤其是在遭遇挫折时,他们更渴望得到成人的及时关心、爱护和指导。

(2) 性意识增强与道德要求的矛盾。由于青年神经系统发育接近成人,以及性的成熟和第二性征出现,他们的性意识开始觉醒并逐渐增强,心理上开始对异性充满了好感、爱慕之心,有着同异性亲近交往的愿望,但各自表现不同,如有的想与异性朋友交谈、接触,也有的起哄,还有的在异性面前表现得特别勇敢,竭力显示男子气概,或表现得特别温顺,显示女子气质。但是由于社会氛围的影响,加之其对性知识和性道德观念的缺乏,他们压抑了自己的欲望,在行为上表现为故意疏远异性伙伴。这就表现出了性生理成熟与社会规范之间的矛盾。这种矛盾一直困扰着青年,也影响着青年正常生长和发育,家庭、学校和社会要提供正确、有效的指导,加强性意识教育,促使青年形成正确的性观念和性认识。

4. 社会性

由于社会文化因素的影响,个体在成长过程中,他们对待自己以及对待别人的一切行为,随年龄增长而逐渐产生变化。这样,他们通过社会环境中与人、事、物的交互作用,而逐渐学会认识自己、了解别人,逐渐由单纯自然人变为具有社会性。在青年期,由于社会地位的变化,其活动社会性的增强,青年对社会生活越来越关注,同时,他们与社会环境的接触越来越多,社会环境对青年社会化的影响也越来越明显。随着交往领域的扩大、活动范围的增加，他们更多地受同辈团体及社会风气的影响，他们的心理带有极大的社会性。青年的社会性主要表现在：他们已不拘泥于儿童时那种仅仅对自己或自己周围生活中具体事物的关心，而是开始以极大的兴趣观察、思考和判断着社会生活中的种种现象与问题，政治、历史、文化艺术、法律道德、社会风气、人际关系等都成了他们认识和思考的对象，成了他们十分关心的问题，他们希望从中找出现象的本质，形成自己的看法；他们的社会性情感越来越丰富和稳定；他们已逐步形成一定为人处事的态度和行为方式，动机、兴趣、品德、自我意识、世界观与人生观都开始逐渐形成并且稳定。

【延伸阅读】发展心理学的基本问题

当前，对人的发展研究异常活跃。儿童研究最早出现于20世纪初，而成人发展、衰老以及生命全程中的变化的研究却是在20世纪六七十年代才出现。但是，关于人的成长和变化的观念却已有几千年的历史。当理性思考和研究实证得以结合，发展的理论结构就产生了。"理论"虽然有很多定义，在此，我们认为，理论（theory）是对行为进行描述、解释和预测的规律化、综合性的阐述。一个关于婴儿－养育者依恋的好的理论应该包括：描述6～8岁的婴儿寻求大人关爱和关爱时表现出的行为，解释为什么孩子有这样的需求，预测这种情感联结对一生的人际关系的重要意义。

理论是人的发展领域的重要工具（在其他科学领域也一样），原因有两点。首先，理论给行为观察提供清晰的结构，换言之，理论指引我们观察什么并赋予观察到的东西以意义。其次，受实证研究支持的理论为实践活动提供了可靠的依据。一旦理论帮助我们更好地理解了发展，我们就能从最恰当的角度看我们应怎样努力改进儿童和成人的福利，怎样对待他们。

正如下文提及，理论受提出者所处时代的文化价值观和信仰影响。但是，理论与意见或观念在一个重要方面有不同：理论是经过科学证明而成为理论。这就意味着理论必须经过科学界反复的研究检验，而它的发现必须具有跨时间的可重复性。

首先，人的发展的研究领域存在纷繁多样的理论，这些理论对人是什么和怎样发展持有不同观点。发展研究并没有提供一个最终的事实，因为研究者对观察结果的意义不一定能取得一致看法。其次，人是复杂的生物，在生理、心理、情绪和社会性上都发生改变。至今没有一种理论能做出全面的解释。各种理论的存在有助于加深认识,因为研究者都在不懈地努力,要么支持、要么反驳和整合这些不同的观点。

截至目前,几乎所有研究发展的理论都立足于人的发展领域的3个基本问题:发展过程是连续的还是不连续的?是所有人都遵循一种发展进程,还是有多个可能的进程?在影响人的发展方面,遗传和环境哪个更重要?在下面的介绍中,我们将详细分析每一个问题。

1. 发展是连续的还是不连续的

我们怎样才能准确地描述婴儿、幼儿、青少年和成人的能力差异?如图1-1所示,几种主要理论提出了2种可能。

a. 连续性发展; b. 非连续性发展

图1-1 发展是连续的还是不连续的

(1) 有些理论认为,发展是一个平滑的、连续的过程,个体随年龄增长,相同类型的技能不断增多。

(2) 另一些理论认为,发展以不连续的阶段形式出现,个体的变化快速上升到一个新水平,之后的一段时间变化缓慢。每上一个台阶,个体对世界的解释和反应方式都有质的变化。

一种观点认为,婴儿和幼儿对世界万物的反应方式与成年人的很相似。未成年人和成年人只在行为的量或复杂性上有差异。例如,索菲亚还是个婴儿时,她对钢琴声音的感知、对过去事件的记忆以及分类能力与我们成年人相似,只不过她不能运用更多的知识来执行这些技能,也无法像我们一样准确。如果这个观点正确，她的思维发展就应该是连续的（continuous），是向起初已有的能力中逐渐添加更多的同一类型成分的过程。

另一种观点认为，婴儿和儿童有独特的思考、情感及行为的方式，是完全不同于成人的，应该理解为是他们独有的。所以，发展是非连续的（discontinuous），对世界的新的、不同方式的理解和相应的反应方式在特定的时间才出现。依照这个观点，索菲亚不能像成人一样对经验加以感知、记忆和组织，而是经历了一系列的发展阶段，每个阶段都有各自的特点，直到机能最终完善。

赞同非连续发展观的理论者提出一个发展概念：阶段（stage）——发展的特定时期思维、情感及行为发生的质变。阶段理论者认为，人的发展就像爬楼梯，每上一个台阶都意味着机能的提高和重组。阶段概念者认为，人们在从一个阶段发展到另一个阶段时经历了快速的转变，也就是说，变化是突然的，而不是缓慢爬升的。

发展是否遵循既定顺序的各个阶段？这个大胆的假设面临诸多的挑战。

2. 发展是单一进程还是多个过程

赞同阶段论的理论家假设，任何地方的人们都遵循同一种发展顺序。但是在人的发展领域，人们越来越认识到，儿童和成人的生活有不同的背景（contexts），这可能导致不同变化路径的个人境况与环境独特结合。例如，一个恐惧社交的害羞的人，与一个主动寻求交往的人，可能生活在完全不同的背景下。生活在非西方的乡村社会背景中的儿童和成人所具有的家庭和群体经验，与西方大城市的人们可能截然不同。这些差别巨大的环境导致了智能、社交技能及关于自己和他人的情感的显著差异。

当代的理论家认为，背景对发展的影响是多层次的、复杂的。在个人方面，有遗传和生物结构。在环境方面，有周边的环境，如家庭、学校和邻里，还有和人们日常生活距离较远的环境，如社区资源、社会价值观和历史时期。此外，现在研究者越来越意识到发展中的文化多样性。

3. 天性和教养哪个更重要

在描述人的发展进程的同时，每一种理论都在关注导致发展的原因。其中，一个重大问题是：遗传因素和环境因素哪个更重要？这是由来已久的天性–教养的争论（nature-nurture controversy）。天性指与生俱来的特征，即在受孕那一刻从父母那里继承来的遗传信息。而教养指来自物质世界和社会世界的复杂力量，它影响人出生前后的生物结构和心理经验。

虽然所有的理论都承认天性和教养的作用，但在强调哪一方上却是不一样的：人的复杂思维能力主要是由与生俱来的生长时间表决定，还是主要受父母和老师的教育影响而形成？儿童学习语言的速度很快，这是由遗传决定，还是父母早期教育的结果？怎样解释不同的人在身高、体重、身体协调性、智力、人格和社交技能上的差异？遗传和环境哪个起作用更大？这些问题既是诸多学者关注与关心的话题，又常常会在我们日常的讨论中出现。

第二章 发展中的青年：青年心理发展的理论

> 学会做科学中的粗活。要研究事实，对比事实，积聚事实。
> ——巴甫洛夫

如何理解青年期，可以选择的一个视角是参考各种理论对青年期的评论。许多理论都对我们了解发展中的个体做出了贡献，它们产生的历史阶段、社会背景各不相同。或批判演进，或互为脉络。理论的多样性是优点而不是弱点。不同的理论强调了发展的不同方面。而对于解释人类发展的原因和复杂性，多种理论知识是必需的。综合起来看，这些理论涉及生物学、心理学、生态学、社会学、社会心理学及人类学等。在这一章中，我们梳理了这些领域中较有代表性、有影响的学者的观点。一些理论会在本书中不断出现。没有一种"最好的方法"来研究发展中的人。最值得信赖的是那些能经受各种方法重复验证的研究。尽管某些理论可能已经失去解释力，但我们认为，强调发展的不同方面的理论或观点都应该被予以同样的重视。整理不同的理论，梳理各理论之间的关系，才能从整体上把握青年研究的历史脉络和未来发展趋势。我们只是做了初步的尝试，希望这些尝试有利于教育工作者和助人工作者扩展思路。我们还根据这些研究和理论去解释、揭示和反思青少年各种行为的原因，在实际的工作中，去适当满足或主动迎合青少年的需求，引导青少年健康发展。

第二章 发展中的青年：青年心理发展的理论

一、生物学理论

生物学观点强调青年期是一个生理及性成熟的时期，在此期间，个体身体上发生了很多重要的、成长方面的变化（包括身体的和生理的）。这些理论会探索这些变化的原因，也会论及这些变化所带来的后果。生物学观点强调，生物遗传因素是青少年期的任何行为及心理变化的主要起因，而成长和行为是由内在的成熟所控制，几乎没有留给环境产生影响的余地，发展的过程表现为一种差不多是必然的、普遍的模式，与社会文化环境无关。按照生物学理论家的观点，发展之所以形成，是进化及自然选择的结果。

（一）生物进化论

1859年，达尔文（Charles Darwin，1809—1882年）的《物种起源》一书发表，进化论的观点推动了人们对行为个体发展过程的研究。达尔文认为，生物本身只有适应环境才能存活，物种的生存就是"自然选择"的结果。达尔文的学说给我们的青少年工作和研究提供了一个反思性的视角，即从生物进化的观点去认识和理解青少年的行为；给青少年辅导工作提出了一个命题，即如何帮助青少年适应环境，培养他们的适应能力和生存能力。

（二）霍尔的复演说

霍尔（G. Stanley Hall，1844—1924年）是进化论的坚定拥护者，他是使用科学方法对青少年心理进行研究的第一人，开创了美国儿童心理学的研究，有着"青少年心理学之父"的美誉。

霍尔受达尔文的进化论思想的影响，把达尔文关于"进化（evolution）"的生物学观点引入心理学领域，并扩展为心理学的复演说（theory of psychological recapitulation）。该学说认为，个体的发展只不过是人类种族进化的复演过程。具体地说，个体在出生以前即胎儿期复演了动物进化的过程，4岁前的婴幼儿期复演了动物到人的进化阶段，4～8岁的儿童期复演了人类从蒙昧向文明过渡的农耕时代，12～25岁的青少年期则是复演了人类的浪漫主义时代。

霍尔认为，青少年正处于一个"疾风怒涛"（storm and drang）、充满了内部和外部冲突的时期，而他们正是在经历了各种的冲突与更替之后，才最终复演成为人类文明中充满"个性感"的一员。也就是说，按照复演说的观点，青少年期正是与人类种族发展过程中的动荡、转型的时期相对应，是一个新阶段的开始，这时更高级、更完善的人的特征开始产生，个体开始获得"个性""人类化"和"文明化"。

霍尔在1904年发表的经典著作《青少年：它的心理学及其生理学、人类学、社会学、性、犯罪、宗教和教育的关系》中对这个时期青少年的"疾风怒涛"特征做了较详细的描述。他认为，青少年的情绪表现为一种两极化的波动，好似荡着情绪的秋千。青少年心理的两极化特征具体表现如下。

（1）精力过分旺盛与无精打采。青少年可以在一段时间内保持精力旺盛、过度活动，但也可能很快走向反面，变得冷淡、无精打采和厌倦。

（2）快乐和痛苦。青少年很容易在快乐和痛苦这两个极端间摆动，比如在异常高兴、欢乐和欣喜后被烦躁不安、悲伤郁闷和忧愁所代替。

（3）自尊和卑谦共存。自信、虚荣和自高自大与自卑、自疑和羞怯等在这一阶段可能会同时存在。

（4）自私与利他的轮替。在青少年期，既可看到儿童似的自私心的存留，也可看到理想的利他主义的提高。

（5）好行为与坏行为交错。青少年的善良和美德很纯洁，但也容易受邪念的诱惑，出现追求正义与说谎犯罪等好坏行动的交替。

（6）孤独和归属。青少年既追求同伴友谊也关心内心状态，有时积极建立密切的友谊，有时又感到很孤独。

（7）兴趣和冷漠。既有渴求知识、产生热烈兴趣的表现，也有漠不关心的表现。

（8）在知与行之间摆动。有雄心壮志，常常热衷于安排计划，有时又会直接行动。

（9）保守和激进间"穿梭"。想改造现实，有时又走向另一极端：崇拜过去的成果。

（10）聪明与愚笨同在。有高度的直觉，能预见一些未来，但又掺杂着失败和稚气。

霍尔认为，这些"普罗米修斯"式的热情与多愁善感之间的矛盾冲动，就是处于"疾风怒涛"时期的青少年的最主要特征。但这是由遗传决定的，所以我们对此无能为力。到了青少年晚期，个体复演着现代文明时代的开始阶段。这个阶段，青少年的发育过程宣告结束，青少年开始走向成熟。

霍尔的复演说开启了青少年心理学研究的先河，他第一次在自己观察和研究的基础上提出了青少年心理发展较为系统的理论。而且，其青少年是"疾风怒涛"时期的观点，促使学术界和社会大众开始重视并研究青少年问题。

（三）生长顺序和时间理论

生长顺序和时间理论主要用于解释人类生理发展的类型、时间以及青春期发展的变异和差异。英国生物学家泰勒（J. M. Tanner）是生长顺序和时间理论的代表人物。他研究青春期身体各个部分发育的顺序与图样。他的研究主要集中于19世纪六七十年代，对大不列颠福利院的白人男孩、女孩进行研究。通过直接的身体测评和照片的使用，他对青春期的生长发育做了详细的评估。在对青少年进行长期的追踪研究后，泰勒发现了青春期发育各种进程开始与结束的平均年龄，也就是各个进程的范围。他对青少年身体发育的研究被学术界广泛接受。实际上，青春期发育各个方面的情况被公认为"泰勒阶段"。

泰勒和他的同事着力于青春期身体发育各个方面的更精准的研究：身体急剧生长、阴毛的生长、男孩生殖器官的成熟、女孩胸部的发育以及月经初潮。针对这些，泰勒进行了5个阶段的划分。第1阶段：没有任何的身体变化出现，称为前青春期阶段。第5阶段：性成熟到来和发育完成阶段。中间的第2、第3、第4阶段描述的是青春期发育过程中的各个层面。除了以上的5个阶段，泰勒还描述了身体发育的其他方面，如肌肉的生长和血液的成分。

泰勒所研究的青少年大多来自社会经济收入较低的家庭，而且他们中的大多数在童年时期可能没有受到较好的身体上的照顾。他们生活在被收养的家庭中，这些家庭或多或少都存在一些问题。因此，Tanner所研究的青少年并不是随机挑选的，在很多方面他们并不能真实地反映多数青少年的情况，甚至算不上是英国白人青少年的典型代表。尽管如此，泰勒对青春期发育情况的研究依然被看作经典。对美国白人青少年的研究发现，他们的情况与泰勒的描述非常相似。泰勒和他的同事从他们最初的研究开始，也对全球不同地区、不同国家的青春期发育做了调研。他们发现，青春期发育的时间和速度很大程度上受青少年所获得营养水平和医疗保障的影响。

泰勒采用的是追踪式研究。追踪研究（longitudinal study）是对相同的群体进行长期的研究，并多次获得数据。研究的时间可以是几周，也可以是被研究者的一生。这种研究方法与横断研究（cross-sectional study）只针对某一群体在某一时间点的不同。虽然两个研究都十分有用，但一些稳定的信息是只有通过长期的追踪研究才能收集到。

（四）发展螺旋论与遗传学说

发展螺旋论本身具有遗传学的渊源，代表人物是阿诺德·格塞尔（Arnold Gesell，1880—1961年），他是美国著名的发展心理学家之一，也是最彻底地把胚胎学的模式应用于儿童、青少年发展的学者。

格塞尔认为，个体的生理和心理发展从一开始就是受基因控制的，他把这种通过基因来控制发展过程的机制定义为成熟（maturation）。他认为，成熟是推动儿童发展的主要动力，学习本身并不能促进发展。格塞尔的这一论断主要来自他的经典的双生子爬梯研究。

【经典实验】格塞尔的双生子爬梯实验

1929年，格塞尔对一对双生子进行实验研究。他首先对双生子1和双生子2（以下简称1、2）进行行为基线的观察，认为他们的发展水平相当。在双生子出生第48周时，对1进行爬楼梯训练，而对2则不予相应训练。训练持续了6周，期间双生子1比2更早地显示出某些技能。到了第53周，当2达到能够学习爬楼梯的成熟水平时，对他开始集中训练，发现只要少量训练，2就达到了1的熟练水平。进一步的观察发现，在第55周时，1和2的能力没有差别，实验结果如图2-1所示。

因此，格塞尔断定，儿童的学习与发展取决于生理的成熟。生理成熟之前的早期训练对最终的结果并没有显著作用。

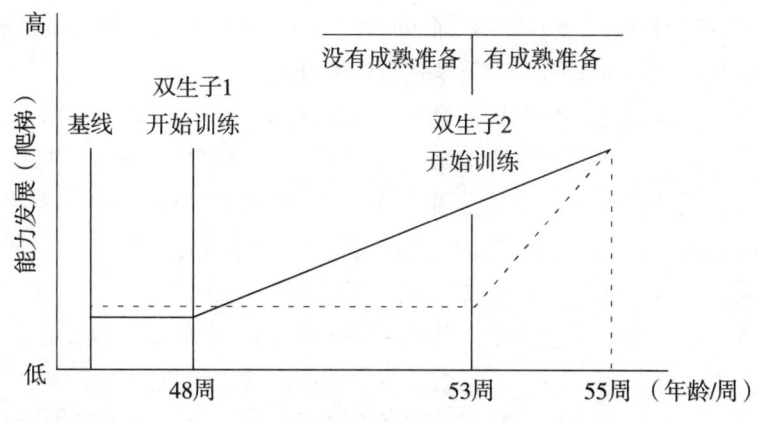

图 2-1 双生子爬梯实验结果

格塞尔还对儿童的行为进行广泛的调查,并在此基础上归纳他们的成长趋势,从中概括出如下重要的观点。

(1) 发展是遗传因素的主要产物。
(2) 在儿童发展过程中,发展质量较高或较低的年龄段有顺序地交替。
(3) 在儿童的身体类型和个性之间存在明显的相关。

格塞尔认为,个体的生理和心理发展,都是按基因规定的顺序有规则、有顺序地进行的。例如,在人类胚胎的发育过程中,首先形成并发生机能的器官是心脏,其次是中枢神经系统;其头部的发展先于四肢——这些都是按基因规定的顺序进行的。对于胎儿以及出生后的个体,其发展也主要受基因控制。

关于发展的性质,格塞尔认为,成熟是从一种发展水平向另一种发展水平的突然转变。各水平之间的行为具有不连续性,这种不连续性表现为波峰和波谷周期性的变化。所谓波峰和波谷,是格塞尔所认为的发展质量较高的年龄段和发展质量较低的年龄段,它们是有序交替、周期变化的。但无论是波峰还是波谷,都受不同时期的成熟机制的影响。格塞尔提出,发展有5个原则:发展方向的原则(发展具有一定的方向性)、相互交织的原则(人类的身体结构建立在左右两侧大致均等的基础上)、机能不对称的原则(对于人类,从一个角度面对世界可能更为有效,因而导致一只手、一只眼、一条腿比另一只手、另一只眼、另一条腿占优势的结果)、个体成熟的原则(个体的发展取决于成熟,而成熟的顺序取决于基因决定的时间表。儿童在成熟之前,处于学习的准备状态)、自我调节的原则(自我调节是生命现象固有的能力,如婴儿能自我调节自己的吃、睡和觉醒的周期)。

格塞尔强调遗传和成熟的时间表以及发展的周期性,所以他认为,年龄是生物变化的一个相当精确的指标,是发展的准确界标。其中,青少年期是儿童向成人过渡的时期,指的是11～21岁这段时期。因为从11岁起,儿童的机体开始出现巨大变化,生理上的剧变、性机能的逐渐成熟,引起了心理上的一系列变化。例如,情绪不稳定、爱冲动、逆反、好与人争吵、开始对异性产生兴趣;然后,他们会逐渐变得内向、爱沉思、爱作自我批评并以批评的眼光看待他人等,后来,又逐渐变得外向、情感易外露、爱谈论"个性"等,最后外向又转为内向、独立性增强、自我控制、自我监督能力得到发展、情绪逐步稳定起来,等等。整个青少年期的更新、整合和均衡在周而复始地进行着,并最终使个体的心理由不成熟走向成熟。

格塞尔认为,由于各人的结构,以及成熟次序不同,所以存在个别差异。格塞尔不像霍尔所说的那样认为青少年必然有一个动荡不安的时期。他认为成熟是一个过程,是一个从儿童到成人的过渡时期,发展不仅是向上的,而且也是螺旋式的。因此,青少年的心理特征是一种起伏式的变化,可能在不同的年龄阶段出现循环。同时,他也认为,年龄阶段之间的发展,会有突然的、明显的变化。

二、心理学方面的理论

一个人的发展不可能离开诸多心理要素,如知觉、认知、情感、人格等的发展。心理学理论从不同角度解释了青少年发展的内在原因和发展规律性。相关心理发展规律的理论是青少年工作的重要指导理论,它在基础理论和工具理论两方面都有重要的位置。

(一) 斯普兰格的第二次诞生论

斯普兰格(E. Spranger, 1882—1963年)是德国的哲学家、教育学家和心理学家,也是青少年心理发展人格派的代表人物之一。

斯普兰格关注的主要是人格的发展。他指出,人的价值在其内部世界潜在，并非靠外部力量给予。人格的发展是潜在价值的展现。就每个人的内部世界的潜在倾向而言，人人都可以发挥出最高价值，达到人格的尽善尽美。这是人类精神生活的主要方面。人格发展之所以有不同水平、类型和价值等级，主要不是由于人的本性，而在于自我意识及其自我同社会文化、历史的关系。因此，心理学的主要任务为：认识人所具有的与文化、历史有着密切联系的内部世界。个体发展的过程实际上是其内部世界固有的、潜在的价值展现的过程。

斯普兰格把人的青少年期（女性的是 13～19 岁，男性的是 14～22 岁）称为个体的"第二次诞生"，以此来比喻在青少年期和儿童期的安定、均衡的心理状态很快或逐渐产生混乱现象，并导致自我意识的全部内容开始走向新构造的改变。因此，青少年期主要是精神发展的特定阶段。在这个特定阶段中，青少年心理出现了如下 3 个主要的特征。

（1）自我的发现。于儿童而言，自己就是自己，不会成为意识的对象；而青少年则开始把探索的视线对准自己的内部，发现了自己独立于其他一切事物的主观意识世界。但是，青少年在自己的内部世界中所看到的自己往往是动摇不定的倾向——努力与懒惰、开朗与忧愁、大胆与怯懦、社交与孤独等交替发生。这种发现，使青少年常常感到孤独和闭锁，他们以各种各样的方式进行自我反省：或者什么都不考虑，模模糊糊地陷入沉思；或者苦苦思索什么是人生，什么是自己的价值。与此同时，他们也产生了与人接近和被人理解的愿望和追求独立的欲望，并渴求自我解放，希望拥有自己的目标并讨厌他人的干涉等。

（2）产生了对生活的设想和新态度，意识到生活的连续性，明白了未来对自己的重要意义。对儿童来说，生活只不过是一个个彼此孤立的瞬间发生的事件，他们还不能把握作为整体的生活的价值与意义。但是青少年已经开始意识到自己生活的连续性，明白了未来之于自己的意义。因此，他们产生了对未来生活的美好向往，并逐渐表现出对生活的新姿态和新追求的渴望。

（3）跨入生活的各个领域，不再只是被动地模仿，开始进行属于自己的艺术创造、思索、社交生活并建立经济的计划。青少年这时开始关注外部世界的各个领域中的方方面面，并对它们进行自己的评价和主动的体验。他们开始尝试进行艺术创造等高级思维活动，能够按照自己的意愿独立地社交，等等，以求从各个方面实现自我价值。

与此同时，斯普兰格还把青少年期分为 2 个阶段：14～17 岁是力图摆脱儿童时代的依赖关系而获得自由和独立的危机时期，17～21岁则是有"离群的危机"和孤独感、要求与人亲近的时期。另外，他还比较详尽地描述了青少年的社会地位、道德发展、法制感的形成、政治积极性、职业选择和世界观的形成，为后人系统研究青少年自我意识和价值定向奠定了一定基础。

斯普兰格根据个性特征的不同，把青少年的发展划分为3种类型。

（1）连续的发展。这种发展是缓慢而平稳的，因而多数青少年不会有很大的痛苦体验。

（2）痛苦的发展。这是指个体所经历的青少年期出现了很多的冲突和干扰，而且这些冲突和干扰难以克服。

（3）动荡的发展。这是指个体所经历的青少年期虽然也出现一些困难，但他们能够有意识地加以克服。

斯普兰格的第二次诞生论对青少年心理的特点与发展进行了较为详尽的阐述，不仅注意到思维在青少年心理中的作用，也分析了其发展类型的不同，这为后人研究青少年心理尤其是青少年自我意识的发展提供了宝贵的资料。但他对青少年的研究很少超出对青少年的情感和体验的描述。后来，有学者对他的理论进行了补充和扩展，主要代表人物是布列尔。

【延伸阅读】斯普兰格理论的扩展

布列尔（也译作彪勒）从本质上对斯普兰格的理论加以具体化并发展。这位女研究家特别注意把生物的成熟与文化的成熟区分开来，因为两者既不在同一时期成熟，内容也不一样。布列尔将生物的成熟和文化的成熟都与心理过程的特点联系起来，划分出消极和积极两个阶段（也译作否定期和肯定期）。

消极阶段开始于青春期前期，其特点是不安、忧虑、易于激动、生理和心理的发展不平衡、具有挑衅性等。布列尔认为，消极阶段是一个狂跑乱奔的阶段、情感上自相矛盾的阶段、不明显的反抗阶段、忧郁苦闷的阶段、工作能力下降的阶段。女孩在月经来临前一段时期，对各种事物产生的消极态度很严重，这种情形可以延续2～9个月，通常到月经来临时才结束。这个消极阶段一般在她们11～13岁发生。男孩的这种年龄波动线要大得多，消极阶段通常在14～16岁发生。

积极阶段来得比较慢，这个阶段的表现是孩子对大自然感到亲近，以新的方式欣赏艺术。在他的眼前呈现出一个宝贵的新世界，要求同人们建立密切的交往,有了爱情的情感,并善于幻想等。

(二) 精神分析学派

西格蒙德·弗洛伊德(Sigmund Freud,1856—1939年)是一位维也纳的医生,他对研究大脑及神经障碍的神经病学很感兴趣。他是精神分析理论的创始人。他的女儿安娜·弗洛伊德(Anna Freud,1895—1982年)把他的理论运用到了青少年身上。

西格蒙德·弗洛伊德从潜意识、前意识、意识的垂直层次把人格结构分为本我、自我和超我。本我通常被看成追求生物本能欲望的人格结构部分,自我指的是人格积极的控制、观察以及学习的功能,超我指一个人在成长过程中所习得的道德理想、社会戒律和规范。

(1) 本我(伊底,id)。本我是人格的基本结构,完全处于潜意识之中,是由遗传决定的生物本能,它遵循"快乐原则",要求满足基本的生物需要,如果需要得不到满足,就会出现焦虑,而且获得快感和满足欲望的要求更趋强烈,在本我的推动下会不顾困难、痛苦和挫折而获取满足,或者只能用幻觉降低紧张度。

(2) 自我(现实我,ego)。自我从本我中分化出来,是被现实了的本我。自我是本我和外界关系的调节者,它既要满足本我的需要,又要制止违反社会规范、道德准则和法律的行为。所以,自我不再遵循"快乐原则"去追求无条件的、即刻的满足,而是按照逻辑,接受现实,并在"现实原则"的指导下,力争既不与现实的要求相冲突,又能使自己获得满足。自我是人格结构中的理性部分,它的任务是:对外感受现实、认识现实、适应现实,对内负责管理本能冲动和欲望的疏泄。

(3) 超我(道德我,superego)。超我是从自我中发展起来的部分,是人格中的最高层次和理想部分,是道德化了的自我。从形成的顺序来看,它是人格结构中最后形成的部分。它遵循"至善原则",使人按照价值观念和理想行事,永无止境地追求完美,因此,也是非现实的。

西格蒙德·弗洛伊德认为,有强大的自我才有健康的人格,现实的自我要同时受到来自本我、现实和超我三方面的压力,这三者若能保持动态平衡,人就能保持心理健康。如果平衡失调,就可造成心理冲突,甚至产生异常心理。

西格蒙德·弗洛伊德认为，青少年期是一个性兴奋、焦虑的时期，有时甚至出现人格障碍。按照他的看法，青春期是一系列变化的积累，它们注定要给婴儿期的性生活确立最终的正常模式。在婴儿期，当快乐与口部活动联系在一起时（口唇期，oral stage），儿童性活动的目标在自己身体以外——母亲的乳房。渐渐地，儿童的快乐变成了自体性的——他们发现自己也能从其他的口部活动中获得快乐。比如，他们学会了自己吃东西。在两三岁，更多的关注和快乐集中在肛门活动和排泄上（肛门期，anal stage）。此后，儿童对自己身体的兴趣越来越大，也越来越有兴趣探究自己的性器官，这就是发展的生殖器阶段（phallic stage），年龄为四五岁。再往后的一个阶段，弗洛伊德称之为潜伏期（latency stage），从6岁到青春期，这期间儿童的性兴趣并不强烈，他们的快乐源泉渐渐地从自我转向了他人。他们对与其他人，尤其是与同性别的人建立友谊更感兴趣。在青春期（生殖阶段，genital stage），随着外部及内部生殖器官的成熟，接踵而至的就是强烈的解决性紧张的愿望。这种解决要求有一个爱的对象。因此，弗洛伊德在理论上认为，青少年会吸引大量的能够解决其性紧张的异性。弗洛伊德强调，青少年期性目的有两种重要成分，并且男女有别。第一成分是身体肉欲方面。在男性，这一目的包含了产生性的愿望，并伴有身体上的快乐感。在女性，身体满足和释放性紧张的愿望也是存在的。第二个成分是精神方面，它是情感成分，在女性身上表现得更加突出。换言之，青少年既渴望身体的释放，也渴望情绪上的满足。这种感情需要在女性身上尤为重要，但是满足这种需要对所有青少年的性渴望来说都是重要的目标。弗洛伊德也强调，正常的性生活只有在情感和肉欲融合的时候才有保证，而这两者都指向性对象和性目的。青少年期成熟过程中一个重要的部分就是儿童与父母情感纽带的松弛。在发展过程中，儿童的性冲动会指向自己的父母，儿子吸引母亲，女儿吸引父亲。弗洛伊德也论及青少年期的俄狄浦斯情形，这时候男孩会爱上母亲，渴望取代父亲［即，他形成了"俄狄浦斯情结"（Oedipus complex）］；而女儿则可能会爱上父亲，并渴望取代母亲［即，她形成了"厄勒克特拉情结"（Electra complex）］。然而，自然形成的和社会强加的对乱伦的阻碍限制了这种性欲的表现，所以，青少年就试图放松与家庭的联系。在他们克服并排斥乱伦幻想的时候，青少年也在实现"青春期最痛苦的、心理上的完成——脱离父母的权威"。这是通过撤回对父母的感情，并把它转向同伴而实现的。这种情绪上的损失被称为"分离之恸"。

第二章 发展中的青年：青年心理发展的理论

安娜·弗洛伊德比自己的父亲更加关注青少年期。她认为，青少年期的典型特征是充满内在冲突、心理失衡、行为乖僻。一方面，青少年以自我为中心，认为自己是人们感兴趣的唯一对象，是宇宙的中心。但是，另一方面，他们又能做出自我牺牲和奉献。他们会建立充满激情的恋爱关系，转瞬之间又会断绝这种关系。他们有时候渴望完全融入社会，参与团体，有时候又渴望独处。他们彷徨于对权威的盲目服从和反叛之间。他们自私，满脑子想着物质享受，但是他们又充满了崇高的理想主义。他们禁欲又放纵，他们不体谅他人，对自己又暴躁易怒。他们摇摆于乐观主义与悲观主义之间，摇摆于不知疲倦的激情与懒散冷漠之间。这种冲突行为的原因是青春期伴随性成熟而出现的心理失衡与内在冲突。在青春期，最明显的变化是本能驱力的增加。部分原因是性成熟，以及随之而来的对性器官的兴趣、性冲动的增长。但是，青春期本能冲动的突然爆发也有其生理基础，而不是仅仅局限于性生活。按照快乐原则，满足愿望的冲动，即本我，在青少年期增加了。这些本能冲动向个体的自我和超我提出了直接的挑战。安娜·弗洛伊德认为，自我是旨在保护心理机能的那些心理过程的总和。自我是个体的评价能力和推理能力。超我指的是自我理想，是对同性父母社会价值观的吸纳而衍生的良心。因此，在青少年期本能重新获得的活力直接对个体的推理能力和良心提出了挑战。在潜伏期，这些心理力量之间小心翼翼地保持平衡，但随着本我与超我之间公开宣战而丧失。除非这种本我－自我－超我冲突在青少年期得以解决，否则其后果对个体而言在情绪上是破坏性的。

安娜·弗洛伊德讨论了自我是如何不加偏袒地使用各种防御方法（按照心理学的术语，即"防御机制"）来赢得这场战斗的。在她的著作《自我和防御机制》中强调"每一个人，无论是正常人还是神经症患者的某种行为或言语都在不同程度上使用全部防御机制中的一个或几个特征性的组成成分"。

只要能够运用这些防御机制来维持平衡，而没有表现出适应不良的行为，那就不能看作是病态。只有在不适当的时机，不适当地应用防御机制以致不论在自己内心安宁方面还是与他人的交往方面都和他的生活不相称、不相和谐时才可以称之为病态。如果一个人对任何有意识的或无意识的不愉快情感都做出刻板的、不加选择的、公式化的防御反应，便可以认为他患了神经症。

自我防御机制有很多，可给予不同的分类，如成熟性防御和不成熟性防御、积极防御和消极防御等。现将常见的防御机制介绍如下。

（1）否认，指对某种痛苦的现实无意识地加以否定。不承认，似乎就不会痛苦。鸵鸟把它的头埋在沙子里似乎意味着不可接受的东西不存在，否认正是如此。一个心爱的人已死亡，可自己仍相信或认定他还活着或即将回来，甚至还为他做些什么；一个癌症病人可否认自己患了严重的迫近死亡的疾病，尽管他也可能是一位通晓该疾病的知名度很高的医生。这一过程可使个体逐渐地接受现实而不至于一下子承受不了坏消息、痛苦。否认的确是一种保护性质的、正常的防御。只有在干扰了正常行为时才能算是病态的。

（2）压抑，指把意识所不能接受的观念、情感或冲动抑制到无意识中去。它虽不能随意回忆，但可通过其他心理机制的作用以伪装的形式出现，如对痛苦体验或创伤性事件的选择性遗忘。

（3）合理化，又称文饰作用，指无意识地用一种通过似乎有理的解释但实际上站不住脚的理由来为其难以接受的情感、行为或动机辩护以使其可以接受，如对儿童的躯体虐待可说成是"玉不琢不成器，树不伐不成材""打是疼骂是爱"。合理化有两种表现：①酸葡萄心理，即把得不到的东西说成是不好的；②甜柠檬心理，即当得不到葡萄而只有柠檬时，就说柠檬是甜的。两者均为掩盖其错误或失败的表现。

（4）移置，是无意识地将指向某一对象的情绪、意图或幻想转移到另一个对象或替代的象征物上，以减轻精神负担取得心理安宁。如一个孩子被妈妈打后，满腔愤怒，难以回敬，转而踢倒身边板凳，把对妈妈的怒气转移到身边的物体上（如"替罪羊"）。这时，虽然客体变了，但其冲动的性质及其目的仍然未改变。在心理治疗中，情感的无意识移置既是移情的基础，也是反移情的基础。

（5）投射，指自我将不能接受的冲动、欲望或观念归因（投射）于客观或别人。这在婴儿可认为是相对正常的，在成年人则可由于极度地歪曲现实而成为偏执妄想。

（6）反向形成，指对内心的一种难以接受的观念或情感以相反的态度与行为表现出来，如一个有强烈的性冲动压抑的人可积极参与检查淫秽读物或影片的活动。

（7）过度代偿，又称过度补偿，指一个真正的或幻想的躯体或心理缺陷可通过代偿而得到超乎寻常的纠正。这是一个意识的或无意识的过程。如有些残疾人可通过惊人的努力而变成世界著名的运动员，有些口吃者可成功地变成一位说话流利的演说家。

（8）抵消，指一个不能接受的行为象征性地、反复地用相反的行为加以显示，以图解除焦虑。如说了不吉利的话就吐口水或用说句吉利话来抵消晦气或不吉祥的感觉；在除夕打碎了碗，习俗上说句"岁岁（碎碎）平安等"。

（9）升华，是一种最积极的、富有建设性的防御机制。因为它可以把社会所不能接受的性欲或攻击性冲动所伴有的力比多能量转向更高级的、社会所能接受的目标或渠道，进行各种创造性的活动。从文艺家的一些著名创作如歌德的《少年维特之烦恼》等，均可见到升华机制的作用。这是把本能主要是性能量转移到一个有社会价值的对象或目标上去。

（10）幽默，指对困境以幽默的方式处理。它没有个人的不适及没有不快地影响别人情感的公开显露。它与诙谐、说笑话还不完全一样。幽默仍然允许一个人承担及集中注意于困窘的境遇上，而诙谐、打趣的话却引起分心或使从情感的问题上移开。

（11）认同，指无意识中取他人（一般是自己敬爱和尊崇的人）之长归为已有，作为自己行为的一部分去表达，借以排解焦虑与适应的一种防御手段。如高官显贵的子女常以父辈之尊为己尊，遇到挫折则自抬身价，做出坦然自若的神态，以免除在人们面前的尴尬局面。儿童在作业遇到困难时，常说"我要学习解放军叔叔"，从而有力量和信心把作业坚持下去，直到成功。

以精神分析学派为代表的心理学理论自问世以来，一直受到很多激烈的批评和抨击，但也曾受到充分的赞扬和肯定。它的贡献主要有如下方面。

（1）开拓了青少年心理学的研究范围。以前，青少年心理学的研究从未涉及潜意识、无意识领域，而弗洛伊德的精神分析理论把潜意识、无意识引入青少年心理学的研究范围不能不说是一个很大的贡献。

（2）推动了对儿童青少年早期经验的研究和儿童青少年心理发展理论的建立。

（3）其关于青少年"俄狄浦斯情结"和性本能的研究提示我们要关注青少年期的心理冲突，协助青少年个体建立抒发情绪的渠道、缓解冲动，引导青少年正确面对各种心理挫折，要适时对儿童和青少年进行性的教育，使其在积极适应的程度上形成对两性关系的正确认识。

（三）埃里克森的心理社会发展理论

艾里克·埃里克森（E. Erikson，1902—1994年）是美国现代较有名望的精神分析学家，他在《儿童与社会》（1963年）一书中对弗洛伊德的心理性欲理论进行了修正,并在此基础上提出了自己的心理社会发展理论(psychosocial developmental theory)。

埃里克森认为,除了弗洛伊德提出的性的冲动,个体还具有与外部环境相互作用的冲动。从而把心理动力理论的重点从发展阶段的性特征上转到了心理社会发展的模式上。他认为,在个体的心理发展过程中,自我与社会环境是相互作用的。个体在发展中逐渐形成的人格,是生物的、心理的和社会的三个方面的因素组成的统一体。在人格的发展过程中,有各种矛盾冲突,按主要冲突的不同,可以划分为不同的阶段,这些阶段按一定的成熟程度有次序地向前发展。

埃里克森把个体的整个发展历程分为 8 个阶段,每个阶段都有其特定的发展任务。能否成功地完成发展任务,会产生两个极端:接近成功的一端,就形成积极的品质;接近不成功的一端,就会形成消极的品质。个体的发展在这两端间的某一个点上,教育的作用在于发展积极的品质,避免产生消极的品质。如果不能形成积极的品质,就会产生发展的所谓"危机"。各个阶段上,都有特定的心理危机,只有避免或超越这些危机才会获得个体在所处的时期内人所特有的力量。

(1)基本信任对基本不信任,即出生第 1 年。这个阶段的儿童最为软弱,非常需要母亲的照料,对母亲的依赖性很大。如果母亲能够爱抚儿童,并且有规律地照料儿童,以满足他们的基本需要,就能使婴儿对周围的人产生一种基本信任感,感到世界和人都是可靠的,并形成"希望"的品质。

(2)自主对羞怯和疑虑,即出生第 2 年。这个阶段的儿童学会了走、爬、推、拉和说话等,而且也学会了把握和放开,可以"随心所欲"地决定做什么或不做什么。这就要求父母必须给孩子一定的自由,不能伤害他们的自主性。如果这一阶段的危机得到积极的解决,就会形成自我控制和"意志"的品质。

(3)主动对内疚,即 3～6 岁。这个阶段的儿童活动更加灵巧,语言更加精炼,想象更加生动。他们开始了创造性的思维、活动和幻想,开始了对未来事件的规划。如果父母肯定和鼓励儿童的主动行为和想象,儿童就会获得主动性,并形成"目的"的品质。

(4)勤奋对自卑,即 6～12 岁。这一阶段的儿童大多数都在上小学,学习成为儿童的主要活动。如果这一阶段的危机得到积极解决,就会形成"能力"的品质。

(5) 同一性对角色混乱，即青春期。这一阶段的儿童必须思考所有他已掌握的信息，包括对自己和社会的信息，为自己确定生活的目标。如果能够做到这一点，儿童就获得了自我同一性，并形成"忠诚"的品质。

(6) 亲密对孤独，即成年早期。只有建立了牢固的自我同一性的人才敢与他人发展亲密的关系。如果这一阶段的危机得到积极解决，就会形成"爱"的品质。

(7) 繁殖对停滞，即成年中期。如果一个人很幸运地形成了积极的自我同一性，并且过着充实和幸福的生活，他们就试图把这一切传给下一代，或直接与儿童发生交往，或生产和创造能提高下一代精神和物质生活水平的财富。如果这一阶段的危机得到积极解决，就会形成"关心"的品质。

(8) 自我整合对失望，即成年晚期或老年期。这时主要工作都差不多已经完成，是回忆往事的时刻。第（1）～第（7）阶段都能顺利度过的人，具有充实幸福的生活和对社会有所贡献，他们有充实感和完善感，并怀着充实的感情向人间告别。这种人不惧怕死亡，在回忆过去的一生时，自我是整合的，这有助于形成"智慧"的品质。

埃里克森还指出，文化和社会因素在处理心理社会冲突中具有重要作用。例如，在社会迅速变化时期解决冲突将会比社会变化较少的时期更困难。如果青少年不能形成良好的自我同一性，就会产生自我怀疑、角色混淆和沉迷于自毁活动。而这种较差的自我形象反过来又可能与青少年犯罪和人格错乱等不良发展有关。

从埃里克森描述的人类发展的 8 个阶段可以看出，自我认同的完成既不是始于青少年期，也不是止于青少年期。它是终生的过程，只不过人们往往没有意识到。埃里克森强调，青少年期是一个标准的危机，是冲突不断增长的正常阶段，其特征是自我力量的波动。不断尝试实验的个体与自我认同意识本体出现矛盾并不断弥合，这种意识是青年自我意识的基础。在这一时期，个体必须建立起一种个人自我认同感，避免角色扩散和自我认同扩散的危险。要建立自我认同，就要求个体努力评估自己拥有什么、欠缺什么，努力学习如何利用这些条件去形成更为清晰的概念，明白人应该是什么样的、应该变成什么样的。积极进行自我认同探索的青少年更可能证明一种个性模式：自我怀疑、混淆、思维混乱、冲动、与父母和权威人物发生冲突、自我力量减弱、身体症状增加。埃里克森理论中，关于青少年期的一个令人感兴趣的概念是"心理社会性延迟"，这是儿童期与成人期之间受到社会调节的时期，在这期间个体通过自由的角色尝试可能会在社会中找到一个适当的位置。青少年期成了一个分析和尝试五花八门的角色的时期，而青少年又不必为任何一个角色而负担责任。但是，在青少年期快结束的时候，青少年如果还没有建立起自我认同，那么他们就会因为角色扩散而深受困扰。在自我认同探索中遭到失败的青少年将会遇到自我怀疑、角色扩散、角色混淆，这样的个体可能会沉溺于自我破坏的、片面的事物或者活动。他们可能会过分关注他人的意见，可能会退缩，或者去吸毒、酗酒，以释放由于角色扩散引起的焦虑。自我扩散与个性混淆可见于经常犯罪的个体，以及精神病患者。

同一性有许多成分，包括构成自我的身体（性别）、社会、职业、道德、理想和心理方面的特征。其中，身体的同一性容易达到，职业的、道德的和理想的同一性较慢达到，它要求思维的发展和高度的独立。同一性的发展与亲密感的发展相关，亲密感改变着同一性，同一性又促进个体的自我发展。同一性差的个体，不满意自己的道德价值观和理想，他们可能有职业上的矛盾和焦虑感，或者有神经质倾向和缺乏完整的人格。

埃里克森发展了弗洛伊德的理论，开始注意到自我与社会文化生活的冲突，注意到了个体和社会的交往问题，以及从个性的自我转变为社会性的自我的问题。埃里克森对自我的研究既强调生物性个体的作用，也强调文化环境的影响，试图通过内在的、个体内部所固有的情感和欲望来解释青少年心理的发展。

（四）华生的行为主义观

约翰·华生（J. Waston，1878—1958 年）是美国著名的心理学家，也是行为主义理论（behavioral theory）的创始人。

华生认为，心理的本质是行为。心理、意识都被归结为行为，人的各种心理现象包括高级的思维过程都只是行为的组成要素。

华生在引用巴甫洛夫经典条件反射学说和其他学习理论的基础上，强调学习和环境在行为形成中的中心作用，提出只要有适当的环境条件，多数行为都可通过学习获得或消除，他认为个体的发展便是在适当的环境中习得逐渐复杂化的刺激—反应链或"动作流"的过程。

因此，他提出一个著名的公式：刺激（stimulus）—反应（response）。即给人什么样的刺激，人就会产生什么样的反应；知道什么反应，就能推断出这个反应由什么刺激引起。

华生认为,"人格由占支配地位的习惯所构成""通过对能够获得可靠信息的长时行为的实际观察而发现的活动之总和"。"换言之,人格是我们习惯系统的最终产物"。图2-2示,个体从出生到成熟(图中从出生一直延续到24岁)的漫长发展过程中,形成了许多的习惯系统,每一习惯系统中又分别包含着许多各自独立的习惯。所有这些独立的习惯都置于不同的年龄中。每一个习惯系统都有相似的发展路线,从个体的婴儿期开始,经历幼年期、青年期,方能完成。在人格的习惯系统中,有一些是占支配地位的系统,人们很容易据此观察并做出快速判断和分类。

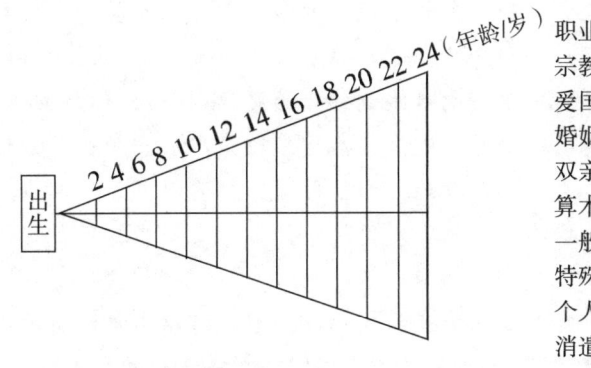

图2-2 华生的人格结构剖面

华生的关于青少年心理的研究与论述并不多见,主要集中于情绪发展的问题。他把情绪定义为一种遗传的"模式反应"。所谓"模式反应"是指各种不同的反应成分,每当适宜的刺激情境产生,这些成分便以某种程度的规律性呈现。例如,引起恐惧的适当刺激情境可能是支持的突然丧失,也可能是很高的响声。华生认为个体的情绪也是后天习得的,初生婴儿只有3种非习得的情绪:惧怕、愤怒和爱。这3种非习得情绪是儿童基本的"模式反应",也是以后在环境中发展为习得情绪的基础,而导致情绪发展的机制便是条件反射。因此,他进行了一系列实验研究来论证这一观点。其中的两个经典实验就是对婴儿阿尔伯特(Albert)恐惧情绪的唤起及对彼得(Peter)恐惧情绪的解除实验。该实验中,阿尔伯特本来不怕白鼠,但当他每次与白鼠玩的时候总有巨响在其身后响起,多次受惊吓后,他开始害怕白鼠了,因为白鼠与巨响在其头脑中形成了联系。经多次强化后，阿尔伯特对白鼠的惧怕泛化到了其他带毛的东西上。而彼得原先对白鼠、兔子以及其他一些东西有恐惧情绪，华生及其同事采用著名的系统脱敏技术（systematic desensitization）来解除彼得的惧怕情绪。他们把兔子由远及近地接近彼得而又尽量不惊扰他。慢慢地，彼得由最初的不安到最后用手抚摸兔子，最终解除了对兔子的惧怕。由此，华生得出结论：情绪是后天习得的，是环境的产物。

【经典实验】华生经典的情绪唤起及解除实验

华生经典的情绪唤起实验是在一名叫阿尔伯特的 11 个月大的婴儿身上做的惧怕条件反射。实验初期，阿尔伯特与小白鼠玩了 3 天。后来，当阿尔伯特开始伸手去触摸白鼠时，脑后敲起了钢条的声音。阿尔伯特猛然跳起，向前摔下，将头埋进垫子，但没有哭。第二次，正当他的右手刚触摸白鼠时，钢条又被敲响，他又猛然跳起，向前摔倒，开始哭泣。一周以后的几次白鼠与响声的组合刺激也都引起孩子惊起。最后，当白鼠单独出现，阿尔伯特表现出极度恐惧，转过身去，扑倒在地，匍匐前进，躲避白鼠。几天以后，华生及其同事试验刺激发生泛化。他们发现阿尔伯特玩耍很多东西，但惧怕任何有毛的东西。不管是他看见了白兔、狗、毛大衣、棉毛或圣诞老人面具，他都哭或焦急，纵然以前根本没被这些吓怕过。可见阿尔伯特的惧怕已泛化到一切带毛的东西上了。出于道德原因，这个实验曾遭到学术界严厉批评，但实验确实提供了惧怕条件反射形成的证据。

彼特是一个 3 岁的小男孩，他害怕白鼠、兔子、毛大衣、羽毛、棉花绒、青蛙、鱼以及机器玩具，除此之外，他非常健康活泼。华生建议其同事琼斯（M. Jones）对其进行惧怕的解除条件反射实验。琼斯用了很多方法，包括要彼特观看其他儿童与兔子玩耍。而最精彩的方法如下：彼特被安放在高背椅中坐着并给他吃午后快餐，随后将一个装着白兔的笼子放在和他有一定距离又不干扰他的地方。第二天，装白兔的笼子又稍靠近些，直到他显示有轻度的不安为止。每日按此处理，一天接一天地照样把兔子放得越来越近。由于实验者小心处理，从未惊扰彼特半分。最后彼特可以用一只手吃东西，同时用另一只手与兔子玩耍。通过相同的方法，琼斯也消除了彼特其他的大多数的惧怕。

(五)皮亚杰的认知发展理论

认知发展理论又称人格认知理论、认识发生论或认知发源论,代表人物为瑞士儿童心理学家让·皮亚杰(Jean Piaget,1896—1980年)。1923—1929年,他系统调查儿童的道德判断、日常生活事件、使用的语言等,形成了著名的认知发展论。

皮亚杰的认知发展理论把注意力的中心放在智力发展、认知过程、个人完成某种逻辑运算的能力上。他认为,个体的发展共分4个时期。

(1)感知动作阶段(0~2岁)。这一阶段的儿童只能协调感知觉和动作活动,在触外界事物时能利用或形成某些低级行为模式。

(2)前运算阶段(2~7岁)。在这一时期,表象或内化了的感知或动作在儿童心理上起重要作用,儿童能用表象和语言作为中介来描述外部世界,但还没有所谓"可逆性",只能从自我考虑问题。

(3)具体运算阶段(7~12岁)。在这个阶段,儿童变得能进行真正的、与客体直接相连的运算了,说明解释物理现象原因的能力已得到显著提高。

(4)形式运算阶段(12~15岁)。在这一时期,一般儿童不再受他(她)直接看到、听到的东西的限制,也不再受他(她)手头问题的限制。他们已经能够分析问题(包括过去、现在和将来)的条件,并能设想出在因素的不同联合的条件下可能合乎逻辑地产生什么情况的假设。

皮亚杰对制约儿童发展的各种因素进行了分析,认为影响心理发展的因素主要有4种:成熟、经验、环境和平衡。

(1)成熟。皮亚杰认为,神经系统的成熟是智力发展的重要因素,特别是在生命的头几年,但成熟不是智力发展的主要因素。

(2)经验。个体在周围环境中习得的经验是智力发展的主要因素,这些经验包括物理经验和数理逻辑经验。经验因素不是对智力发展起决定作用的因素。

(3)环境。环境主要是指社会生活、文化教育、语言等社会环境,社会环境因素决定了社会性相互作用和社会经验的传递,该因素是智力发展的必要但非充分条件。

(4)平衡(equilibration)。平衡因素指的是不断成熟的内部组织和外部环境相互作用的过程,它是智力发展的决定性因素。

皮亚杰认为,心理、智力、思维的发展既不是起源于先天的成熟,也不是起源于后天的经验,而是起源于主体的动作。这种动作的本质是主体通过动作对客体的适应（adaptation）,是心理发展的真正原因。

适应是皮亚杰理论中的一个基本概念,它又分为同化（assimilation）和顺应（accommodation）两种形式。同化指个体把新的知识纳入原有的认知结构[即图式（scheme）]中并引起认知结构的扩展,它属于量的变化,即"同化于己"。顺应是指个体通过改变原有的认知结构或创立新的图式来适应新的情况,它属于质的变化,即"外化于物"。同化和顺应两种作用机制之间不断从某一水平的平衡向较高水平的平衡状态转变,这就是整个心理的发展过程。

皮亚杰指出,大约从12岁开始,儿童便进入青少年期。在这一阶段,儿童的思维发生了一次根本性的变化,其思维已经达到逻辑思维的高级阶段,即形式运算阶段。其认知能力如分类能力、假设演绎能力、归纳推理能力等都得到极大的发展与提高。

按照皮亚杰的观点,青少年心理发展的特点具体表现如下。

（1）少年应用客体进行思维运算的抽象能力成熟了。这种思维运算的复杂化对其他生活方面（其中,包括情绪）有重要影响。青少年在进入形式运算时期后,开始对一般理论、公式等特别感兴趣。在某种意义上说,爱好理论成为这一时期的年龄特点。对他们来说,一般比个别占绝对优势。他们创造自己的政治理论、哲学理论,制订自己的幸福与爱情的公式。正如皮亚杰指出的,甚至少女关于未婚夫的幻想也有其特殊的理论,它把许多特点联合起来,而这些特点或者彼此完全相抵触,或者很少结合在一起。

（2）该特点与形式运算思维有关,即可能性与现实性这两个范畴的相互关系发生了变化。儿童首先是考虑现实性,而青少年则是把可能性这个范畴放在首要的地位。这既是由儿童青少年的情绪特征和地位特征所致,也是由形式思维本身的性质决定,形式思维只认为现实性才是可能实现的范围的一部分。由于进行逻辑思维时不只应用现实的客体,而且还应用想象的客体,所以,要掌握这种思维方式就必须进行智力上的实验,以特殊方式来运用概念和公式,等等。由此可见,青少年思维有着独特的自我中心性:这种自我中心性是指主体在思考问题或进行判断时有受自己需要和情感强烈影响的倾向。青少年会把整个周围世界同化到自己的一般理论之中,用皮亚杰的话来说,青少年的做法是,世界应当服从体系,而不是体系服从现实。

皮亚杰是20世纪最有影响的认知发展心理学家,他的认知发展理论已经成为一个完整的心理学体系的核心,对世界各国的儿童青少年心理发展领域都产生了深远的影响,为描述儿童青少年心理发展的一般图景提供了重要的理论依据。它关于青少年心理发展的观点揭示了青少年认知发展过程中的质的演变,对正确认识儿童青少年心理发展做出了杰出贡献。

(六) 勒温的心理生活空间论

科特·勒温(K. Lewin,1890—1947年)是格式塔心理学派的代表人物之一,也是心理学领域采用实验方法研究个性的第一人。

勒温从格式塔的观点出发,提出了独具特色的"场论"(field theory)和生活空间论(life span theory)。生活空间指在某一时刻影响行为的各种事实的总体。生活空间包含了人及其环境。如果以 B 表示行为,P 表示人,E 表示环境,LS 表示生活空间,那么 $B = f(P, E) = f(LS)$,若用文字来解释该公式,即:行为是随着人与环境这两个因素的变化而变化,即不同的人对同一的环境条件会产生不同的行为。同一个人对不同的环境条件会产生不同的行为,甚至同一个人,如果情境条件发生了改变,其对同一个环境也会产生不同的行为。勒温的这种描述显然比较符合客观实际状况。为了更确切地具体分析一个人在特定情境中的行为,勒温提出了心理环境这一概念。心理环境也就是实际影响一个人发生某一行为的心理事实(有时也称事件)。这些事实主要为:①准物理事实,即一个人在行为时,对他当时行为能产生影响的自然环境;②准社会事实,即一个人在行为时,对他当时行为能产生影响的社会环境;③准概念事实,即一个人在行为时他当时思想上的某事物的概念,这一概念有可能与客观现实中事物的真正概念之间存在差异。在这里勒温提出了所谓的"准事实",他是想借用这个概念来说明影响人行为的事实并非客观存在的全部事实,而是指在一定时间、一定情境中实实在在具体影响一个人行为的那一部分事实。这一部分事实有时候可能与客观存在的事实相吻合,也有时候可能不吻合。勒温的这一思想实际上反映了他的整体论的观点,如图2-3所示。

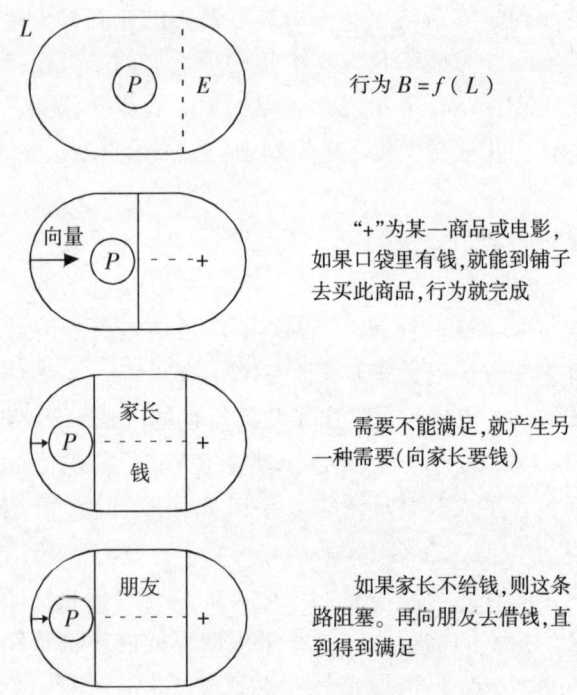

图 2-3 个体两种成熟水平下的心理生活空间

勒温认为，青少年的心理生活空间正处于混乱状态，其特征主要表现为不确定感、紧张不安、情绪不稳定等，而这主要是由其所处的过渡地位所决定的。图 2-3 中，心理生活空间（L）$= P + E$，$P =$ 人，$E =$ 心理环境。人与心理环境之间有界限，但可渗透过去。如果中间的界限很粗，就不能透过去。

从生活空间论出发，勒温认为，研究青少年心理归根到底就是要分析青少年自身所处的心理生活空间。在从儿童世界向成人世界的过渡时期，由于儿童和成人在生活空间上的距离，青少年既不完全属于前者（即儿童），也不完全属于后者（即成人），而是处于儿童与成人的中间地位。他们这种地位的过渡性和不稳定性，既使得其生活空间不断扩大，也造成了他们在新出现的未知的环境中无法明确在场内的方向以及行动的方式。随着性的成熟，青少年还会对自己的身体产生全新的体验，从而使自己的身体成了生活空间的中心领域。因此，其个人的生活空间陷入了混乱状态。

青少年这种从儿童向成人过渡的特殊地位反映在其行为和心理方面就表现为：他们的行动常常有一种不确实感。他们的行为特征是：情绪不稳定、敏感，或者过分紧张,表现出粗暴、好斗,或者害羞,他们往往动摇于矛盾着的两个极端之间。儿童世界和成人世界越是截然不同,他们之间的界限越是明显,这种紧张性和冲突性也就越大。因此,青少年实际上是处于儿童与成人之间的"边缘人"(marginal man)状态,经常会表现出一系列的压力、矛盾和冲突。勒温还认为,新生儿的生活空间是相对未分化的,儿童在发展期出现的最重要的心理过程就是生活空间各个方面的不断分化。到青少年期,个体的主要发展任务是不断扩大生活空间,不断接触、丰富其活动和交往的范围。而父母与师长则应该让青少年多接触新经验,为他们提供充足的环境和生活空间,从而可以使其生活空间不断扩展与整合,以促进青少年心理发展。

(七)班杜拉的社会学习理论

阿尔伯特·班杜拉(Albert Bandura,1925—)是社会学习理论的重要代表人物,于1980年获得美国心理学会"杰出科学贡献奖"。

观察学习(observational learning),也称替代学习(vicarious learning),是班杜拉理论中的一个基本概念,指学习者通过观察他人(榜样)所表现出的行为及其后果而进行的学习。学习者可以不直接做出行为反应,也不需要直接体验强化,而只是通过观察他人在一定环境下的行为及该行为所带来的正面或反面的后果就可完成学习。例如,儿童学习新歌或做家务、玩游戏等,几乎与其父母的活动一模一样,他们常常在观察后立即仿造出一连串的新行为,这就是观察学习的结果。班杜拉把他人所接受的强化对学习者本人的影响称为"替代性强化(vicarious reinforcement)",而学习者通过对别人的行为及其结果的观察所完成的学习又称为"无尝试学习",如图2-4所示。

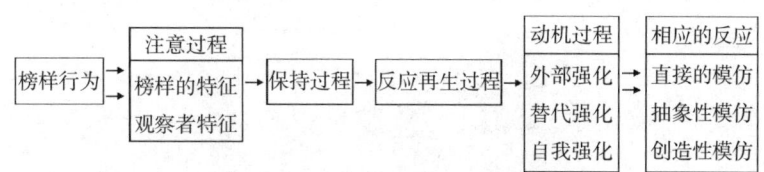

图2-4 社会学习理论

观察学习包括4个组成部分:注意过程、保持过程、运动复现过程(或反应再生过程)、强化和动机过程。也就是说,个体要成功地模仿一个模式,那么，他/她就必须做到：①注意这一模式；②有保持所看见内容的符号的形式；③必须具有一定的运动技能，才能复现这种行为。如果这些条件都合适，个体就知道如何去模仿这一模式。否则，就不可能模仿。个体实际的操作由偶然的强化所控制，其中很多是替代性的。实际上，这4个成分并非是完全分离的，尤其是强化过程，会影响我们注意的对象。例如，我们常常注意强有力的、有权势的、有威望的模式，因为我们发现模仿他们远比模仿差的模式要好，这可导致积极的结果。

概括起来，班杜拉关于青少年心理的观点主要体现如下。

（1）班杜拉强调榜样在青少年行为形成中的作用。榜样的特征和观察者本人的特征都会影响观察学习的过程。青少年期是最喜欢模仿他人的时期，因此，为青少年提供良好的榜样就非常重要。同时，电影、电视、书籍等一切青少年能够接触的传媒都会成为青少年学习、模仿的榜样。

（2）班杜拉指出，观察学习是青少年学习的最主要形式。班杜拉认为，青少年所具有的知识经验、社会规范、思想观念和态度等，主要是通过观察学习如模仿和认同得来的。所谓模仿是指青少年对榜样的仿效，其作用是使个体学到其以前不曾学到的新行为，可以使原有的潜伏着的行为表现出来，也可以使已有的行为得到强化或改变。青少年常常模仿的榜样有三类：①现实生活中的人也即观察中的人，如父母、老师和同学等；②电影、电视中的人物形象；③符号模型，如文艺作品中所描写的人物行为。认同是指深层的模仿，是学习行为的内化过程，它不仅包括模仿榜样的外部行为，还包括学到榜样的内在品质。模仿的行为经过认同，就成为个性的一部分。模仿和认同是使青少年学到好的行为和品质，还是使他们学到不好的行为和品质，这主要取决于榜样本身的社会价值和青少年对外部或内部奖赏的预期，如图2-5所示。

图2-5 模仿

（3）班杜拉还指出，观察学习不是机械的模仿，它是一种比模仿更复杂的学习形式，其中，包含有中介的认知因素。班杜拉把观察学习区分为以下三种：①直接的观察学习，它是对示范行为的简单模仿，如幼儿的大部分模仿行为。②抽象性观察学习，它是指观察者从对他人行为的观察中获得一定的行为规则或原理，从而以后能根据这些规则或原理表现出某种类似的行为，如青少年看了枪战暴力片，他以后就可能在学校、社会对同学或他人表现出类似的攻击行为。③创造性观察学习，指观察者通过对各个不同榜样的行为特点进行新的组合，从而形成一种全新的行为方式，如青少年从父母、姐妹、同学及朋友那里获得了不同的行为特点，最终形成了自己独特的行为风格，如图2-6所示。

图2-6　形成自己的行为风格

（4）班杜拉强调，人的行为不仅仅由直接经验和观察到的外部奖惩所决定，它们还会接受自我奖惩的调节。如果行为只受外部环境的摆布，那么人就会像个风向标一样，需要不断地改变方向以适应各种刺激的影响。实际上，人类的绝大部分行为都受自我强化（self-reinforcement）的控制，人根据自己设立的一些行为标准，以自我奖惩的方式对自己的行动进行调节。班杜拉进一步指出，青少年教育的最终目标就是通过各种措施和方法使之学会自我调节，从而适应复杂的社会。

（5）班杜拉强调替代性强化的作用。替代性强化是指人们通过对他人行为受到奖惩而相应地调整自己行为的过程。班杜拉认为，观察到的他人的行为结果能够以与直接经验的结果同样的方式调节青少年的行为,这再次提示人们,教育者应该正确和适当地使用各种奖励和惩罚手段。

(6) 班杜拉反对青少年期是"疾风怒涛"的说法,他认为,青少年期虽然是人生的一段困难时期,但并非是必然的骚动期。他认为,在青春期到来时,大多数青少年已经内化了父母价值观中的大部分,因而,父母对他们的限制和控制已经减少而不是增加;早在儿童期父母就已经开始训练其独立性,所以,许多方面在青少年时已经完成;青少年选择的同伴的价值观不仅与自己的类似,而且也与父母的价值观类似,所以,同伴团体通常会加强和巩固父母的行为规范和准则。

班杜拉的观察学习论从人的社会化角度研究学习问题,指出观察学习、强化、自我调节在青少年心理和行为发展上的重要性,从而使其学习理论更加贴近儿童青少年真实的学习过程。班杜拉还认为,人的行为变化,是人的行为与环境相互决定的结果,既不能把人的行为变化仅仅归结为环境因素,也不能仅仅归结为个人的内在因素,强化与认知相结合是其理论的特点之一。这种相互决定的观点在很大程度上反映了人类学习的特点,也为我们科学地理解青少年心理发展的规律及个性的形成提供了有益的指导和参考。

(八) 马斯洛的需求层次理论

马斯洛(A. H. Maslow,1908—1970 年)是美国社会心理学家、比较心理学家,人本主义心理学(Humanistic Psychology)的主要创建者之一,心理学第三势力的领导人。

马斯洛的人本主义心理学思想主要载于他在 1954 年出版的《动机与人格》一书。他所指的"动机"一词,并非如一般所持"动机是促发行为的内在力量"的说法;他所说的动机,是指人性本质中的善根。动机像一棵大树的种子,在长成大树之前,种子之内已蕴藏了将来成长为一棵大树的一切内在潜力。人类的动机也就是个人出生后一生成长发展的内在潜力。因此,马斯洛的动机理论亦即其人格发展理论。马斯洛在该书中,将动机视为由多种不同性质的需求所组成,故而称为需求层次论(need-hierarchy theory)。1954 年,他在书中将动机分为 5 层:生理需求(psyiological needs)、安全需求(safety needs)、爱与归属的需求(love and belonging needs)、尊重需求(esteem needs)、自我实现的需求(self-actulization needs)。1959 年以后,他越来越多地涉猎东方的观点。对东方文化的研究促使马斯洛反思他自己已经创建的人性观。结合他对自我实现的人的精神生活与行为方式的深入研究，他发现，人类天性中还有一种固有的精神维度，那就是作为最高需要层次的精神的自我实现或超越的自我实现。于是，马斯洛便将人本心理学视为心理学发展的一个过渡性的阶段，认为它应该被一种更高阶段的心理学所代替。马斯洛开始将这种新心理学称为"超人本心理学"（trans-humanistic psychology）。因此，在其于1970年新版书内，又改为7个层次。

（1）生理需求（physiological needs）。生理需求指维持生存及延续种族的需求。

（2）安全需求（safety needs）。安全需求指希求受到保护与免于遭受威胁从而获得安全的需求。

（3）隶属与爱的需求（belongingness and love needs）。隶属与爱的需求指被人接纳、爱护、关注、鼓励及支持等的需求。

（4）自尊需求（self-esteem needs）。自尊需求指获取并维护个人自尊心的一切需求。

（5）知的需求（need to know）。知的需求指对己对人对事物变化有所理解的需求。

（6）美的需求（aesthetic needs）。美的需求指对美好事物欣赏并希望周遭事物有秩序、有结构、顺自然、循真理等心理需求。

（7）自我实现需求（self-actualization needs）。自我实现需求指在精神上臻于真善美合一的人生境界的需求，亦即个人所有需求或理想全部实现的需求。

根据马斯洛的解释，7层需求分为两大类，较低的前4层称为基本需求（basic needs），较高的后3层称为成长需求（growth needs）。基本需求有一共同性质，均系由于生理上或心理上有某些欠缺而产生，故而又称匮乏性需求（deficiency needs）。各层需求之间不但有高低之分，而且有前后顺序之别；只有低一层需求获得满足之后，高一层的需求才会产生。但仍然有可能出现意外，例如，创造性的人的创造驱力比任何其他需要都更为强烈，也有些人的价值观和理想是如此强烈，以致他宁愿死也不放弃它们。

（九）哈维格斯特的发展课题理论

罗伯特·哈维格斯特（Robert. Havighurst，1900—1991年）认为，青少年个体的发展极大地受制于所在的文化和社会环境。他在《发展课题与教育》一书中指出，个体在生活的每一阶段都有其特殊的发展课题（或称发展任务，developmental tasks），这些发展课题是个人需要和社会目标在个体身上的反映。因此，所谓"发展课题"是指个体在成长的每一阶段都有相对应的需要完成或发展的课题或任务。

哈维格斯特把人的发展分为幼儿期、童年期、青年期、壮年期和老年期，并且分别针对各个不同的时期提出了相应的发展课题。在他看来，这些课题是连续的，个体如果能够成功地完成每一时期特定的发展课题，他/她就会体验到幸福，以后的课题也将成功；如果个体不能顺利地完成某项课题，他/她就会感到不幸，也往往得不到社会的承认，其以后课题的完成也很困难。因此，能完成各阶段发展课题的人才是适应良好的人。

根据发展课题论，哈维格斯特认为12～18岁的青少年主要有10项发展课题，分属于3个领域：青少年的同龄群体、独立性发展和人生观的发展。

（1）青少年的同龄群体。①学习与同年龄男女之间新的考究的交际方式。②学习男性或女性的社会任务。

（2）独立性发展。①认识自己身体的构造，有效地利用自己的身体。②在情绪上从父母及其他成人的控制中独立出来。③具有关于经济独立的信心。④准备选择职业。⑤作结婚和家庭生活的准备。⑥发展自己作为社会成员所必要的知识和态度。

（3）人生观的发展。①寻求并完成负有社会性责任的行动。②学习作为行动指针的价值和伦理的体系。

这10项发展课题均由3个水平组成：①身体成熟等生理水平；②同双亲或友人在情绪上的结合或独立等个人需要水平；③完成社会责任等来自社会的要求的水平。哈维格斯特认为，这3个水平应该统一并完成于个体的人格当中。就青少年的发展课题而言，这3个水平主要体现为：身体成熟及其认识、心理上和情绪上的独立、意识到社会的责任等。

（十）埃尔德的人生历程说

发展心理学家埃尔德（G. Elder）于1995年提出一种新的发展理论观。该理论同样重视环境背景的作用，但更强调其影响在人生历程中起作用，故称之为人生历程说（life course theory）。埃尔德认为，研究人的发展就要从其环境入手，研究其环境对人的发展所蕴含的意义。人生历程受历史时空、生活安排、人生关联、人力和社会约束等四大背景要素的制约。

（1）历史时空（historical time and space）的背景。人生活在特定的历史时空中，不同时期出生的人们受不同环境的制约，其心理发展也各异。

（2）生活安排（the timing of lives）的背景。生活安排的背景又称为社会性时间安排（the social timing），是指一个人在人生历程中准备承担何种社会角色和从事何种社会工作在时间上所做的谋划和安排。每个人都会有这种安排，而这种安排又会影响一个人的发展。

（3）人生关联（the linked lives）的背景。人的一生总会与其他人有这样那样的联系，人的一生与其他社会关系有着相互作用、相互依存的性质，是人生历程说的核心观念之一。

（4）人力和社会约束（human agency and social constrains）的背景。人力，这里主要指人的能动性（能动作用）；社会约束，是指人生必然会始终受到那些确保社会正常有序运行的法律、习俗、道德的制约。人就是在这样的社会约束背景下能动地努力构建自己的生活历程和做出各种人生选择，它们对人的成长及心理发展影响极大。

（十一）布朗芬布伦纳的生态系统理论

人是社会的人，在人与环境的交互作用的过程中，人与社会环境的交互作用扮演着重要的角色。近年来，兴起的社会生态学（social ecology）是一种探讨人的行为与社会环境交互作用的研究取向。美国心理学家尤里·布朗芬布伦纳（Urie Bronfenbrennr，1917—2005年）提出社会生态系统理论（theory of social ecosystems）（Bronfenbrenner，1979年，1998年，2000年）。目前，该理论处于该领域的前沿，因为它在环境影响发展问题上提出了较详细具体的论述。生态系统理论（ecological systems theory）认为，人在复杂的关系系统中的发展受到多水平环境的影响,个人的行为不仅受社会环境中的生活事件的直接影响,而且也受发生在更大范围的社区、国家、世界中的事件的间接影响。因此,要研究个体的发展就必须考察个体不同社会生态系统的特征。后来,鉴于生物影响因素加入环境中共同推动了发展,布朗芬布伦纳把他的理论称为"生物生态模型"。

1. 个体的生态系统

布朗芬布伦纳把个体的生态系统划分为5个子系统。

(1) 微系统(micro system)。微系统指与个体直接的、面对面水平上的交流系统,由个体在直接生活的环境中的各种活动和互动模式构成。例如,直接作用于儿童的各种行为的复杂模式、角色,以及家庭、学校、同伴群体、工作场所、游戏场所中的个人的交互作用关系。家庭、学校、同伴群体中的个人都是社会生态系统中的微系统的组成部分。个体微系统中的每个人都以面对面、直接交流的方式与个体交互作用。例如,母亲对儿子小明唱歌,同伴与小明做游戏等。家庭和学校都是儿童的微系统环境。前者由儿童和父母以及其他家庭成员所组成,后者主要由儿童、教师和学生所组成。此外,社区少儿活动中心也是这样的微系统环境。发展与教育心理学多以儿童的微系统环境为背景进行。布朗芬布伦纳强调,为了理解这一水平的发展,必须牢记所有的关系都是双向的。例如,成人影响孩子的行为,但是孩子的生物和社会特征,如生理特性、人格特征和能力也影响成人的行为。一个友善专心的孩子容易引发父母积极耐心的反应,而一个好动、分心的孩子则容易成为父母的限制和惩罚对象。无时无刻不在发生的双向互动对发展起着持久性的影响。微系统中的另一些人影响着任何两人关系的质量。如果他们是支持性的,这种互动就有促进作用。例如,爸爸妈妈在承担父母角色中互相鼓励,他们就能更好地执行做父母的责任。相形之下,夫妻冲突往往导致不一致的管教方法和迁怒于孩子。结果,孩子也会变得更有敌意,于是,父母和孩子都面临着适应不良的处境。

(2) 中系统(meso system)。中系统指两个或多个微系统环境之间的相互联系和彼此作用,即它是由多个微系统环境所组成的系统,如家庭与学校的关系、学校与社区的关系、家庭与同伴的关系等。它们会影响生活于其中的儿童的心理发展。例如,小明的母亲以怎样的方式对待小明可能受小明的母亲与小明的外祖父之间的交互作用的影响。如果小明的母亲与小明的外祖父之间经常争吵，小明的母亲可能缺乏温柔并以粗暴的方式对待自己的孩子。同样，小明与妹妹之间的关系，也可能反映了小明的母亲与小明的姨妈之间交互作用方式。其实，布朗芬布伦纳所讲的中系统，就是个体的微系统之间的交互作用关系。例如，一个孩子的学习进步不仅取决于课堂活动，而且取决于父母对孩子学习的关心和在家里花多少时间学习。对成人来说，在家里做配偶、做父母做得好不好，也受到他在工作单位的人际关系的影响，反之亦然。

（3）外系统（exo system）。外系统是指个体并未参与其中，却对其成长产生着影响的那些环境以及这些环境的联系和相互影响。这种环境可能是正式的组织，如个人所在单位的董事会或社区的保健、福利机构。具体来说，像灵活的上班时间、母亲的带薪产假和父亲的带薪休假，以及孩子生病时其父母能获准在家照顾孩子，都是父母单位所能做到的帮助父母养育孩子的方法，而且有助于父母和孩子的健康发展。外环境系统的支持也可以是非正式的。儿童可能受到其父母的社会网络的影响，如父母的朋友和大家庭成员（祖辈、叔姨）提供的建议、陪伴和经济援助等。研究证实，如果外环境系统不能发挥作用，会产生负面影响。一个家庭如果与外面很少有个人和团体的联系，或受失业影响而与世隔绝，家庭冲突和虐待孩子的概率就会升高。故外系统中至少有一个不包括成长中的个体在内。但是，发生在这些环境中的事件会影响个体所生活的环境以及它们之间的相互作用，因此，也就间接地但却是必然地影响一个人的发展。如果父母工作的性质、要求、条件等因素即工作环境会影响他们在家庭中的行为方式和态度，就势必影响他们对儿童的养育方式和态度。例如，儿童生活在家庭里，但家庭不是与外界隔离的，父母对待儿童的方式会受到学校、教师的影响，也会受到教会、雇主和朋友的影响。个人的家庭微系统与其他系统的成员之间有种种交互作用的关系。例如，小明与他的父亲之间的交互作用可能受到他的父亲与其企业雇主或其炒股朋友之间的关系的影响。

（4）宏系统（macro system）。宏系统不是一个具体的环境，而是由文化价值观、法律、习俗和资源组成，一般指个体所处的整个的社会组织、机构和文化、亚文化背景，它涵盖了前述的微系统、中系统和外系统，并对它们发生作用、施加影响。可以依据信念、价值观、做事情的传统方式、可预期的行为、社会角色、社会地位、生活方式、宗教等内容来描述宏系统。宏系统的特色反映在不同系统之间的交互作用之中。用布朗芬布伦纳的话来说，宏系统是一种特殊文化、亚文化或其他更广阔的社会环境的社会蓝图。大环境系统能否满足儿童和成人的需要，关系到他们在内部环境水平上获得的支持。例如，有些国家规定了较高的儿童养育补助标准，工作单位对就业父母的政策有较多优惠，孩子在小环境中就有良好的生活经验。另外，如果政府给退休者提供优厚的养老金，也能促进老年人的心理健康。

（5）时序系统（chrono system）。时序系统是布朗芬·布伦纳在1998年新增加的一个系统。布朗芬·布伦纳认为，环境并不是以一种固定方式影响个体的静态力量。相反，它是动力性的、不断变化的。人的角色的增多或减少，以及新生活的开始，他们的小环境的范围就发生变化。生活中这种环境的转变，布朗芬·布伦纳称之为生态变迁，往往成为发展的重要转折点。入学、参加工作、结婚、做父母、离婚、搬家和退休就是生态变迁的例子。布朗芬·布伦纳把他的模型中的时间维度称为时序系统，是指在个体推移过程中所有的社会生态系统随着时间的变化而发生的变化。个体的微系统随着时间的推移可能会发生很多重要的变化，如弟弟妹妹的出生、父母离婚、得到或失去宠物等。有时候，大系统也会发生变化。例如，20世纪最后的几十年中，美国的家庭成员参加工作的模式（从一人挣工资发展为两人挣工资）、家庭结构（从双亲家庭到单亲家庭）、育儿方式（从家庭养育到选择其他保育方式）、生孩子的年龄（从低龄到高龄）等方面都发生了深刻的变化。显然，大系统的变化会直接影响个人生活于其中的微系统（家庭、家族和学校）。

布朗芬·布伦纳的社会生态系统理论有助于我们理解社会环境对个体心理与行为的制约作用。首先，从空间上来看，人的行为不仅受直接的、面对面水平上的微系统的社会因素的影响，受微系统与微系统的交互作用关系，还受微系统与中系统、外系统、大系统（特殊文化和亚文化）交互作用关系的影响。其次，从时间上来看，人的行为不仅受传统文化制约，而且受时代变迁制约。

2. 生态系统理论的发展脉络

生态系统理论是一个开放的理论系统，在不同的时代融入不同的理论和概念。据何雪松等人的梳理，其大致的发展脉络如下。

（1）生态系统理论的早期研究可以追溯到达尔文于1895年提出的进化论，尤其是"适者生存"这一重要概念。

（2）在社会工作领域可以回溯到里奇满（Richmond）"在情景中理解行

为"的论述,他强调以个人和环境之间的界面为干预的焦点。

(3) 布朗芬布伦纳自20世纪40年代即受到库特·里文(Kurt Lewin)将基础科学与社会政策研究连接的影响,将生态学的思想引入人类行为的研究中。其在《人类发展生态学》(1979年)一书中提出一个人类发展研究的理论观点,并据此提出了个体发展的生态模型,将人生活于其中并与之相互作用的不断变化的环境称为行为系统。

(4) 1980年,日尔曼和吉德曼提出的生命模式是应用生态系统理论的一个重要干预模式。生命模式认为,人与环境存在着一种交互性适应,人持续地与其环境的不同层面进行交换并适应之,人改变环境亦为环境所改变。

(5) 1983年,梅耶(Meyer)综合了不同的研究成果,提供了一个综合性的生态系统框架,强调应该将聚焦调整至个人所处的生活空间,关注个人的生活经验、发展时期、生活空间和资源分布等人与环境之间的交流活动,并从生活变迁、环境质量和适合程度等3个层面的互动关系指导社会工作的实施。研究者称此框架比生命模式更为灵活,有益于评估,且聚焦于家庭和环境支援的网络,利用家庭图和生态图作为视觉工具。

(6) 1997年,肯普、惠特克和特蕾西提出个人环境实践,它是一种助人过程的社会生态视角,这一视角是在整合已有的生态理论的基础上结合社会工作理论进展而提出的。它策略性地应用时间以完成3个目标:①改善案主面对压力性生活情景、环境挑战和充分利用环境的控制感;②经由积极的评估、涉入和干预而实现这一目标,在这个过程中进行多维度的思考,尤其重视个人的社会网络的成员;③经由集体行动促进社会层面的赋权的方式连接个人的关注。

(7) 查尔斯·扎斯特罗在他的《人类行为与社会环境》(第6版)(2006年)中阐述了社会生态系统的层次性。他指出,个人的生存环境是一个完整的生态系统,即由一系列相互联系的因素构成的一种功能性整体,包括家庭系统、朋友系统、工作职业系统、社会服务系统、政府系统、宗教系统等。人是在环境中与各种生态系统持续互动的主体。人在生存环境中,既受到各种不同社会系统的影响,也持续和具有活力地与其他系统相互作用。他把人的社会生态系统区分为三种基本类型:微观系统、中观系统、宏观系统。微观系统是指处在社会生态环境中的看似单个的个人,个人既是一种生物的社会系统类型,更是一种社会的、心理的社会系统类型;中观系统是指小规模的群体,包括家庭、职业群体或其他社会群体;宏观系统则是指比小规模群体更大一些的社会系统,包括文化、社区、机构和组织。人的生存环境的微观、中观、宏观系统总是处于相互影响和相互作用的情境中。首先,在社会生态环境中,微观系统与中观系统相互作用。个人的行为会受到家庭成员、家庭环境、家庭氛围的影响。同样也会受到个人的工作群体、个人参与的其他小规模群体的影响;反之,个人行为对于这些系统也会产生重要影响。其次,个人微观系统也会受到社会环境中与之互动的宏观系统的重大的影响。

3. 生态系统理论的基本假设

1999年,Greene认为,生态系统理论的基本假设如下。

(1) 个人有能力与其环境互动,与其他人发生关联是其与生俱来的能力。

(2) 基因和其他生物常常被视为个人与环境交流的结果。

(3) 个人——环境构成一个统一的系统,在该系统中个人与环境相互影响,形成一种互惠性关系。

(4) 调适度是一种个人与环境之间互惠性过程的结果,即一个适应性良好的人与其具有滋养型的环境之间的交流。

(5) 个人的行动是目标取向的,是有目的的,人类为了更好地生存而抗争个人对环境的主观意义对于发展是重要的。

(6) 要理解个人,就必须将其置于其生长的自然环境及其所在的情境中。

(7) 人格是人在与环境长期交流的发展结果。

(8) 个人的生活经验是可以产生积极改变的。

(9) 生活中的问题需要在生活空间的整体之中进行理解。

4. 生态系统理论

生态系统理论包括如下几组核心概念。

(1) 生命周期、时间与空间。生命周期是影响个人发展的相关社会结构和历史变迁之生活事件,它们都对个人的生活的生活产生意义。生命周期是在空间和时间这两个重要的环境维度中展开的,空间包括建筑风格、地域关系、个人对空间的认知。时间包括时钟时间、生物时间、心理时间、文化时间、社会时间和进化时间。生命周期在一定意义上就是一个随个人、家庭和历史时间而变动的个人与环境之间的互动过程。

(2) 人际关联与角色。人际关联就是个人拥有与他人联结而建立关系的能力,此种人际关系的发展开始于亲子间的依附关系,并因此构建了个人在未来生命周期内所发展出来的各种互惠性照顾关系。角色是在人际关联中形成和发展的，它表现的是一种互惠性期待的社会层面的角色，而并非个人的角色期待。它是个人内在历程与社会参与的桥梁，受到个人的感受、情感、知觉和信念的影响。

（3）胜任能力与调适。生态观点认为适应良好并非病态、偏差的成果，而是天时、地利、人和的成功交流，而适应不良是由于个人的需要和环境所提供的资源、支援之间无法搭配和调适。胜任能力是指经由个人与环境之间的成功交流经验而构建的个人有效掌控环境的能力，包括自我效能感，能与他人建立有效而关怀的人际关系，有做出决定的信心以获得想要的结果，有能力动员环境资源和社会支援。

（4）生活中的问题。生态系统理论将案主的问题、人格发展和环境需要的需求定义为"生活中的问题"而非行为病态或道德瑕疵的问题，这样的理解在一定程度上可以摆脱对案主的污名，在一定程度上体现了社会学的想象力契合，将更大的经济和政治环境对个人在其内部的生活和在其外部的经历所包含的意义展现出来。

5. 生态系统理论在辅导工作中的应用

生态系统理论以一种整合的观点、全新的思想改变了辅导工作理论与实践发展的基本方向。吉尔曼、哈特曼和西坡林（Germain，Hartman & Siporin）是生态系统理论到实务概念及发展的核心人物。这些学者提供策略，让实务工作者从微视到宏观的介入去做改变，在实务工作中以"人在情境中"的介入观点出发，把人类成长生存的社会环境看作是一种社会性的生态系统，强调生态环境对于分析和理解人类行为的重要性，聚焦于情境、个体及两者间的复杂互动关系，注重人与环境间各系统的相互作用及其对人类行为的重大影响。运用生态系统理论应该注意如下几个问题。

（1）人们遇到的许多问题不完全是由个人原因引起，社会环境中的障碍也是导致问题产生的重要因素。

（2）实务工作者为服务对象提供帮助的着眼点不能仅放在个人身上，还要从与之相关的不同系统的角度着手和分析。

（3）服务对象与各个系统之间的关系是动态的。社会工作者必须不断地对服务对象与环境的关系做出新的判断。

（4）对服务对象的帮助要从整个生态系统出发，把他们的问题放到不同层面的系统中去看待和解决。

(十二) 维果茨基的社会-文化发展理论

列夫·维果茨基（Л. С. Выготский，1896—1934年）是苏联的心理学家。在维果茨基所处的时代，心理学界占主导地位的是热衷于刺激-反应理论模式的行为主义学派，其代表人物有美国的华生（J. B. Watson）、桑代克（E. L. Thorndike）以及苏联的生理学家巴甫洛夫等。与此同时，在欧洲，尤其是在德国，兴起了韦特海默（M. Wertheimer）、科勒（W. Kohler）、考夫卡（K. Koffka）、勒温（K. Lewin）等。然而，维果茨基却敢于面对人所特有的真实的、复杂的心理现象，他大胆地指出，当时盛行的各种心理学理论者不能成功地解释人的高级心理机能。此观点成为构建维果茨基心理发展理论的一块重要基石。面对人的心理现象的全部真实性与复杂性，一方面，维果茨基力求摆脱行为主义观的束缚；另一方面，维果茨基则努力克服对心理现象的唯心主义的理解，为确定"意识"的研究对心理学的重要意义，为客观地研究人的心理特性，提出了理解人的意识的形成与心理发展的社会文化历史原则，要求从历史的观点而不是抽象的观点，在社会环境之中、在与社会环境作用的相互联系之中而不是在社会环境之外，去研究意识与心理的发展。

维果茨基的理论对认知发展研究一直有特殊的影响。维果茨基同意皮亚杰所说的，儿童是主动的、建设性的个体，但是，与皮亚杰所说的、儿童通过独立的努力理解世界的观点不同，他把认知发展看作一个社会中介过程，当儿童解决新任务时，必须依赖于成人和更成熟同伴的支持。

根据维果茨基的理论，儿童经历着分阶段的变化。例如，儿童学习语言时，他们跟别人对话的能力就得到明显进步，被文化肯定的能力也得到发展。儿童进入学校以后，他们花大量时间来讨论关于语言、读写、科学概念等，这种经验激发他们去反思自己的思维。结果，他们在推理和解决问题方面得到迅速发展。

虽然受维果茨基理论启发所做的研究大多以儿童为对象，但他的思想可应用于任何年龄的人们。该理论的一个核心主题是，文化为其成员选择一定的任务，围绕着这些任务的社会互动导致了在该文化中取得成功的能力。例如，在工业化国家，教师教人阅读、开车、使用电脑。而在墨西哥南部的辛纳坎特科（Zinacanteco）印第安人中，成人教年轻的女孩掌握复杂的编织技术。在巴西，念书很少或没念过书的卖糖果的少年，却具有不错的算数能力，这是他们从糖果商那里购进糖果，或与成人和老练的同伴合作，或在大街上跟顾客讨价还价的结果。

社会-文化理论（socio cultural theory）关注文化——价值观、信念、习俗和社会群体技能是怎样传递给下一代的。维果茨基认为，社会交互作用，尤其是与更有知识的社会成员的对话，是儿童学习到符合所在社会文化的思维和行为的必要途径。维果茨基认为，成人和更老练的同伴能帮助儿童娴熟地从事具有文化意义的活动，所以，他们之间的交流就成为儿童思维的一部分。一旦儿童把这些对话的本质特征加以内化，他们就能应用那些人的语言来指导自己的思想、行为，并学习新技能。

维果茨基的理论所引发的研究表明，每一种文化中的人都有独特的长处。但是，维果茨基对文化与社会经验的强调，使他忽略了发展的生物因素。虽然他承认遗传和脑发育的重要性，但是，他基本不提遗传与脑发育对认知发展的影响。此外，维果茨基强调知识的社会传递，这意味着他不像其他理论家那样，认为儿童自己会影响自己的发展。维果茨基理论的追随者则承认个体和社会在发展中的均衡作用。

20世纪70年代末，布鲁纳等美国教育心理学家将维果茨基的思想介绍到美国，致使形成于不同年代背景下的学术思想有可能发生碰撞，对产生于西方的建构主义思想的进一步发展起了推动作用。为此，在西方，大多数学者视维果茨基为社会建构主义者。

三、社会学及社会工作方面的理论

（一）社会角色采择（social role taking）的理论

社会认知（social cognition）是理解社会关系的能力。这种能力使我们能够理解其他人的情绪、思想、意图、社会行为及一般的观点。社会认知是所有人类关系的基础。知道他人的所思所感对与之相处、理解他们都是必要的。社会认知模型中，最常用到的是罗伯特·塞尔曼（Robert Selman，1942— ）的社会角色采择（social role letaking）的理论。对塞尔曼而言，社会角色采择是把自我和他人作为主体来理解的能力，是对他人像对自己一样做出反应的能力，是对自己的行为从旁观者的角度做出反应的能力。他提出，儿童会经历5个发展阶段，即0~4阶段。

0阶段，自我中心或无差别知觉（3~6岁）。除了自己的观点，儿童无法认识到其他人的观点。他们认为自己的想法就是荷妮的想法，其他人都会这样认为。

1阶段，社会信息的角色采择（6~8岁）。儿童意识到别人的观点和自己有所不同，但他们认为这只是因为他们接收到的信息不同。

2阶段，自我反思的角色采择（8~10岁）。儿童知道就算他们获得同样的信息，自己和他人的观点仍然会有冲突。他们能考虑他人的观点。但他们还无法同时考虑自己和他人的观点。

3阶段，相互角色采择（10~12岁）。儿童可以同时考虑自己和他人的观点，并知道其他人也有这种能力。儿童能知道第三者的观点，也能知道自己和同伴对对方的观点会有什么反应。

4阶段，社会角色采择（12~15岁及以上）。进入青春期的个体试图将别人的角色置于自己的社会系统（即对"概化他人"的看法）中加以比较。就是说，青少年相信处于相同社会团体的个体会有相似的观点。此阶段为青少年期到成人期，是"深入的社会观点采择阶段"（in depth and societal perspective taking stage）。青少年对他人的概念有2个突出的特征。①他们开始意识到，动机、活动、思维及情感是由心理因素造成的。关于心理决定因素的这一概念现在包含了无意识过程的观念，尽管青少年可能并没有使用心理术语来表达这一意识。②他们开始意识到个性是特质、信念、价值观及态度与其自身的发展历史构成的系统。在青少年期，个体走向一个更高的、更为抽象的人际观点采择水平，这当中包含了对所有可能的第三者观点（即社会观点）的协调。青少年能够建立这样的概念：每个人都能考虑共享的"一般化他人"的观点，即社会系统。这反过来又使得带着对他人的理解而进行准确的沟通成为可能。进一步，个体会意识到，作为社会系统的法律和道德有赖于团体一致认可的观点。塞尔曼强调，并不是所有的青少年或者成年人都会达到社会认知发展的4阶段。塞尔曼的理论意味着一种从仅仅关注学习的认知面，向包含人际社会认知意识的转移。

（二）米德的符号互动理论

符号互动理论（symbolic interactionism），又称象征互动理论，是一种主张从人们互动着的个体的日常自然环境去研究人类群体生活的社会学和社会心理学理论，由美国社会学家米德（G. H. Mead）创立，并由他的学生布鲁默于1937年正式提出。"符号"是指在一定程度上具有象征意义的事物。符号互动论认为，事物对个体社会行为的影响，往往不在于事物本身所包含的世俗化的内容与功用，而在于事物本身相对于个体的象征意义，而事物的象征意义源于个体与他人的互动（这种互动包括言语、文化、制度等），在个体应付他/她所遇到的事物时，总是会通过自己的解释去运用和修改事物对他/她的意义。

米德认为，个人社会行为是其所属群体中规范行为内化的结果。米德的社会行为主义强调社会相互作用与个人行为的关系，他把社会相互作用视为联结个人与社会的"媒介过程"，个人行为具有相互性和社会性，这种相互作用是人格形成的外部条件。米德还强调意识和个人行为的相互关系，他认为，由于意识的存在和相互作用，才使人们通过别人对自己的态度看到自己、知道自己。他的相互作用论特别体现在他的自我论上；他认为，人的特点是有自我，就是人在客观地对待社会环境的同时，也客观地对待自己，把自己置于环境当中某一确定的位置上加以客观化。而自我的客观化，又与自我的结构和功能分不开。

米德认为，自我通过他人的眼睛或者说社会这个一般的眼睛，把他人对自己的态度予以组织化，并内化为己有，从而产生客我。米德那里的客我，是人在与他人交互作用的过程中把自己对象化，并加以主观规定的产物，客我以客体的面貌出现，是受社会制约的。

米德认为，自我是逐步发展的，是在社会经验和活动过程中产生的。他划分了自我产生的3个阶段：①准备阶段。这一阶段的自我是原始的、不能运用符号的。模仿是这一阶段的行为特点，儿童只是无意义的模仿动作，不明白到底在做什么，动作仅仅是模仿，缺乏意义和对符号的理解，不能运用语言对自我和客体定义。②扮演阶段。儿童可以用有意义的语言对客体定义，原来模仿对待客体的方式就被因互动产生的意义所取代，自我也被他人所认可和定义，此时，儿童开始形成自我，但是儿童的角色模型是不稳定的。

③游戏阶段。这是自我的完成阶段。这时，儿童必须在情境中同时担当众多角色，即必须从几个重要他人的角度看问题。能从参与某些合作活动的人群中获得复合的自我形象，形成"泛化的他人"。正如米德所指出，当一个泛化的他人内化成熟时，自我便产生了。

米德极力阐述个人社会化的问题，把个人行为置于社会结构中去考虑，因此，"角色"概念是他的社会相互作用论中的一个关键概念。角色是个人在社会互动中，一方面，得到社会期待（角色期待）；另一方面，遵照他人角色或社会规范等获得。米德的这一理论对后来的社会化理论影响很大。

20世纪70年代以来，符号相互作用论成为很有影响力的理论派别，它对社会学的影响也很大。符号作用论者认为：人生活在一个符号和物理的环境中；经由符号，个人有能力去刺激他人，这种方式与自我刺激是有区别的；经由符号沟通，个人从他人身上学习到大量有价值和有意义的东西，包括行为方式等；这些符号、意义、价值等并非单独存在，而是以一种群体的方式，大量复杂地存在着；思考是一个过程，透过这个过程抉择一个行为。

符号互动理论对青少年工作的启示有如下几个方面。

（1）人类的行为与互动是由"符号"及其意义而引起的，人类不是对外部刺激做出简单的反应，而是对刺激做出能动的反应，并且赋予新的社会意义。

（2）人是在与他人的互动中实现人性化的，所以，人类是互动过程的产物，只有与他人不断互动，人类才具有社会性和创造力。

（3）互动中的人组成最优群体，只有充分发挥小组的作用，社会才能不断进步。

（4）人类在互动的过程中积极地塑造自己的行为，所以，互动强调社会过程。

（5）人类群体必须承认环境的影响并且自觉适应环境。

（三）优势视角理论

1. 优势视角的定义及其基本假设

"优势视角"（strength perspective）是社会工作学领域的一个基本范畴、基本原理，是一种关注人的内在力量和优势资源的视角。这意味着应当把人们及其环境中的优势和资源作为社会工作助人过程中所关注的焦点，而非关注其问题和病理。优势视角基于这样一种信念，即个人所具备的能力及其内部资源允许他们能够有效地应对生活中的挑战。优势视角认为，如果聚焦于案主的病理和缺陷，同时也意味着在削弱或者阻碍着一个人应对生活挑战的能力。

优势视角理论具有如下基本假设。

（1）优势视角相信人可以改变，每个人都有尊严和价值，都应该得到尊重。

（2）优势视角认为，每个个人、团体、家庭和社区都有其巨大力量和独特优势，都有自己解决问题的力量与资源，并且具有在困难环境中生存下来的抗逆力（resilience）。即使是处在困境中备受压迫和折磨的个体，也具有他们自己从来都不曾知道的与生俱来的潜在优势。要假设他们从经历中收获良多；有渴求、有兴趣、能够很好地处理一些事情，并且他们能够坚持。相信案主可以超越困难并致力于转变和成长。

（3）优势视角认为，在社会工作助人实践过程中关注的焦点应该是案主个人及其所在的环境中的优势和资源，而非问题和症状，改变的重要资源来自于案主自身的优势，必须对案主保有高度的期望和信任，认真对待他们的希望、憧憬和价值。贫困、创伤、歧视、困苦具有伤害性，但它们也可能是挑战和机遇。优势视角超越了传统的问题视角的理论范式，关注点在于案主的优势和潜能。它强调要把注意力聚焦于案主如何生活、如何看待他们的世界以及从他们的经验找出意义。

（4）照顾是人类健康的基本条件，工作者须以关怀、照顾和关系促进为己任。运用社会工作优势视角的观点思考案主问题时，并不是要刻意忽略其痛苦或是不足之处，而是期待以另一种角度出发，协助案主以另一种态度去思考自己的问题与改变的机会，使得问题对于案主或其他人较不具威胁性。当危险性降低，案主与他人愿意解决问题的动机便会提高。

2. 优势视角理论的学理基础

优势视角是一种关注人的内在力量和优势资源的视角，这种积极乐观的人性观体现了社会工作的原始价值，即尊重人、承认人的价值、追求社会正义公平等。运用优势视角实现了以下4个方面的转变：从消极悲观转向积极乐观的人性观，从问题缺陷转向优势力量的理论视角，从医学治疗转向社会心理的研究范式,从线性单一转向生态整合的干预方法。

(1) 从消极悲观转向积极乐观的人性观。优势视角反对对人的机器或动物隐喻,反对心理的本能决定论或环境决定论以及由此带来的悲观主义人性观,认为这种带有消极心理学取向的问题缺陷视角渐渐背弃了社会工作原始的价值和社会使命。优势视角从积极心理学的角度出发,认为心理学的目的并不仅仅在于去掉人心理或行为上的问题,而是要帮助人形成良好的心理或行为模式。致力于研究和探索人的积极质量,这既是对人性的尊重和颂扬,更是对人类社会的一种理性反思。通过对传统心理学的人的"机器""动物"隐喻的反对,高扬人性的积极性、建设性,从某种意义上是对人性的理性复归。优势视角把人性理解为人固有的、潜在的建设性和积极力量。由此可见,优势视角提倡积极人性观,充分体现了以人为本的思想,它消解了传统主流心理治疗过于偏审问题的片面性,体现了一种社会意义上的博爱和人性。

(2) 从问题缺陷转向优势力量的理论视角。优势视角反对将关注焦点聚焦在问题上,一直相信问题不是构成一个人生命的全部。焦点应聚焦于挖掘来访者及其环境的能力及资源上。优势视角在看待来访者时并不是以问题为本的审视,它不关注案主存在的所谓的缺陷和不足。问题并不是个人的问题,而是整个社会处境共同建构的产物,对问题的过分关注不仅无助于问题的解决,反而会强化问题标签,使案主遭受来自自身的无助感、环境的排斥等不利影响。尽管某些问题是严重的,但是一旦危机状态过去,这些问题就应该被置于案主优势之下的次要位置。对优势的关注以及积极向上的追求将有助于案主将注意力由问题转向更丰富的个人生命体验以及不断获得的人生成就上来,这正是对问题的忽视带来了状况的改变。

辅导不应永远纠缠在问题上无法自拔,从结构角度来理解案主的问题将有助于辅导跳出问题思维束缚,真正地视案主为有个人尊严、有主体能动性、有自我改变潜能、有丰富生活世界的多元化个体状态,而不是冷冰冰、单调乏味、武断的诊断标签。从这个意义上来说,优势视角是对传统问题思维的颠覆以及丰富个人生活的解放。任何个人及其所处社会环境都具有优势,只是它们的存在被湮没了力量强大的问题及诊断标签之下,辅导所需要做的便是以积极、正向的视角与来访者一起去发掘既存的能力和资源,而这些优势便是产生新的可能的重要基石。优势视角理论提倡不仅要接受来访者历史形成的形态,也要肯定他们拥有未知的能力和发展的可能性。埃里克森认为,一个好的辅导者就像花圃的园丁,需要学会利用来访者提供的各种信息和资源，甚至来访者的病症、强适行为以及僵化的信念等，作为解决问题的基本途径。在以优势为本的社会工作实践中，目标是动员个人利用自己的资源去解决问题。达到这一目标的重要元素是去了解来访者自身的需求是什么。帮助来访者从讨论不存在问题的生活愿景开始，从而进入他们的期望和梦想。通过对来访者的积极关注，利用他们自己期望的动力激发起他自身的力量将问题减轻。

（3）从医学治疗转向社会心理的研究范式。从社会工作的专业化过程来看，来访者自产生起就是被当作需要疗救的患者来对待。20世纪初，玛丽·里士曼开始致力于社会工作专业化，她最初甚至把自己所做的社会工作服务称为"社会诊断（social diagnosis）"，并且认真阅读了弗洛伊德和荣格的理论，认为这些理论忽视了社会处境的影响，但她又找不到其他更为合适的理论，所以最终把社会工作的目标确定为个人人格的培养和发展。为了推进社会工作的专业化，玛丽·里士曼引入了专业化程度比较高的医学模式，并且积极加强社会工作与医学的联系。自此，聚焦于个人治疗的社会工作实践便确立了类似于医疗模式的案主—患者、社工—专家关系的开端。

优势视角反对传统社会工作模式中将案主视为具有某方面问题的、需要疗救的患者，将社工视为持有某种专业技术、能够对案主给予治疗的专家。将案主定义为患者的过程实质上是一个权力运作的过程，在这个过程中，案主被贴上精神分裂症患者、智障儿童、网瘾青少年、案主等带有污名性的标签，他们的主体性、能动性在这个被定义为案主的过程中被消解，取而代之的是由这些标签所传达的负面信息成了他人评判的主要依据。

优势视角理论的研究范式不再聚焦于治疗疾病的医学治疗模式，不再局限于一种孤立的形式，把辅导者与案主之间的关系视为医生与患者之间的关系。取而代之的是社会心理模式，以案主为核心，关注案主的心理潜能，把心理治疗对个体的影响延伸并渗透到个体所处的人际环境之中，帮助他们优化成长环境，使他们能够积极有效地利用家庭、学校、社区等周围环境的资源，提升自身的抗逆力，从而达到自助的目的。

（4）从线性单一转向生态整合的干预方法。基于优势视角的工作实践不再是简单的沿着医疗范式的线性单一的干预方法而进行。它并不是针对问题本身做诊断、分析和解释，而是关注案主所在的生态系统、关注案主与其所处生态系统之间的交互关系，强调案主的发展变化状态。在具体实践中，帮助案主在一种动态的、变化的、建构的情境脉络中利用自身的经验解构问题、建构意义、重构生活，而不是采取强制打压式的手段迫使案主依据既定的标准和方案发生转化和改变。

（四）与青少年工作有关的社会学基本概念

与青少年工作相关的社会学几个基本概念如下。

（1）角色。角色是指在某一类型的社会制度中，某一社会成员被社会所期待的行为；角色是人社会性的集中表现，可用来解释、评价社会行为的可预测性；角色在社会性行为方面表现出一定的行为定势，学习充当各种角色是青少年发展的重要任务之一；青少年行为偏差在很大程度上往往会表现为角色的错乱或错位。

（2）角色冲突。角色冲突是指某一种角色的有效表现和另一种角色的有效表现的直接冲突；一个个体往往担任着多重角色，对这些角色调适不力而产生的冲突往往是产生社会问题，包括个人问题的重要根源；青少年在学习充当各种社会角色时，也会遇到各种直接的、间接的角色冲突，并会在冲突中不断明确自己的社会角色。

（3）角色紧张。角色紧张是个体在对某种特殊角色的相关行为的期待无法一致时，产生的心理状况，它是产生社会不适应问题的重要原因，通常发生在与某种角色相关的行为上。青少年在社会化成长过程中，学习对各种角色的适应，角色的紧张是经常发生的，有必要帮助其积极、自如地适应各种角色，缓解这种紧张。

（4）互动。互动可分为合作性互动、竞争性互动和冲突三种。合作性互动是个体在社会生活中互相促进、不断达到新的状态，反映了人际间正面的、促进性的影响；竞争性互动则是指社会生活中，双方通过在各方面的竞争产生激励，进而促成的互相影响的状态；冲突则是社会中的个人或团体之间通过各种形式的冲突，在新的基础上形成新的平衡。影响互动的因素主要是由规范以及由规则不协调而造成的冲突；在青少年成长过程中，个体及团体间的互动是随时随地存在着的，没有团体间的互动，就没有青少年的正常发展，这种互动对于青少年社会性发展具有特别重要的意义。

（5）规范。简单地说，规范是一个维持这个社会秩序的工具，它是经过各种形式的教育以及社会舆论的力量，使人们形成的一种调整个人与社会、个人与他人、个人与自然、团体与团体之间的社会关系的价值、传统、文化及适应能力。规范对社会的稳定和发展具有决定性的作用。教导、学习、适应社会规范是青少年社会化的主要内容，青少年对社会规范的态度不仅会直接影响其对社会的适应，而且会引发青少年内心深处的矛盾与冲突，发生社会性发展不良的问题。青少年工作者的重要任务之一是要调动和激励青少年对社会规范的学习和适应，帮助他们形成符合社会要求的价值和适应能力。

（6）社会群体。社会群体是人们通过一定的社会关系结合起来、进行共同活动的合成体，是人们社会生活中的具体单位。对于青少年，初级社会群体对青少年成长意义重大，它为青少年提供了社会生活的最基本的环境和实现社会化的最基本的条件。家庭、邻里组成的社区是儿童生活的初级社会群体，是引发青少年诸多问题的源头，也是青少年工作的需要介入区域。同龄社会团体对青少年影响巨大，是青少年工作的重要领域。

（7）家庭。家庭是建立在婚姻和血缘关系基础之上的亲密合作、共同生活的小型群体，是社会的基本单位和最小细胞。家庭是影响人类的生活和历史发展的重要因素。社会学者巴贝尔（Baber）和阿尔林（Allen）认为，家庭是最具权利的社会化机制之一，家庭使人们建立有关劳动的性别领域的信念，学习有关性别规则，经历性别、阶层及种族体系如何以个人及深入的形式产生作用。特别地，在青少年工作过程中需要考察父母的教养态度对青少年的发展的影响。

A. 权威教养型的家庭。此类家庭包含高程度的父母接纳和合理程度的父母控制，以温暖和负责任的方式鼓励子女依年龄做适度的独立，但同时会使用合理的亲职权威管教子女，向子女解释父母管教的规则，并与其协商。其结果为：子女会有高度的自我接纳和个人控制，容易学会以合理与负责任的态度表现个性。

B. 独断教养型的家庭。此类家庭强调以控制的方式约束子女，父母常使用威胁、体罚、控制子女物质资源的方式管束子女，极少与子女协商。在这样的家庭环境中长大的青少年会形成依赖、顺从、叛逆、敌对等态度，会十分依赖外在权威。

C. 宽容溺爱教养型的家庭。此类家庭能对子女给予接纳和反应，但给予过度自由会导致子女无法制止本身负向、不合理的行为。这样的青少年不会遵守规则，自我接纳与自我控制能力低。

D. 宽容冷漠教养型的家庭。此类家庭对子女的需求漠视，不作反应。子女会产生自卑与自我拒绝，欠缺生活方向，可能会逃学或出走。

(8) 社区。从人的行为的角度而言，社区实质上是一种影响人行为的重要社会结构，具有控制社区成员的行为价值观和规范的功能。德国学者托尼斯（Ferdinand Toennies）认为，社区是人们基于亲族、邻里或共有的文化价值观以及没有注明但具有凝聚力的关系等而形成的自然的集结。影响青少年个体的所有社会环境因素，如家庭、社会地位、社会文化、学校等都有很大一部分存在于社区中，生活在不同社区环境中的青少年，在社会认知、社会态度、个人行为、自我意识、人际关系模式等方面具有显著的差别。对于青少年，社区的社会影响功能大于成年人。有意识地运用社区资源为青少年成长服务，是实现青少年在社区里健康成长的关键问题之一。

四、人类学及社会心理学方面的理论

心理学模式主要试图揭示被看作个体发展不同阶段的童年、少年和青年的一系列心理演变及其本质，探求某些不受社会环境制约的、普遍适用于青年心理的规律性特征，从而表现出很大的局限性，逐渐为社会心理学、文化人类学和社会学的模式所代替。法国女学者比昂卡·查若写道："在研究青年心理学的整个历史上，在近20年来发表的各种总结性论著中，经常可以发现两个名字，它们象征着青年心理学两个主要的发展阶段和方向——斯坦利·霍尔和玛格丽特·米德。"从斯坦利·霍尔发表他的杰出的著作（1904年）到玛格丽特·米德发表她考察萨摩亚原始社会的第一部书（1928年），相隔整整25年。

（一）文化人类学理论

玛格丽特·米德（M. Mead, 1901—1978年）通过在南太平洋岛屿的一系列田野工作，得出青春期危机理论是特定文化的产物，并非所有社会的青少年在青春期都会出现心理危机。"以往我们归诸人类本性的东西，绝大多数不过是我们对于生活于其中的文明施加给自己的各种限制的一种反应。"此理论对霍尔的"青春期危机"理论提出了挑战，使当时颇为流行的生物决定论遭遇到这一有力的"证伪实验"。玛格丽特·米德以其敏锐的洞察力，发现了文化传统对儿童成长的强大影响力。她得出结论：①人格具有可塑性，从前人们所认为的关于青春期和性别的"生理特征"，实际上都是由不同社会的独特文化制度所塑造成。玛格丽特·米德认为，人类的各种心理气质和价值观念，如阳刚之气、似水柔情、母爱和英雄主义等，都是通过宗教、文学、艺术和政治制度的推崇而熔铸成并扎下根，儿童在成长过程中有一段时期可以接受与父辈不同的价值观。但是，可塑性是有限的，让孩子创造不符合其所处社会的价值观是徒劳无益的，因为成人的规则最终将取胜。这里，玛格丽特·米德再次强调了文化的力量是异常强大的，一个人不可能试图通过让学龄儿童接受其父母根本不能容忍的新行为模式来改变他们身处的社会。②有必要研究不同文化中人们的各个成长阶段以及各阶段之间的关系。玛格丽特·米德的研究促使科学家们开始探究文化对人格的影响程度，许多人类学家和心理学家也纷纷开始研究儿童的教养方式对人格的影响。马林诺夫斯基、R.本尼迪克特、卡丁纳和林顿等人的研究也沿着同样的方向前进。这些研究表明，青年的特征决定于社会的复杂程度，决定于社会在不同年龄组之间所确定的差异以及从一个年龄组向另一个年龄组过渡的方式。从这样的观点出发，青年期的变化不再被看作一种心理-生物的变化，而被看作一个文化过程、进入成年人社会生活的开始阶段。一般地说，文化人类学和社会心理学的青年研究模式侧重于人际关系和群体关系对青年个性和人格形成的影响。他们认为青年的本质、青年期的延续时间和表现形式是由社会决定的，而同龄组是社会化和文化适应过程的一个基本因素。

玛格丽特·米德的另外一个重要的贡献是在《未来与文化》一书中提出了著名的"三喻文化"说。所谓三喻文化，是后喻文化、同喻文化（并喻文化）、前喻文化的合称。所谓后喻文化，是指青年主要接受父母的文化传统，父母发挥教育子女的作用；同喻文化（并喻文化）意味着父母和子女各自吸收属于自己同龄团体所固有的价值；前喻文化则是父母向子女学习，亦即当代文化。玛格丽特·米德写道："原始社会和宗教、意识形态小团体通常是后喻文化，其从过去汲取权威。各种伟大的文明为了进行变革而必须发展技术，其特点是采用向同龄人学习的同喻文化模式。……今天，我们进入一个新的历史时期。在这个时期，青年人正在赢得尚不为人所知的新的权威，即用前喻文化来认识未来。"这是因为"过去存在若干长者，由于在特定的文化系统中积累了经验，而比青年知道得多。今天不再是如此。……没有一个长者能够了解20岁以下的青年所知道的关于他们生活的世界的事情。……没有任何一代能像今天的青年一代那样了解、经历和吸收在他们眼前发生的如此迅猛的变革"。人们总是把代沟产生的原因仅仅归咎于年青一代的"反叛"上，玛格丽特·米德却把这种反叛归咎于老一代在新时代的落伍。以往，尽管也有人强调两代人之间应该进行交流，但往往把建立这种交流当成恢复老一代对新一代教化的手段。玛格丽特·米德却认为，当代世界独特的文化传递方式决定了在这种交流中，虚心接受教益的应该是年长的一代。年长的一代若不想落伍于时代，就只能努力向年轻人学习，因为今天的年轻人代表着未来。只有通过年轻人的直接参与，利用他们广博而新颖的知识，才能够建立一个富于生命力的未来。

（二）"社会心理延期补偿"理论

奥地利学者 E.埃里克森认为，在当代社会中，为了适应高水平的劳动分工和技术进步，出现了青年的培养和教育期延长的社会经济需要，从而促使青年受社会保护的期限延长，更多地享受社会的关怀。这种状况造成青年的某些社会要求不能及时得到满足，限制了青年的自立发展，推迟了他们发挥独立的生产作用和社会作用。因此，"社会心理延期补偿"成为当代工业－城市社会青年的基本特征。但近年来，随着西方经济问题和社会问题的加剧，不少学者对这一理论提出了怀疑和相反的看法。例如，奥地利青年社会学家 L.罗森·马耶尔虽然也说"青年是一种以推迟完全进入自立的生产性生活为特征的现象"，认为青年的延期补偿方式和广度是由社会从经济能力和政治意愿出发所确定的青年的目标决定的，但这位学者又根据经验研究的材料指出，一代新的青年正在出现，"他们的特点是从向完全成年状态过渡时期起就要求独立自主""希望较少的保护，从受教育阶段就开始表现出要求享有完全的参与权的愿望"，而"越来越不愿意推迟得到自己应得的补偿"。因此，"延期补偿的理想已经让位于参与和共同管理的理想，让位于青年在同自身有关的问题上自决的理想"。另一些研究者则强调，如果说在不受危机威胁的直线增长年代，在未来的前途确有保障的年代，青年愿意接受作为社会福利受惠者的状态，推迟发挥独立的生产作用和社会作用，那么在当前的危机形势下，"要求自立的精神"代替了"延期补偿"。

（三）西方青年的"边缘化"理论

尽管存在这样那样的差别，西方的青年社会学理论通常把青年看作一个人口范畴。由于年龄和客观条件的限制，青年在能够获得成人的全部权利和义务之前，处于一种"过渡"的地位。用 L. 罗森·马耶尔的话来说，青年处于一种"不完全的状态"。即同成人相比，青年在享有的权利和自立的可能性方面存在明显的差距。也有学者称这种状态为"零点"，也就是说，青年在现代社会中既失去了童年所固有的状态，又不能真正发挥成人的作用，只能接受介乎儿童与成人之间的"中间地位"。

这种"依附状况"在青年的心理上造成一种压力——社会地位的不稳定和缺乏保障，从而产生一种受到社会排斥和处于"边缘"地位的感觉，以及机会和权利不平等和不公正的感觉。

近年来，流行的"新边缘化"理论把当前西方部分青年中的异常行为——吸毒、"崇拜"暴力、集团群居、蒙昧主义的神秘活动、自甘堕落和青年犯罪等现象看作青年一代"对未来恐惧"的反映。

L. 罗森·马耶尔指出，10 多年来，西方的青年社会学虽然取得了很大发展，但"是社会学的最不发达的领域之一"。究其原因，主要在于理论同经验研究材料的结合还很薄弱，偏重于总结过去的东西而缺乏预测能力，在方法论上仍然以传统的舆论调查和问答为主，缺乏科学的严密性，等等。因此，青年社会学的当务之急是减少空洞的思辨推理，加强理论与经验研究的联系，在注意微观社会层次的分析同时，必须对影响青年生活和思想倾向的社会结构因素进行更深入的研究。

五、青少年心理发展的辩证观

（一）瓦龙的辩证观

瓦龙（H. Wallon，1879—1962 年）是法国的共产党员，也是西方现代著名的马克思主义儿童心理学家，巴黎学派的主要代表人物之一。

瓦龙力图站在马克思主义的立场来捍卫辩证唯物主义的观点，强调辩证唯物主义对心理学的指导作用。他在研究中既强调生物方面的因素，也强调社会的影响，从生物和社会的辩证关系角度比较全面地理解儿童和青少年心理的发展。

瓦龙注意从儿童与其周围环境的辩证关系中来看儿童心理的发展。他认为，儿童心理的发展和一切事物的运动发展一样存在着对立面，对立的双方就是外部环境和儿童自身。

瓦龙认为，儿童之所以与动物不同，是因为：①儿童生活在社会环境里；②具有人类长期生存以来极端分化了的能力设备（指人所特有的遗传素质）。所以，儿童身上既有社会起源的因素，也有生物起源的因素。这两方面因素在儿童身上交织，互相对立、互相包含。社会因素通过复杂的生物因素才能起作用，而生物因素又是由人类长期的社会生活条件所决定的。

瓦龙认为内因主要是指机体的生长成熟，但也包括兴趣和学习。即机体生长达到一定成熟程度以后，兴趣可以促使心理活动实现。从成熟和学习的关系来说，机能水平低的心理活动主要或甚至完全依靠成熟；机能水平高的心理活动，如思维能力、学习就变得重要了。但学习只能在某个发展阶段内起作用，不能把发展推向一个新的阶段。发展到新阶段必须依靠机体上新的成熟和机能上新的觉醒。

瓦龙认为，儿童（包括青少年）的心理发展过程是一个不断内化、日趋完整、在量变基础上产生质变的过程。在这个不断内化和日趋完整的发展过程中，量变只是发展的条件，但不是发展的本质。心理的真正发展是心理在整体上出现质的变化。因此，心理发展不仅是连续、多层次、多水平的，还具有一定的结构性和阶段性。据此，瓦龙将心理发展划分成5个阶段：动作发展前期、动作发展后期、主观性或个性时期、客观性时期和青少年期。其中，青少年时期开始出现不和谐、不安静，乃至怨艾、疑惧的心理。他们常常感到原来自己熟悉的一切都变了，开始对客观事物进行探索，产生疑问，感到需要对它们进行重新评价，并要求理解一切事物的理由和评价。他们将目光转向将来，开始树立理想，意识到自己的责任。这时，新的需要，以及对立、矛盾、冲突，使青少年的个性和智力开始发生质的变化。

（二）朱智贤的辩证观

朱智贤（1908—1991年）是我国较系统地研究儿童心理学的专家。他提出深刻系统的儿童、青少年心理发展理论。

第二章　发展中的青年：青年心理发展的理论

1. 探讨心理发展的基本理论问题

朱智贤用辩证唯物主义的观点，探讨了儿童青少年心理发展中关于先天与后天的关系、教育与发展的关系、年龄特征与个别特点的关系等一系列重大问题。

（1）先天与后天的关系。朱智贤认为，不论是先天遗传还是生理成熟都是儿童心理发展的生物前提，但它只提供了发展的可能性；而环境和教育则将这种可能性变为现实性，决定着儿童心理发展的方向和内容。

（2）内因和外因的关系。环境和教育不是机械地决定心理的发展，而是通过心理发展的内部矛盾起作用。朱智贤认为，这个内部矛盾就是主体在实践中，通过主客体的交互作用而形成的新需要与原有水平的矛盾。这个矛盾是心理发展的动力，也就是说，内部矛盾是心理发展的内因，而环境和教育则是心理发展的外因。

（3）教育和发展的关系。朱智贤认为，心理发展既不是由外因机械地决定，也不是由内因孤立地决定，而是由适合于主体心理内因的那些教育条件决定的。而只有那种高于主体原有水平，经过他们主观努力后又能达到的要求才是最适合的要求。从教育到心理发展，儿童青少年的心理要经历一系列的量变和质变过程。

（4）年龄特征与个别特点的关系。朱智贤认为，心理发展的质的变化表现出年龄特征，而心理发展的年龄特征不仅具有稳定性，还具有可变性。在同一年龄阶段中，既有本质的、一般的、典型的年龄特征，也有人与人之间的个别差异——个别特点。

2. 强调用系统的观点研究心理学

朱智贤强调，用系统的观点研究儿童、青少年心理的整体发展。他认为，认知心理学强调儿童认知发展的研究，精神分析学派强调儿童情绪发展的研究，行为主义则强调儿童行为发展的研究，我们则要强调儿童、青少年心理的整体发展的研究。在他的一篇《心理学的方法论问题》（1987年）论文中，他反复阐明了整体研究的重要性。总体来说，朱智贤认为，这个整体包括两个部分和四个方面：两个部分是认知过程和个性特征，四个方面是指心理发展的社会和教育条件、生物成熟、动作和活动的发展。

首先，人的心理是一个开放的系统，是在主体与客体相互作用下的组织系统。为此，研究心理发展时，要研究心理与环境（自然的、社会的、特别是后者）的关系；要研究心理内在的结构，即各系统的特点；要研究心理与行为的关系；要研究心理活动的组织形式。

其次，系统地分析各种心理发展的研究类型。在对儿童与青少年心理进行具体研究之前，常常由于研究的时间、被试、研究人员以及研究装备等的条件不同而有不同的研究类型。因此，要将各种研究方法、各种研究手段有机地结合起来。

再次，系统处理结果。心理既有质的规定性，也有量的规定性。质与量是统一的。因此，对青少年心理发展的研究结果，就要把定量与定性的分析结合起来进行系统研究。

最后，在对儿童、青少年进行认知因素或非认知因素研究时，认真考虑或照顾到二者之间的关系。

3. 提出坚持在教育实践中研究中国化的发展心理学

朱智贤强调，必须在实践中，尤其是在教育实践中研究儿童、青少年心理的特点与发展。他认为，中国儿童青少年与外国儿童青少年既有共同的心理特点，即普遍性；又有不同的特点，即其特殊性，而这是最重要的。中国儿童、青少年的心理发展特点，往往表现在教育实践中。因此，它需要我们深入地进行研究。他不仅提倡在教育实践中研究儿童、青少年的心理，而且主张在教育实践中培养儿童、青少年的智力和个性。他积极建议搞实验教育与实验教学，从而将儿童、青少年心理学的基础理论与应用研究得到统一。

第三章　理解青年：社会变迁中的青年社会心理与心态

> 每一个历史时期，都有一种对生活意义的崇高理想。
> ——列夫·托尔斯泰

美国未来学家阿尔温·托夫勒在《未来的震荡》一书中指出："社会变革和技术革新的加速发展，使社会上所有的个人和组织都越来越窘于应付了，处理不当，将引起适应力的大崩溃。"社会变迁既带来政治、经济、宗教以及家庭的变迁，又带来社会心理的变化。现代社会和社会影响如何形塑今天的青少年生活是一个重要的课题。社会心理是社会成员对于社会结构和社会文化的认知—感受—回馈体系，是人们的社会认识、社会情感和社会意向的一种表达体系。在这个体系中，价值观念、信仰体系、伦理道德属于较理性的层面，是较深层的认知结构，它处于相对稳定的状态，对社会心理的其他方面能产生重大的影响作用，从而体现了社会心理的实质性内涵。社会心态则属于较感性的层面，是表层化的情绪表征，它处于经常不断的变化之中，其内涵表现了对社会现实生活更加及时、动态的再现。我们从社会心理和社会心态两个向度整理了一些研究与发现，在社会背景中看待青少年的发展、人际关系和文化，讨论我们的社会正在发生着的显著变化，以及这些变化又如何影响青少年的生活。

中国正进行深刻的社会变革。随着改革开放国策的实施和社会主义市场经济体制的逐步建立，我国正从农业社会向工业社会、从乡村社会向城市社会、从礼俗社会向法理社会转型，现代化成了中国社会发展的时代主题。诚如马克思所言："人的观念、观点和概念，一句话，人的意识随着人们的生活资料、人们的社会关系、人们的社会存在的改变而改变。"我国现代化所取得的成就为青年的发展提供了日益优异的基础条件：满足物质需求和文化需求的资源日益丰富，实现个人潜能与人生价值的条件更加充分，进入社会结构和参与社会事务的渠道逐渐拓宽，等等。在这种背景下，青年在生理素质、心理特征、学习方式、群体文化以及经济活动、社会参与等方面的状况都发生了巨大变化，出现了许多新的特点。在价值观念和社会心态层面，青年的理性精神、利益意识、个体取向逐渐增强，由此反映在实际行动和日常生活领域则表现为，青年的自主倾向、现实定位、多样选择日益凸显。这一切都从作为社会发展状况的"晴雨表"，同时，也是青年发展状况的"晴雨表"的青年社会心理中表现出来。特别是近年来，由于我国社会转型进程的日趋加速和深化，青年社会心理的变化也就表现得更加明显。

一、青年社会心理的现状和特征：朝向现代化的开放与理性

（一）价值观念

从根本上说，价值观表现于人们在评价事物的过程中对重要性或意义所做出的选择和比较。价值观念在社会心理体系中占据着轴心地位，人们之间社会心理的差异性实质上表现出了其价值观的差异性。价值观在一种社会文化体系中同样占据着轴心地位。因此，社会文化体系之间的差异性实质上就表现出其价值观体系的差异性。在价值观体系中，有一些是处在轴心维度的观念，它们对其他思想观念和心理状态都会产生不同程度的影响作用。最具轴心性质的观念有：对于集体利益与个体利益、奉献与索取、自我与他人之间关系的价值判断。

1. 社会主流文化倡导的价值观得到大多数青年的认同

有学者通过宏观与微观相结合的方式进行价值观的实证调查研究。在宏

观层面采用施拉姆价值观调查表（Schwartz Value Survey）来测量受试者的个人主义和集体主义价值取向；在微观层面，采用自我增强和自我贬抑言语交流方式量表来测量受试者的个人主义和集体主义价值取向，通过问卷和访谈来进行价值观的调查。调查结果表明：在微观层面上，虽然受试者倾向于传统的集体主义价值观，但是个人主义价值观并非与集体主义价值观处于对立的两极，在一定程度上两者是相互渗透的状态，呈现出中西方文化汇通的趋势；在宏观层面上，受试者虽然在遵从和安全方面得分最高，但其他集体主义价值观类型和个人主义价值观类型上的得分却接近，反映了中西方文化的汇通。综合来看，对于社会主流文化一直倡导的核心价值观，大多数青年表现了认同态度。首先，集体取向的价值观仍然得到肯定。在集体利益与个体利益之间的关系上，当今大多数青年依然认同与肯定集体取向的价值观念。但是，与此同时，在现代化的冲击下中国传统的集体主义价值观受到了个人主义价值观的影响，个体取向的价值观念也呈现一定程度的增强态势，参与调查的人员将个人主义价值观纳入固有的传统集体主义价值观中，两者呈现一种相互渗透、相互汇通的趋势，而不是文化差异（cultural divergence）或文化趋同（cultural convergence）。其次，在奉献与索取之间的关系上表现出寻求兼顾的态势。对于奉献与索取之间的关系问题，绝大多数青年表现了一种希望在奉献与索取之间寻求兼顾的倾向。这种希望在付出之后也能够得到相应回报的心理，表现了一种务实性的特征。最后，强调合理利己并非等于损人利己。在处理自我与他人之间的关系上，当今青年价值观念中一个明显的趋势就是强调合理的自我利益。不过，绝大多数青年并不认同"损人利己"，但"先人后己"仍得到不少青年的肯定。

2. 优秀传统文化和道德观念仍然体现于青年的观念和行为中

《新闻周刊》曾做过一项主题为"传统文化与当代青年"的以大学生为对象的调查。调查结果表明，关于传统文化对于当下中国社会的意义，59%的人认为很重要，40%的人认为有一些作用，1%的人认为可有可无，没有人认为与现代精神格格不入。可见，大多数人对传统文化在当今中国社会的应有作用给予了肯定。对于有的人大代表提议把清明、端午、中秋等传统节日列为法定节日，被调查者中36%的人非常支持，27%的人比较支持，20%的人未表态，10%的人不赞成，3%的人表示反对。而对于"修身齐家治国平天下"这一古代文人的理想，10%的人认为一直"是我的理想"，69%的人认为

"我会考虑",14%的人认为"是别人的事情",7%的人认为"已经过时"。尽管处在一个开放和变迁的时代,但当今大学生对我国传统文化仍然表现出了较高的认知度与认同度。而且大多数人认为现代文化与传统文化是可以共同存在的。他们对传统文化的信心,与对外来文化的开放态度同时并存。从这里表现出了一个正在崛起大国的青年所应有的良好心态。还有其他调查结果表明,一些优秀的传统道德规范在当今青年身上普遍存在,最典型的方面有:孝敬父母依然是绝大多数青年所遵从的道德行为规范,节俭观念仍然得到较多青年的认同(注:有关具体调查数据,参见纪秋发《北京青少年道德状况调查报告》,载于《青年研究》2000年第2期)。

3. 青年对待金钱表现出了现代人应有的健康态度

在某种意义上,金钱观是价值观最重要的表现层面之一。我们正从一种以伦理为特征的农业社会向着强调价值规律的工业社会转型,市场经济进程的加速以及世俗文化的深入发展,促进了金钱日益彰显的社会氛围的形成,从而为正确定位金钱这一物质利益的最基本象征符号的作用提供了前提。一些实证调查表明,大多数青年把人生理想和追求目标看得比金钱更为重要。大多数青年肯定金钱在社会生活应有的基本作用的同时,并没有将金钱的作用加以夸大。可以说,在价值观上,当今青年的主流人群对于金钱持有一种现代人所应有的健康态度。

(二)个人层面的观念与心态

1. 青年更倾向于选择现实成功型的人生榜样

世界文学名著《钢铁是怎样炼成的》中,主人公保尔·柯察金是我国数代青年的精神偶像,而微软缔造者比尔·盖茨则是当今成功人士的代表。对于这两个人物的评价和选择,可以透视出人们人生价值观的状态及其变化。一项对北京高校大学生的问卷调查显示:被调查者一般都把保尔·柯察金和比尔·盖茨视为英雄。然而,他们更倾向于将前者视为精神世界的偶像,更倾向于把后者当作现实世界的榜样。可见,在人生理想上,当今青年更倾向于把事业成功型人物作为自己的实际榜样。

当今,青年在人生理想方面表现出的主要特征是:既注重精神的价值,同时又注重物质的价值。一项调查结果显示,在对作为人生道路的具体职业类型选择上,青少年所崇拜的职业与所选择的职业之间存在差异。换言之,最崇拜的职业并不是最想从事的职业,这一情形反映出在他们的择业观念中,理想价值与现实价值之间存在一定程度的分离状态。他们最崇拜的是科学家,而最愿意成为的是企业家,这一点鲜明地表现出他们人生理想中基本的务实取向。

2. 青年的经济自立意识增强,他们更注重实质方面

经济自立意识是个体在获得收入、进行理财等方面表现出的一种独立自主的意识。它是现代人格结构中应有的基本成分之一,是现代公民必备的一项基础素质。在我国,随着市场经济进程的日益深入,就业体制、教育体制等领域的改革对当今青年的成长历程提出了许多新的要求与挑战,而社会文化和价值观念的变迁,导致了当今青年在独立人格方面的倾向日趋增强。而作为这种自立意识的基础方面,则开始于经济自立意识的形成。

一项全国范围的调查结果揭示了两个重要特征:①当今大中学生的经济自立意识正日渐增强。对于"如果有机会,您是否愿意通过打工(多)挣点钱,补贴家用甚至养活自己"这一问题,表示肯定态度的占79.7%。②大中学生的经济自立意识更注重实质方面。明确表示"不在乎打工的具体形式,只要能多挣到一些钱就行"的占36.3%;表示"没想太多"的占35.1%,从一定意义上说,"没想过太多"也表明其不注重形式。团中央宣传部和中国青少年研究中心组织实施的一项全国范围内的调查《中国青少年流行文化现象报告》介绍了这方面的基本情况。可见,这种经济自立意识更注重把握机会、自我努力,而更少了传统的多重顾虑和"面子"观念。

3. 青年的成就动机高涨,能力本位的成才观念正在形成

随着改革开放和市场经济进程的深入,作为经济增长和社会发展一个重要结果并产生巨大能动作用的是,人们追求成功的事业心不断地增强。据一项对北京青年的调查结果,就目前他们最想做的三件事而言,青年中比例最高的(51.7%)是"追求事业成功",他表现了强烈的成就动机或成功需要。与此相关的是,他们的信心、独立意识和个性日渐增强,由此导致了成才自信度的提高。调查结果显示,大多数青年对自身取得事业成功持非常乐观的态度,而且这种成功自信度随年龄段从高到低而呈现逐渐增大的趋势。

成才观上的能力本位观念正在形成。对于成才，最重要的因素是什么？调查表明，北京青年中比例居前三位的人分别认为是"准确地把握机遇"（56.3%）、"头脑灵活，敢于创新"（53.5%）和"有专业有技术"（39.2%）。换言之，在大多数青年看来，对成才最具影响力的因素主要在于个体方面，并表现出对主体能动性的强调。

现代社会区别于传统社会的一个重要特点，是从个人社会地位的获取方式由世袭（即父辈传承）变成自致（即自我成就）。因此，这种状况从人们的成才观上反映出来。调查表明，对于什么是"改变自己社会地位的有效途径"，青年选择比例最高（73.5%）的是"才干"，远远高于选择"有靠山"（11.5%）、"请客送礼"（1.9%）。这种心理实质上又是以对作为人们成才条件的社会现实状况的判断为基础的。对于"与改革开放以前相比，当前社会给人提供的成功机会如何"，大多数青年（53.3%）认为是变得"更公正、平等"。诺贝尔经济学奖获得者阿马蒂亚·森提出的人类发展能力理论认为，发展的本质在于扩展人的可行能力（capability）——即人们过自己认为有价值的生活、做自己想要做的事情以及实现自己想要达到的状态的能力。在现实中，通过接受更高层次的教育，青年能够获得越来越多向上层社会流动的机会。因此，一个更充分强调个人成就的现代社会的来临，是当前青年形成能力本位观念的最深刻根源。

（三）人际层面的观念与心态

1. 一般人际交往观念上表现出越来越理智化的趋势

改革开放以来，与整个社会中人际互动方面的变化一样，青年的人际交往观念及其行为呈现两个基本特点：①交往方式更加"间接化"。由过去更多的面对面互动，如"登门拜访"，变为现今更多的间接化交往或"媒介交往"，如用贺卡、电子邮件、手机短信等互致问候。"间接化"的最大特点就在于，既进行了交往，又为自己和他人留出更多的时间与空间。②交往越来越"理智化"。过去因情绪化或意气发生不必要纠纷的现象时常可见，现今趋向更多地运用法律手段来妥善处理利益纠纷。当然，这种趋势从另一方面也表现了消极效应：除了交往越来越"务实化"之外，在个体化趋势增强的同时，也隐埋下沟通减少、人情淡漠的后果。这表现了现代生活方式的两面性。

2. 恋爱婚姻观念上表现出更加理性、开放的态度

一些实证调查结果表明,当今大多数青年对"双方相爱以后不结婚也可以发生性行为"这样的观念表示认同。青年非常注重个人隐私的保护,有人认为夫妻之间也可以保留隐私。婚前财产公证的观念正得到越来越多青年理性地加以接纳。大多数青年对由于感情破裂而导致的离婚现象表示了接受态度。由于价值观的急剧变迁,青年女性的生育观正在发生深刻变化。结婚后不生孩子的观念得到一定比例的青年女性所认可。总之,当今青年对早恋、婚前性行为、离婚等现象持比较开放的态度,常常把它们列入个人生活方式的范畴加以理解;对婚外恋现象也从很大的宽容性上加以对待;而独身作为一种生活方式,以及丁克家庭等都在一定数量的青年中成为较时尚的观念和实际选择。

(四)社会层面的观念与心态

1. 青年的择业观念和意愿表现出多样性特征

随着"单位制"的逐渐解体,国家推出市场导向的就业政策,也由于社会价值观念变化所产生的影响,当今青年在择业心理上呈现多元化取向,主要表现为:①在择业目标上,更关注开发自身潜能、实现自我价值。在选择职业的主要标准上,职业能否为自己提供良好的发展前景这一条件常常被排序在第一位。②随着"铁饭碗"意识的式微,现代社会所需要的职业风险意识开始形成。过去曾受到极度重视的"职业稳定性",逐渐地被更多的人放在非优先考虑的地位上。③在就业机构选择上,单位意识和"皇粮"意识已很大程度地淡化。人们更青睐自由度较大、自主性较强的从业方式,更愿意选择时代特征鲜明、管理体制规范的从业机构。④在职业流动方面,主动变换工作的意识进一步增强。大多数人不仅在择业问题上更倾向于自我决策,而且在流动或"跳槽"问题上也表现出更多的能动性。

2. 青年的公共服务意识或志愿精神日益增长

作为现代化进程的一种发展逻辑,"小政府,大社会"这种结构演变趋势将使处于政府与市场之外的社会领域日趋扩大,因此,必然导致一个公民社

会的兴起。而公民社会的培育又将成为现代化顺利实现的重要基础,其中,公民文化和公民意识的培养成为关键要素。

当个体通过形成自主性和独立性而达到一定发展程度之后,其心理需要的层次就会逐渐上升,从而表现出对他人和社会的关怀增强,其公共服务意识提高。在现代社会中,公共服务意识是公民文化的一个重要部分,其典型形式之一就是志愿精神。

作为一种具体化的人文精神,志愿精神是指一种以自愿性、非营利目的性或公益性的亲身参与,促进社会进步和社区发展的思想观念和社会心理。在志愿精神促进下所形成的社会行动是志愿行动。在中国,较大规模的志愿行动出现于20世纪90年代初期。此后,从为各种重大节庆活动服务,到为居民日常生活服务,再到抗击SARS等重大突发事件,到处充满了志愿者的身影。自20世纪90年代,已有近1亿人次的青年向社会提供了志愿服务,青年志愿者已经成为当今中国志愿服务事业的主体力量。青年身上表现出了强烈的志愿精神或公共服务意识。

3. 青年的环境保护意识比其他年龄群体超前

保护环境是现代化建设和社会可持续性发展向人们提出的迫切要求,也是现代文明人必须遵守的最基本的道德规范。一些迹象表明,当今青少年在这一方面走在了前列。前些年,在北京发布的我国首次范围最广、样本量最大的公众环境意识调查结果表明,尽管当前我国公众环境意识、环保知识的总体水平还不够高,与我国环保工作面临的形势尚有相当的差距,但是,环境污染治理和生态问题正在引起广泛关注。尤其可喜的是,我国青年一代的环境意识正在提高,对环境的重视程度超过了他们的长辈。一些调查结果表明,我国青少年对当前的环境问题有着强烈的忧患意识,把环境污染问题与就业压力问题看作是我国未来社会问题中更使他们忧虑的方面。对北京青少年进行调查的结果表明,绝大多数的青少年已经具有较强的环保意识,对于在郊游时喝完的饮料罐如何处理这一日常生活中最常见问题,75.1%的青少年表示会把它们扔到垃圾箱里。

二、青年心理问题的社会原因：社会转型中的心理转型

青年所生长的社会对其发展、适应于问题等具有重大的影响。社会的期望会塑造他们的个性、影响他们的角色并引导他们的未来。社会的结构与功能可以帮助他们满足需求，也可能为他们带来新的问题，因为青年是社会的重要分子，所以有必要了解社会对他们的影响。总体上看，在社会转型时期，青年社会心理中的问题或矛盾的心理机制性原因主要可以从如下几个方面做出考察。

（一）科技与社会的改变

生活在现代社会的青年收到科技快速与激烈的改变的影响至深。在任何文化里，科技的革新都会同时刺激社会的改变，更冲击到日常生活方式。一般而言，科技愈发达，人们对环境及社会秩序的控制也愈加困难。科技的发达与社会改变对青年人的影响相当深，大约有如下几个方面。

1. 自我确证难度的增加

作为人生历程中的一个关键时期，青年期的一个重要任务就是个体要进行自我确证，建立自我同一性，形成稳定的人格系统。在心理学家埃里克森看来，这种心理任务的完成在传统社会里通常能够比较顺利，因为传统社会具有较高的同质性、稳定性，而在现代社会则可能不顺利，因为现代社会表现出较高的异质性、变迁性。因此，现代社会中青年想要迅速而明确地建立起自我同一性并非易事，而必须经历一个心理发展的合法延缓期。在我们今天的现代化进程中，青年心理发展这一合法延缓期与社会转型期正好相互交织，这个重要特点无疑进一步加大了青年外在成长环境与内在心理发展之间的不协调性，使自我确证难度增加。

2. "过去"更远离"现在"

科技愈发达，社会改变越大，生活的形态与标准就越不同。社会变迁给青年带来的思想震荡、观念更新、价值调整、行为方式、生活形态的冲击，

容易使他们从个人出发，也更看重个人的经验；在传媒发达、信息爆炸的今天，青年接受信息的速度和数量在一定程度上都超过了成年人。但是，这种"现在感"的过于强大，则造成了青年对国家历史、甚至是近现代史上一些重要事件和人物的知识量积累较少，从而导致青年难以形成相关的历史意识。使青年人以为过去的事情都是过时、落伍或不相干的事物，也不应该对眼前的生活有所影响。使他们不懂得从过去中学习宝贵经验，以帮助自己成长。

3. 对未来更无法掌握

当生活准则、习俗、变数、社会结构等快速变化时，预测未来的生活变得不容易，未来变得更遥远、更不确定，许多职业突然就消失了，许多知识突然就陈旧了，许多努力突然就白费了。所以，为未来的准备也就变得更加困难。过去人们生活选择余地较小，无法或较少有机会选择教育、职业甚至伴侣，主观和客观都限制了再思考和再选择，如此一来，不与社会推崇的相违背，也免受了心灵压力。而在现代社会，①社会不可能提供一劳永逸的一成不变的生活轨迹；②社会文化鼓励冒险、流动、创新，这样的结果是社会人必须选择并渴望选择。但选择的过程往往是痛苦的，选择的结果往往也不尽是希冀之中的。正如 E. 弗洛姆所言："因为你必须选择，无人能代替你选择，且须由你自己承担选择的后果，这是一种让人焦虑痛苦、剥夺人的安全感的自由，是一种促使人想要逃避的自由。"年轻人面临多种选择目标带来的困惑感——选择和焦虑相辅相成，鱼和熊掌可得而不能兼得是每个面临选择的人的困惑。容易导致青年只把眼光放在目前，不思考未来，无法为未来做计划和准备。

4. 社会价值多元化造成适应困难

中国社会在近几十年里价值观发生着嬗变，各种流行潮中蕴含着公民的价值取向。多元价值观并存，如传统价值观求稳、重安分、求踏实，现代价值观求变、重竞争、求效率；传统价值观重义轻利、先人后己、公而无私，现代价值观重利轻义、关注自我。如此种种，使人们不清楚什么是正确的选择，他们难以做出合理又合情的选择，常有无所适从感。在频繁转换价值尺度、价值取向多元化的社会里，必须不断地调整价值取向，不断地重新审视自身价值和客体价值。生活中，人们总是觉得自己所拥有的不是最好的，诚如钱钟书的小说《围城》中描述的，"生活总是向他发出挑战，个体不得不急促应战，往往是刚刚调整好，准备休整，又不得不马上整装待发"。在具有多元价值观的社会里，由于适应的相对平衡期缩短了，动态调整期变长了，个体经受的应激压力便增加了，生活方式及价值变得多样化，甚至互相冲突，让年轻人无所适从，由此产生困难与压力。他们不禁怀疑"我要相信什么""人类社会应该依循什么"。他们找不到安身立命的依据，并容易失去对生活的意义的思考。

5. 进步的科技与社会的复杂性延长青年的依赖期

科技越进步，社会越复杂，社会竞争越激烈就越给青年带来不进则退的紧迫感，致使他们的生命周期中产生一种"需要与拥有之间的倒错规律"。在当代社会中，为了适应高水平的劳动分工和技术进步，出现了青年的培养和教育期延长的社会经济需要，从而促使青年受社会保护的期限延长，青少年要学的或所受的训练变得更多。受教育或学习的年限要加长，独立或就业的期限要延后，依赖父母或成人的资助或支持的时间也就越长，通往独立的路程也就更加遥远了。这种状况造成青年的某些社会要求不能及时得到满足，更多地享受社会的关怀。这些限制了青年的自立发展，推迟了他们发挥独立的生产作用和社会作用。

（二）都市化的影响

社会发展的进程是加速工业化和城市化。在此进程中，人口迅速向作为工商业中心的都市集中，造成人口相对密度急剧增加。而有限的工作岗位、有限的职级晋升机会、有限的社会福利等，使得竞争变得无处不在。生活节奏在加快，加之教育竞争、职级竞争、岗位竞争等不断增加，人人都有种"不进则退"的紧迫感。当越来越多的人离开自己的农田、土地，到大城市的时候，他们的生活就发生了戏剧性的变化。竞争加速、生活节奏加快、时间紧迫使人们越来越疏于人际交往，更多地倾于理性生活而非感性生活。业余生活多是工作或学习，使人们不容易建立亲密的人际关系，彼此变得疏离、寂寥，情感的需求无法满足。1980年，Carbarino认为，当城市学校挤进数千人时，在复杂的教育环境中要找到自己的定位或归属感是相当不容易的。但是，居住在大城市不全然是负面的影响，也有其正面的，如教育机会多、工作机会多、文化较繁荣等。但其负面影响常常大于正面影响，如贫富不均、生活空间狭小、人口压力大、意外多、犯罪多等。

(三) 物质主义高涨

高科技带给全世界最直接的利益是物质生活的进步与享受,但也由于经济发达了,青年由父母供应或自己打工而拥有了相对宽裕的经济条件。这些金钱并非用来生活或筹存,而是用来购买喜爱的物品或享乐。有人说,青少年是消费市场的重要贡献者。物质化社会不仅影响青少年追求物质享受,也影响他们追逐名利。如今的青年更关心自己。他们寻找好的工作,赚钱满足物质需求。他们致力于赚大钱、求高位、美名与物质享受。近年来,青年在寻找工作岗位时,内在价值(intrinsic value)的重要性下降,如自我成就或为社会服务等价值;而外在价值(extrinsic value)取代了部分内在价值,如通过赚钱达到某种地位或获取某种身份。出现了物欲化倾向(表现为一切以物质利益为中心,非利不为)、轻浮化倾向(表现为做事没有恒心,思想不集中、不安分,盲目、躁动,大事做不了,小事不想做)、无责任化倾向(表现为对社会公共事务淡漠,无兴趣、无所谓)和虚假化倾向(表现为不真实、虚伪、欺骗等)。但同时,我们也应看到,一方面,物质化倾向有着深刻的历史渊源,"身体化生存"(somatization)是长期以来中国人的普遍生存方式,这种存在方式的产生有其特定的经济、社会和政治背景。在传统文化中,"民以食为天"是对中国人(特别是百姓)"身体化生存"较为形象简洁的描述,这一认识也成为历朝历代的立国之本。老子在《道德经》中说:"是以圣人之治,虚其心,实其腹,弱其志,强其骨。常使民无知无欲,使夫智者不敢为也。"孔子说:"饮食男女,人之大欲存焉。"庄子在《庄子·内篇·养生主》中也传达了"可以保身,可以全生,可以养亲,可以延年"的理想。集中在身体维度而忽视精神、心理维度不仅容易导致人的精神生活变得空虚,而且使个体对事物的认识很难上升到形而上的层面。物质主义强调借财富的拥有、对奢侈品的消费来体现个人的价值和生活意义,从而提高生活满意度和幸福感,这种物质主义鲜明的价值观和生活方式与中国人"身体化生存""为腹不为目"的追求目标不谋而合。不同的是,媒介工具由过去简单的衣食物品变为今天以货币为代表的财富与奢侈品牌。另一方面,物质化倾向也有着积极的意义,由于社会提供的机会增多,青年成就动机也呈现出高涨状态,他们追求成功的事业心不断增强,出于这些原因,青年努力追求创新而不愿墨守成规。

（四）大众传播媒体

信息化的今天，资讯异常发达，各种电视节目、新闻报告、广告、碎片信息层出不穷。大众传播媒体有报纸、杂志、电视、网站、APP等。稍不留神我们的注意力就会被牵引，然后，不知不觉地被误导。各种信息载体和大众传播媒介扩大了人们的视界，丰富了人们的精神生活，对资讯与文化的传播、交流有很大的贡献，但是也对青年人造成相当的负面影响。很多专家及教育人士担心媒体的暴力、色情及犯罪内容侵蚀青年人纯洁的心灵，或引诱年轻人模仿学习。另外，过度沉迷于影片、节目或网络，剥夺了面对面心灵沟通的机会，会减少青年人社会交往、读书或运动时间，造成不良影响。

（五）解组失能的家庭

有部分的青少年的情绪压力不是来自社会，而是来自于家庭。父母感情不和睦所引起的冲突和离婚带给青少年很大的恐惧与伤害，与单亲父母生活的压力及缺乏完整亲情的痛苦都是令人烦恼、挫折与失望的，如果父母再婚，他们又得增加学习与继父母或其他兄弟姐妹相处的适应能力。忙于事业或工作的父母无暇或无力管教子女，造成青少年失教，甚至危及自己及社会；或者由于家庭成员各忙各的，无暇经常接触、沟通，无法建立起亲密与关怀的关系，人与人的情感联系则逐渐淡化。家庭担负着生产、消费、生殖、保护、教育等多种功能，社会变革使这些传统的家庭功能发生巨大变化，教育功能转移给学校，安全保护功能转移到保险、社会福利、公安部门等，这使家庭的重要性开始下降，家庭在某些人眼中变得可有可无、形同虚设。家庭成员沟通不够，孩子的安全、爱与归属的基本需要得不到满足，往往形成孤独感，使青年人情感的需求无法在家中获得满足，影响年轻人学习关怀与爱人的能力。

三、影响青年学生心理健康的因素

由于人的心理健康是一个具有相对独立的、极为复杂的动态过程，因而制约心理健康。造成心理偏差、心理障碍或心理疾病的因素也是极其复杂多样的。从各种制约因素的性质不同类型来说，主要有生物遗传因素、心理环境因素和社会环境因素。从各种制约因素的功能不同类型来说，可以分为本体因素与诱发因素两大类。

本体因素是一个人心理健康状况发生变化的内在原因，而诱发因素则是产生变化的外在原因。诱发因素通过本体因素而发生作用，它决定人的心理健康状况变化的现实性。例如，紧张的学习生活，对心理功能状况良好的学生来说，会激发更高的学习热情，投入更多的学习精力；而对心理功能状况较差的学生来说，有可能引起过度焦虑，导致产生心理障碍。本体因素和诱发因素对心理健康的影响如下。

（一）本体因素

本体因素是个体自身所具有的一种内在的、主观的因素，主要包括个体的生物遗传因素和心理活动因素。

1. 生物遗传因素

生物遗传因素的影响主要有遗传因素、病菌或病毒感染、脑外伤或化学中毒、严重躯体疾病或生理机能障碍等。

（1）遗传因素。一般而言，人的心理活动是不能遗传的。但是，人作为身心兼备的整体，与遗传因素的关系十分密切，特别是一个人的躯体、气质、智力、神经过程的活动特点等，受遗传因素的影响更为明显。根据调查和临床观察表明，在精神病患者的家族中，患精神发育不全、抽风发作、性情乖僻、躁狂抑郁等神经精神病或异常心理行为表现的人占相当大的比例。例如，对躁狂抑郁症和精神分裂症患者亲属的患病率的调查数据显示，精神疾病发病的原因确实具有明显的血缘关系，血缘关系越亲近，患病率越高，而这正是遗传因素的影响。

（2）病菌或病毒感染。临床研究证明，中枢神经系统的传染病，如斑疹伤寒、流行性脑炎等，由于病菌、病毒损害神经组织结构而导致器质性心理障碍或精神失常，阻抑心理的发展，造成智力迟滞或痴呆。

（3）脑外伤或化学中毒。由于种种原因造成的脑震荡、脑挫伤等都可以导致意识障碍、遗忘症、言语障碍、人格改变等心理障碍；由于有害化学物质侵入人体，毒害中枢神经系统，如酒精中毒、食物中毒、煤气中毒、药物中毒等，亦导致心理障碍或精神失常。

（4）严重躯体疾病或生理机能障碍。这方面的影响也是造成心理障碍和精神失常的原因之一。例如，内分泌机能障碍中，最突出的如甲状腺机能混乱、机能亢进时，往往出现敏感、暴躁、易怒、情绪冲动、自制力减弱等心理异常表现；肾上腺素分泌过多会引起躁狂症，而肾上腺素分泌不足则可能导致抑郁症等。

2. 心理活动因素

心理活动即心理状态。个体的心理状态一旦形成，就会影响以后的心理发展和变化。心理活动因素主要包括认知因素、情绪因素和个性因素等。

（1）认知因素。认知是指人对客观事物的认识，反映客观事物的特性与联系，并揭露客观事物对人的意义和作用的心理活动。认知过程就是信息的获得、贮存、转换、提取和使用的过程。人类个体的认知因素涉及的范围极广，主要有感知、注意、记忆、想象、思维、言语等。

每一个体都具有各种认知因素。这些认知因素自身的发展和各认知因素之间的关系可能是协调的，也可能是不协调的。一旦某一认知因素发展不正常或某几种认知因素之间的关系失调，就会产生认知的矛盾和冲突。这种矛盾和冲突会使人感到紧张、烦躁和焦虑，于是想极力减轻或消除。

认知因素之间的失调程度越严重，则人们期望减轻或消除失调，维持平衡的动机也就越强烈。如果这种需要和动机长时间得不到满足，不能实现，则可能产生心理偏差或心理障碍。认知的严重失调，还会损坏人格的完整性和协调性，甚至导致人格变态。

（2）情绪因素。人的情绪体验是多维度、多成分、多层次的。它是一个人机体生存和社会适应的内在动力，是维持身心健康的重要因素。

一般地，稳定而积极的正性情绪状态使人心境愉快、安定，精力充沛、适度、身体舒适、有力；相反，经常波动而消极的负性情绪状态则往往使人心境压抑、焦虑，精力涣散、失控，身体衰弱、无力。因此，培养良好的正性情绪，排除不良的负性情绪，有益于人们的身心健康。

（3）个性因素。个性因素亦可称人格因素。个性因素包括性格、气质、能力和个性倾向性等因素。个性因素是心理活动因素的核心，它对一个人的心理健康影响最大。例如，同样一种生活挫折，对于不同个性的人，其影响程度完全不同。有的人可能无法承受或消极应付,从此自暴自弃;有的人则可能接受现实,正视挫折,加倍努力,奋发图强。

研究表明,特殊人格特征往往是相应的精神疾病,特别是神经官能症的发病基础。例如,谨小慎微、求全求美、优柔寡断、墨守成规、敏感多疑、心胸狭窄、事事后悔、苛求自己等强迫性人格特征,很容易导致强迫性神经症;再如,易受暗示、耽于幻想、情绪多变、容易激惹、自我中心、自我表现等特殊人格特征,很容易导致癔症。因此,培养健全的人格是保持身心健康的关键因素之一。

(二) 诱发因素

诱发因素是直接引起心理问题的外在的、客观的因素,主要包括家庭因素、学校因素和社会因素。

1. 家庭因素

对青年的身心健康来说,家庭的影响很大。国内外大量研究表明,不良的家庭因素容易造成家庭成员的心理行为异常。这些因素主要有:家庭主要成员不全,如父母死亡、父母离异或分居、父母再婚等;家庭关系紧张,如父母关系、兄弟姐妹关系不和谐,家庭情感气氛冷漠,矛盾冲突频繁等;家庭教育方式不当,如专制粗暴、强迫压服,或溺爱娇惯、放任自流等;以及家庭变迁,出现意外事件等。

2. 学校因素

学校是学生学习、生活的主要场所,学生的大部分时间是在学校中度过。因此,学校生活对学生的身心健康影响极大。学校因素主要有学校教育条件、学习条件、生活条件,以及师生关系、同伴关系等。这些条件和关系,如果处理不当,就会影响学生的身心健康发展。例如,学习负担过重、教育方法不当、师生情感对立、同学关系不和谐等,都会使学生的心理压抑,精神紧张、焦虑。如果不及时调适,就会造成心理失调,导致心理障碍。

3. 社会因素

社会因素主要包括政治、经济、文化教育、社会关系等。这些因素对一个人的生存和发展起着决定作用。其中，社会生活中的种种不健康的思想、情感和行为严重影响学生的心理健康。特别在当前，人与人之间的交往日益密切，各种社会传媒的作用越来越大，生活紧张事件增多，矛盾、冲突、竞争加剧。所有这些现象都会加重学生的心理负担和内心矛盾，影响其身心健康。

上述各种因素相互制约，对一个人的身心健康往往是综合地起作用。因此，我们在观察、分析、诊断心理失调、心理障碍或心理疾病时，务必要充分考虑到各种因素的作用，逐一考查，逐一排除，全面正确地做出判断，采取有效的措施进行调适或转介咨询及治疗。

第四章 青年学生的问题与需要

教育者应当深刻了解正在成长的人的心灵。

——苏霍姆林斯基

关于青年发展的研究显示了一项重要的事实：青年所遇到的问题与困难，既不是单独决定于内在的身心因素，也不是单独决定于外在的环境因素，而是两者交互作用的结果。这便是青年问题与困难的互动理论（interactionism）。事实上，心理问题的产生是以社会变迁、家庭教养方式和学校教育等不同层次的环境，以及个体的心理面貌等因素为背景的，所以，分析青年学生心理健康，不能不先分析青年学生易感心理问题的背景。

一、青年学生心理问题产生的社会原因

社会的急剧变革给21世纪的青年学生带来的心理冲击比其他任何一个时代的都要大。在所有的心理问题的表象背后，都隐藏着对人的基本价值和生命的终极意义的困惑，而社会变迁过程中发展起来的实用主义和相对主义的价值体系，使终极问题所产生的困惑更加深刻久远。心理学家荣格曾经提醒人们，要防止远比自然灾害更危险的人类心灵疾病的蔓延。他认为，随着人

们对外部空间的拓展,人们对心灵的提升会停止;人们在智力方面收获过剩,心灵方面却沦丧殆尽。

(一)社会主导价值改变所带来的价值取向不确定性

仔细研究当代流行的哲学便发现,其中的每一种研究都竭力探寻一些人类共同的基本价值,肯定每一个人的重要性和尊严。这是因为,现代人都非常关心、探求某种能够借以安身立命的东西,寻求他们能够为之献身的重要价值。然而,价值的寻求不仅是智力的运用,各种道德观念和知识的堆积,而是智慧的再生,它需要有自身的价值系统和自身价值的参考构架。

从最近的心理学研究结果来看,价值观念所包含的范围甚广,有以不同的人生观来比较价值观念者,有以不同的生活内涵来比较价值观念者,也有以不同的日常事务来比较价值观念者。另外,价值观念所涉及的层次也有高低的不同,最高者如人类学家 F. R. Kluckhohn 与 F. L. Stodtbeckr 所说的"价值取向"(value orientation),中间者如心理学家 M. Rokeach 所说的"工具价值"(instrumental value)与"目的价值"(terminal value),最低者如日常生活中对个别事物的偏好。但不管内容范围与高低层次如何,价值观念代表了一种认知的、动机的因素,而此种因素足以影响个人在日常生活中对不同目标或事物的选择。个体价值观念的形成领先于社会价值观念体系。

但是,我们的时代是一个剧变的时代,原来单纯理想化的价值观已为相对主义和实用主义所取代。从尼采的"上帝死了"到德里达"人也死了"的苍凉呼声中,西方文明的传统价值的丧失导致了人们心灵的空虚。信息时代以其特有的快速和高效制造和接纳各种迅速涌现的新的事物、新的思想和新的潮流,而传统的、稳定的价值体系受到了巨大的冲击。经过改革开放与市场经济洗礼的社会,其政治、经济和人文环境都发生了许多变化。主体的、占核心地位的价值已经不复存在,人们已经难以在问题上达成共识,甚至同一个人也很难在不同的时间和地点对同样的事态做出相同的价值选择,人陷入极大的不安之中,而不安与焦虑正是心理问题产生的一个诱因。

每个人的人生价值观都是一个封闭的系统,自有它的一套逻辑规则和行为方式,对它们的选择不是一个理论的问题,而是一个经验的问题。苏格拉底说过:"未经省察的人生没有价值。"如果他不是委身于他所选择的价值,他就会成为一个像自动机一样对他的社会流行价值"唯唯诺诺的人"。然而,在自由选择的后面，每个人都要背负起对这种站在命运的脊梁上自由选择所产生的后果和责任，并无可避免地将自己的选择放到社会生活中加以裁决，但目前的社会并没有建构出一个稳定的坐标系。大学阶段正是将自己的人生与现世的生活相连的阶段，没有了标准，而自我的观念又并不牢固，对选择的价值观的现实的合理性缺乏把握，要么就在无所选择中体验到不满意，要么就在选择以后患得患失，充满了痛苦和失意。

20世纪90年代初期，横扫校园的拜金主义热潮已经被逐渐升温的求知欲所取代。21世纪的青年学生面对社会人才市场的激烈竞争，开始着力为今后的生存做知识和技能的准备。在忙乱的应对考试中，在各种合格证的后面是一颗不知道将来的心。缺乏主体的价值观就无法建立一个完备的人格理想，最终也会握不住现实这一盘散沙。

另一个致命的危害是成就感的丧失。自己所认为有价值的东西在同辈群体眼中也许一钱不值；自己所看重的带着浓厚的感情去珍视的美好，也许正被别人用合情合理的方式践踏——这导致许多学生对自己青少年时期形成的信念产生怀疑，对自己已经达成和正准备追求的目标丧失成功的体验和满足。根据斯金纳的操作条件反射理论，人没有外在的强化，又没有内在的强化，长此以往，就丧失了继续前进的动力。

（二）道德变异导致行为失范

道德是一种社会意识形态，它是调整人与人之间以及个人与社会之间相互关系的行为准则和行为规范的总和。道德社会化，就是将特定社会所肯定的道德准则和道德规范加以内化，形成合乎社会要求的道德行为过程。

自身价值参考架构的建立有赖于道德的平衡。平衡的概念是自然界和人所共有的一条基本规律，平衡令一切造物井然有序，当平衡被破坏，自然界会出现灾害和混乱，而人也会面临身体和心理的困扰。

美国学者R.赫什提出，人的道德性并不是由一些抽象的道德原则所体现，它一般表现在下述三个方面：①关心他人，愿意帮助并保护他人；②能够正确地进行道德判断；③行动。

当社会的伦理价值从有序走向无序，而重建的工作又尚未完成，道德的断层掉在青年学生面前，失落与建构都有待于他们去完成。对自我的完成，最后终将推至社会的完成，这是中国人修身的根本法理。但是，当是非善恶的标准都成为一种可变的改写的状态，青年学生会比其他群体都更敏感地体会到不安与焦躁。社会道德的失衡折射到大学校园，传统的道德理想与现代的生活方式并存。按照精神分析学派的观点，人们运用防卫机制来保障心理健康。

从心理分析的角度来看，区隔作用是一种自我防卫机制（ego defensive mechanism），运用这种防卫方法来保护自己，是在意识或行动上将传统型与现代型两种心理与行为加以隔离。方法之一是将个人生活分为无数个领域或范畴（如家庭、政治、宗教、休闲等），在同一生活领域内只采用某一类思想、观念及行为。经历长期的演练，便习而不察，不再有感受两者矛盾或冲突的机会。掌握这样一套生存技巧，就能较少感受到认知上的冲突和不协调。由于青年人还缺乏整合的能力与经验，缺乏这样一种生存技巧，便产生了种种道德困境、认知失调和心态失衡。

（三）信息超载对主体性的危害及人际沟通的障碍负效应

现代社会的特征之一往往用"信息化社会"这个词语表达。在当前的信息时代里，知识的多样化、传递的高速化和大量化以及大众化的信息虽然给人类带来莫大的福利，但也对人的存在产生了许多难题，造成了人们被信念、信息所控制和操作的局面，使人在某种程度上丧失了主体性。笛卡儿说："我思故我在。"在交通系统和通信网络都不发达的时代，文化人靠思考来了解事情。与之相比较，在信息泛滥的情形之下，在没有任何体征的情况下，生活在现代的人们都在掌握着即使片断又很专门的知识。人变得很少由自己本身来思考问题，人作为没有个性的客体被大量的信息控制着。现代人越来越感觉到自己的知识和体验在逐渐分离。

（1）现在的学生在没有爱的体验时就已经明晰了爱的操作程序，丧失了对神话和英雄的憧憬。这种现实的虚假成熟建立在没有感性的思考的基础上，导致愈加分不清自己的情感究竟是爱还是喜欢，及至投入爱情时，又不清楚是自己的体验还是在扮演某一个角色。

（2）信息社会的特质很大程度上改变了人们的交往方式。根据日本心理学家的统计，20世纪初，城市居民尚有70%的时间用于面对面地交往，但是，在20世纪末至21世纪，城市居民有70%的时间都用于面对媒体信息。在日常人与人的了解中，只有把对方的信息逐渐变成带有自身体验的性质，才能达到互相的真正了解。但是，当使用宣传机器做媒介的时候，对群众的宣传只能形成单方向。单方面的通讯致使交往的双方残存着许多不吻合的基本感受。在小的范围内人们所进行的互相交谈，容易停留在知识信息的交流和交换，而一旦深究自身体验如何，还是具有某种程度的暧昧不清，或者常常用主观感受取代理解，不能从他人的角度和认知参考框架去看问题，这就不能真正地理解和共情。为了在互相体验的范围内彼此了解信息，必须互相努力结合成深厚的关系。

（3）同一家庭成员可能生活在不同的主流文化和生活时尚中，导致和加剧了代沟现象，使生活在大学校园的青年人遇到诸如价值判断、生活方式的选择等方面的困扰时，缺乏可以分享和分担的长辈，缺乏长者的引导和榜样的力量。

二、青年学生心理问题产生的生活背景原因

（一）家庭与青年学生心理困扰

对大多数一直生活在父母身边的年轻学子而言，当把家庭作为一种远距离的对象加以审视，家庭这一背景在他们的心理困扰中扮演了不同的角色。

1. 青年学生父母的价值观念和行为准则对青年学生的直接影响

父母的恩爱程度，对感情和事业的处理方法等，都不同程度影响了青年学生独立生活时采取的对情感的态度。和睦家庭的后代往往对社会有较多信任，对爱情有顺其自然的态度；家庭不和睦会使学生或是逃避情感，或是对情感有过多或过于执着的需求，在追求的过程中又缺乏安全感和把握的能力。按照部分心理学家的观点，一个人在少年时期形成的思想和观念在此后的人生中绝对地影响一个人的思想和行为。对处于时代变迁中的中国社会的青年学生来说，少年时期所形成的思想和观念在大学阶段开始得到验证的机会，并有推翻的危机与可能，这是一个过渡时期。经过儿童时期对父母的依从到少年期由于对独立自由的幻想追求而产生的逆反，再到大学时期的重构与反思，父母的形象开始真实起来。在独立的经验中体会到辛苦之后，经过一系

列的思念和平复,在人生的旅程中,父母的生活方式、人生态度成为他们思考的第一道屏风,他们开始以父母的做人而不仅仅是教诲去看人生的真谛。因此,父母的价值观念、行为与思想的统一性,父母所付出的代价以及所得到的社会报酬都是他们对社会现实的一个见证;而一些父母的认知不统一,观念和行为的矛盾直接加深了青年学生子女的心理困扰。例如,有的父母,一方面认为读太多书没什么用,但另一方面又要求孩子用功学习,在青少年时期用功学习的要求与高考统一,所以,顺利地将孩子推上了大学,但在大学阶段,他们的矛盾观念便成为子女远距离审视时的一个症结。父母观念的不确定性也导致子女观念的不确定性。不难想象,父母缺乏信念必然导致孩子的信念危机。危机中的重构是一项艰巨的任务,他们需要成功和失败的磨砺,需要经过心灵的痛苦,而这样的经历不是每一个人都能够真正面对的,因此,导致了心理困扰。有的父母将自己生活中的欠缺和不满转化为一种异常的价值观念加诸到子女的成长过程中,使之产生严重的认知偏差,导致发展失当。发展失当是指在不健全的教育或社会影响下,形成的不恰当心理和行为。发展失当本身就是心理不正常,它们往往是具体的心理异常的催化剂,会衍生出更多、更严重的心理疾病。例如,有的父母因为婚姻不幸,或受到对方欺骗,就认为"天下的男人都不是好东西"或"天下的女人都不是好东西"。在生活中有意无意地影响自己的孩子,使孩子形成错误的观念,给他们以后的婚姻生活造成巨大的灾难。临床心理咨询实践发现,婚姻适应困难,多与父母的特殊生活经历有关。其他的情况,如"世界上没有好人,他人就是地狱"的观念,往往会使子女产生怀疑、否定别人的心理和行为。

2. 家庭教养方式对子女社会性品质与性格的影响

行为的模塑是一个社会化的过程。个体一方面承受社会的压力,同时,又对社会秩序产生潜在的威胁。通过社会化,个体得到发展,最终也导致了整个社会的进一步发展。在人生的发展历程中,无论从个人还是从社会的角度看,一个初生的婴儿终将也必须转变成一个既能够有效参与社会,同时,又能够为社会所接受的人。社会化是人的终身课题。在对生命的不同时期的社会化及主要内容的研究中,最有影响力的是埃里克森的心理社会发展8阶段理论。在《儿童期与社会》一书中,埃里克森围绕人格社会行为的发生,描述了个人从婴儿到老年期8个阶段中的社会化历程,并指出了每个阶段所需解决的主要问题。每个阶段都面临危机与转机并存,如果顺利地解决了该阶段的主要问题，就可以以一种健康的心态去面对新的阶段，否则，就在此后的人生中表现出种种的不适应和困扰乃至障碍。

大学阶段的年轻人跨越了埃里克森描述的两个阶段：青春期（12～20岁）和成年早期（20～24岁）。青春期的核心问题是获得自我同一性（ego identity），避免同一性混乱。在他的理论中，同一性危机指的是一种无法正确认识自己、自己的职责和自己承担的角色的人格发展异常现象。成年早期的个体，是一个在家人之外寻找感情归属对象的阶段，包括与同性朋友的友谊和与异性朋友的爱情。若无情感归属，不能与他人正常交流，就会处在痛苦的孤寂之中。因此，该阶段的核心问题是获得亲密感，避免孤独感。青年时期所面临的心理问题在咨询中，往往可以从当事人早期的生活经历中找到问题的部分答案。人格的形成是一个积累的过程。现代心理学的研究证明，家庭环境对人的一生都会产生重大的影响，特别是个人早年的成长经历对一个人的性格、人格结构影响深远。在这个过程中，如果监护人的培养方式有偏差，如反社会型方式，或个体遇到独特的生活经历，如苦难，就会使人的性格产生异常，产生反社会人格、依赖人格等。反社会人格方面的研究表明，反社会人格形成的原因和内在的机制很复杂，既有遗传、生理的原因，也有成长过程中社会的起因。一些研究表明了父母行为方式的影响，一种是父母对孩子冷漠疏远使儿童没有发展出对他人的情感移入，另一种是父母对孩子的赏罚缺乏一致性，使儿童无所适从，没有发展出自我认同感。有关父母抚养方式的定义，研究者引用最广泛的是Nancy Darling（1993年）的概念，父母抚养方式（parenting styles）是父母传达给儿童的对儿童的态度以及由父母的行为所表达出的情感气氛的集合体。父母的抚养行为既包括父母履行其职责的专门的目标定向的行为又包括非目标定向的抚养行为，诸如姿势、手势、语调的变化或是情绪的自然流露。我国学者张春兴认为，父母的抚养方式是父母在养育子女时所表现的行为。其表现方式因文化不同而有所差异。张文新把家庭抚养方式定义为父母对子女抚养教育过程中所表现出来的一种相对稳定的行为方式。陈杏丽认为，家庭抚养方式是指父母在抚养、教育儿童的活动中通常使用的方法和形式，是父母各种抚养行为的特征概括，是一种具有相对稳定性的行为风格。中国台湾的心理学者吴新华认为，家庭抚养方式本质上是指父母亲在抚养子女时所表现的行为，以及隐藏在这些行为背后的父母亲人格特质及其对子女的抚养态度。最早研究父母抚养方式对儿童社会化影响的美国心理学家西蒙兹（P. M. Symond, 1939年）认为，父母的抚养态度与子女的性格有极大关系。父母对子女养育态度的基本因素有两个：一是"拒绝的-接受的"养育态度，二是"支配的-顺从的"养育态度。如图4-1所示，将这两个基本因素作为两个轴使其垂直相交。西蒙兹说："离原点越远表明养育态度越极端，给予孩子发育的不良影响就越大。"西蒙兹还研究了两个轴为坐标轴的4个象限，设定了如图4-1所示的4种抚育态度的类型。

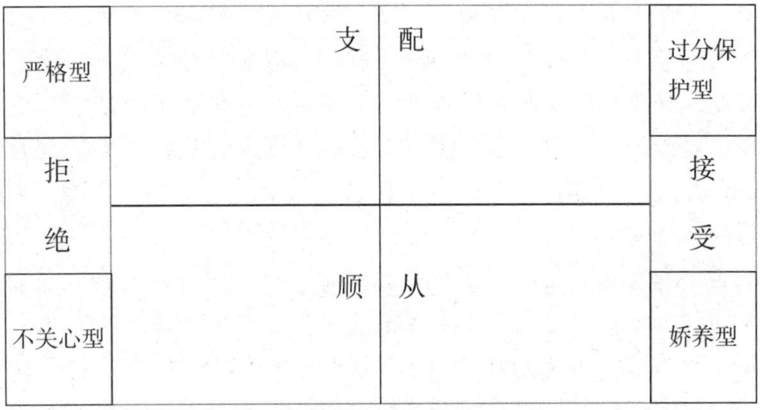

	支配	
严格型		过分保护型
拒绝		接受
不关心型	顺从	娇养型

图4-1 父母的抚养态度与子女的性格

奥野就西蒙兹列举的养育态度，详细考察了在父母走极端的情况下给予子女的影响的程度，以及父母为什么采取那种养育态度，进一步发展了西蒙兹的理论。日本心理学家诧摩武俊也做过类似的研究，表明母亲采取拒绝的、干涉的、溺爱的、支配的、独裁的和压迫的教育态度，儿童将表现出适应能力差、依赖性强、情绪不稳定和富有反抗性。鲍姆林德（D. Baumrind）受社会学习理论、生态学和家庭系统理论的影响，认为在家庭抚养方式的定义中应包含两方面的内容：一是父母对儿童所作要求的数量和种类，二是父母对儿童行为的反馈。他也开展了父母教养方式的实验研究，提出了划分教养方式的两个维度，即要求和反应性。要求指的是父母是否对子女的行为建立适当的标准，并督促其达到这些标准。反应性指的是对孩子接受和爱的程度及对子女需求的敏感程度。根据这两个维度，可以把教养方式分为权威型、专制型、溺爱型和忽视型4种。

（1）权威型父母，即"高要求、高反应"型。此类父母在对孩子的要求方面有适当的"高"和"严"。他们有明确合理的要求，会为孩子设立一定的行为目标，对孩子不合理的任性行为做出适当的限制并督促孩子努力达到目标；同时，他们并不缺乏父母应该有的温情，能主动关爱孩子，能够耐心地倾听孩子的述说，而且能晓之以理、动之以情，激励孩子自我成长。简言之，这类父母施行"理性、严格、民主、关爱和耐心"的教育方法。在这样的教导之下，孩子会慢慢养成自信、独立、合作、积极乐观、善社交等良好的性格品质。

(2) 专制型父母，即"高要求、低反应"型。这类父母在孩子眼里就像历史书上的"暴君"，并对他们实施"暴政"。他们会拿自己的标准来要求孩子，而没意识到要求过高对孩子的个性是一种变相的扼杀；他们不能接受孩子的反馈，对孩子缺乏热情和关爱，要求孩子无条件服从，不能及时鼓励和表扬孩子。在这种"暴政"下，孩子容易形成对抗、自卑、焦虑、退缩、依赖等不良的性格特征。

(3) 溺爱型父母，即"低要求、高反应"型。中国一直有尊老爱幼的传统美德，但有时候在"爱幼"上发挥得过了头，于是就有了这么多的"小皇帝""小公主"。这类父母对孩子充满了无尽的期望和爱，尽自己最大的可能满足孩子的要求，但他们很少对孩子提要求。结果随着年龄的增长，孩子会变得依赖、任性、冲动、幼稚，做事缺乏恒心。

(4) 忽视型父母，即"低要求、低反应"型。这类父母不关心孩子的成长，他们不会对孩子提出什么要求和行为标准，在感情上也表现得较冷漠，缺少对孩子的教育和爱。在忽视型教养方式下长大的孩子自控能力差，对生活会采取消极的态度，还会有其他不良的心理特征。

我国学生出自的家庭以溺爱型和支配型居多，前者导致依赖、被动、胆怯、任性等个性心理倾向，后者导致冷漠、盲从、不灵活和缺乏自尊自信的个性心理倾向。如果父母的养育方式是溺爱型，则子女会利己、骄横和情绪不稳；如果父母的养育方式是专制型，则子女会消极、懦弱和不知所措；如果父母经常出现分歧或互相拆台，则子女会表现出圆滑、讨好、投机、说谎的不良行为。这些个性上的缺陷往往导致青年学生出现性格障碍，表现为自卑、怯懦、依赖、猜疑、神经质、偏激、敌对、孤僻、抑郁等，以及发生的各种典型心理问题和心理疾病。

3. 家庭教养方式对学生自我概念的影响

从人格对社会的影响上看，自我概念的社会后果是广泛而深刻的。

自我概念是指个体针对一个客体——"自我"的态度，可以在应用于对他人的态度的理解的框架中得到理解，自己已经被扩展到包括"个体把自身作为客体的思想与感情的整体性"。

当前的心理学研究将自我概念看成更广泛的自我客观化过程的一个环节：人在其作为自己的观察与行动的对象方面，本质上是十分独特的，人不仅能设想自己，而且也能做出对行为的解释（反思和解释他自己的行为）、反省（反省其内部思想和感情）、自我调节（把自我作为一个对象，或人们的目的，或工具来对待）、口头解释（对某个人自己的口头表达的反应）、自我强化（惩罚或奖励自我）、自我表演（在互动中呈现一定的自我）等。

根据 G. H. 米德在《心灵、自我与社会》中的观点，基本的社会过程——使社会成为可能和使人真正成其为人的过程是沟通。为了沟通，一件很基本的事情是去领会别人的角色，把自己的脚放在别人的鞋子中去观察事物，包括从别人的角度去观察自我。一个完整的自我概念包括：①自我概念——个体怎样看待他自己；②社会的（给予的）自我——其他人实际上如何看待该个体；③被反映的（或是被知道的）自我——个体认为别人怎样看待他。人们从他们的行动所产生的影响的直接经验中得到了许多关于他们自己的知识。一个人自我概念的形成，既来自于自己过去经验的总结，也来自于他人对自己的反映和评价。

人们怎样看待自己，与他人对自己的评价关系密切。在个体发展的过程中，父母的评价和参照群体的评价等，均能影响到自我概念的发展。费孝通认为，每个人的自我观念都是部分的通过"我看人，人看我"的方式形成的。而罗森塔尔在《课堂中的皮革马列翁——教师的期待与学生的智能》一书中所指出的罗森塔尔效应（期望效应），则清楚地说明了他人的评价对当事人的行为和态度的改造。

海蒂发现生活中的重要他人，如父母、教师、同伴对自我概念形成的影响很大，父母的影响尤为深刻。其他人对我们的态度是否会影响我们的自我概念，部分的取决于他们对我们有多重要。人际重要性有其基础、评价和可靠性。我们十分关心那些对自己最要紧的人的观点。其他人对我们的看法所产生的影响也取决于我们对那个人的判断的信任、信赖和信服的程度。

库伯史密斯发现，自我概念与父母的满意度、教育、兴趣以及父母在家庭中参与的教育活动关系很大。香港学者卢钦铭、陈李绸等都发现，学生若感觉到父母用关怀、奖励、宽容、赞赏和爱护、温暖与高期望的态度去管教孩子，他们的自我概念就高。

4. 占有性的爱及后果

亲子关系是指双亲与子女之间的关系，它体现在不同的教养方式之中。弗洛姆在论爱的艺术时强调，真正的爱是一种假设性的爱。在亲子关系的研究中，常常发现一种占有性的爱，多表现在父母对子女的一种非理性情感。他们倾心尽力地爱护自己的子女，却将之视为自己的私有财产，所有的爱均是为了拖住孩子，从身体到思想都不要离开对自己的依赖。其生活的最终目的就是孩子，所以一旦子女离家，便极端不适，担心子女以后不再属于自己，于是，制造各种机会阻碍子女独立性的发展。在咨询中发现，有的母亲以称病为由每个月让子女回去探视的案例。另一方面则是子女离家后对父母另有爱的依托的不适应。独生子女自幼就是全家唯一的"宝"，当他们发现父母在他离家后找到了新的情感寄托，会产生严重的失落感。

（二）学校与青年学生心理健康

布朗芬·布伦纳通过其生态系统理论指出，环境影响居住于其中的人的健康状况。环境中的某些因素与个人心理疾病的产生和继续留存有关。莫斯研究了包括青年学生宿舍环境在内的八种环境，分析出其中的三种基本因素：第一因素为关系因素（rela-tional factor），第二因素为个人发展因素（personal developmental factor），第三因素为系统维持或系统变化因素（system maintenance factor）。关系因素代表存在于环境中的人际关系性质与强度，个人发展因素代表存在于环境中有助于个人发展或个人自尊心发展的条件，系统维持或系统变化因素是指环境的秩序化或环境对其驻民的期待程度、控制程度及变化的机动程度。在其研究结果中，莫斯发现，缺少关涉（involvement）、支持（support）、秩序（order）及组织（organization）等。

学校是有计划、有组织、有目的地向其成员传授价值观念、社会规范、生活技能的制度化机构。作为社会化机构，学校的重要性首先表现在他在较长时间内对学生进行系统的教育，而这种系统的长期教育，对儿童的社会行为塑造是其他机构无法替代的。现代社会的正规教育时间，一般长达9～16年。学校流行的观念，课程的设置，甚至学校本身都是社会制度的产物。

此外，学校的重要性还在于它有着独特的、完整的机构，它是社会的雏形。学生在这里进入"社会结构",扮演着学生、同学、朋友等社会角色,并在学生课堂里和其他公共场合进行着各种形式的社会互动。所有的这些,都对学生了解社会、发展自我和人格、模塑合乎社会角色的行为模式起着重要作用。

中国面向 21 世纪的教育体制改革,认识到当前大学的教育体制和教育目标方法的一些弊端,这将给青年学生的心理健康成长提供日益良好的校园环境。但是,笔者在这里不能不指出现在存在的问题。

1. 中学到大学的教育脱节问题

青年学生首先面临的问题是从中学到大学的学习成绩目标及在学业成绩上对自己的重新定位。在学习目标方面,中学生的目标不明确,导致进入大学后在学习上辨不清方向和对专业的认识模糊,使学习成为一种无计划、无目的的活动。在中学,由于缺乏对学生的学业咨询和职业咨询,而学生也缺乏对自己的一生做一个计划的胆识和能力,绝大多数的学校实施各种针对高考的教育,而高考就成了凌驾于一切的目标。进入大学后,仿佛所有的目标都达到了,学生忽然丧失了学习的目标和原动力,目标的丧失加上定位的不及时,导致了不少心理困扰。面对这一困扰所进行的一些调整与定位不当,往往又引发新的心理问题。有一些同学在经历一段时间的无目标感之后,重新拾回高中时的学习劲头,只学而不问目标,这种坚持在短时期内生效或在成绩奖学金方面有所收获,但若没有成效,便导致了对学习本身的厌倦;而另一些仅仅以奖学金和好分数为目标的学生,在大学后期常常抱怨生活贫乏,没有乐趣,产生另一些困扰。这是我们当前的教育体制缺乏对学生因材施教、加以引导的一大弊端。

2. 大学教育的一些不足给青年学生心理健康带来危害

(1) 现行的专业设置不利于学生成为社会需要的通识性人才,使学生对所学的专业产生怀疑,求知的欲求得不到完全的满足。现代青年学生因专业不满而产生的心理困扰因素主要有以下两点:一是怕所学知识得不到社会的承认,将来找好工作成为问题;二是现代青年学生所学的知识不够全面,而随着人才市场的逐步完善,对人才素质的要求就越加全面。面对社会的选择和淘汰,他们害怕被抛在不断发展的社会之外,跟不上时代的步伐,这一严峻的现实成为青年学生心理困扰的一大原因。中国社会调查所进行的一项在校大学生心理健康状况调查显示，75%的大学生认为压力主要来源于社会就业。50%的大学生对自己毕业后的发展前途感到迷茫，没有目标；41.7%的大学生表示目前没考虑太多；只有8.3%的人对自己的未来有明确的目标并且充满信心。很明显，就业已经是每个大学生一进校门就要考虑的事情了。当代青年学生正受到社会变革的冲击，尤其是即将走向社会进行就业选择的时候，"供需见面、双向选择、择优录用"的就业制度，使青年学生在拥有更多择业自主权的同时，也面临更多的就业竞争，承受更多的心理压力和负担。许多毕业生因焦虑和自卑而失去安全感，心理困扰也随之产生，有时甚至会产生问题行为。能够找到一份满意的工作，实现人生理想，对学生的心理健康会产生积极的影响。反之，对未来人生的不满很可能导致仇视心理，仇视不接收的单位，仇视去了自己想去单位的同学，仇视学校，等等。对未来人生的不满也很可能导致攻击心理，对所有人的不满，攻击他人或攻击社会。对未来人生的不满也很可能导致精神焦虑、抑郁等。

另外，进入校园后，转系转专业难度较大机会不多，很多学生从社会对自己的需要和本专业的国内发展现状出发，对专业本身产生怀疑和厌弃。有一些专业的发展要求长期和艰苦的努力，而许多学生无法忍受这种等待的煎熬，于是放弃专业的学习，只学习英文和电脑这些看得见的、有用的东西，为谋求一个满意的工作创造条件，认为花时间学专业是"做无用功"，由此造成补考等现象，导致心理问题的恶性循环。而像外语等专业，令学生担忧只掌握了一种语言工具而没有其他的知识，不适应社会对人才的要求，因而也有自己的学习困扰。有一些学生因为就业率高而选择了热门专业，入学时才发现它的枯燥，以及所开设的课程不能满足自己的能力和需求，产生另一类烦恼。

（2）教学发展落后于时代发展，陈旧的教材和满堂灌的教学方式使学生的学习兴趣降低。加之当代学生个性鲜明，不爱听的课就逃课或旷课，找不到自己与社会联系的切合点，引发对自身能力的不确定评价和对未来的担忧。2014年，中国社会科学院社会学研究所开展了一项针对"90后"大学生生活和压力的追踪调查，在调查中发现"90后"大学生体现出对大学教育反思的特点。有超过三成的"90后"大学生对"在大学里基本学不到什么工作或创业时有用的技能"的观点表示同意或者比较同意。这种对大学教育的不满情绪也反映出中国高等教育整体发展落后于时代发展。

（3）整个教育体制对学生的心理健康有所忽略，重视智力教育，相对忽略做人的教育。重视知识教育而轻智慧的导向使许多学生在做人方面十分欠缺，得不到具体的指导。

心理咨询的统计数字表明，心理问题的高发率都在高智商群。这是一些成绩优秀、平时管束自己、缺少宣泄的人群，他们普遍存在完美主义的非理性思想，成长经历中有着太多的鲜花和掌声，经不起突然的失败与挫折，这与我们长期以来只重视智商教育而忽视其他方面的教育相关。

教育的非教养化（忽视教养的倾向）是伴随着教育的职业化出现的。在高等教育中，忽视"做人教育"，是到了近代社会特别是现代社会以后，由于资本主义商品经济的发展，以及科学技术逐渐从生产中分离出来而成为相对独立的理论体系，并在大学讲坛中占据越来越重要的地位。如果把专业教育技术化，忽视其中的"人文"内涵，那就会产生严重的后果，将使师生关系倒退为教师单纯出售知识与技术的顾客与杂货商之间的缺乏人性的关系。

面对这样的问题，人们越来越要求教育工作者灌输一种被遗忘的基本东西——品质。"做人"教育的核心问题，是教育学生懂得如何处理自己和他人、个体和客体之间的关系。

"学会关心"作为21世纪教育的主题将"关心自己和自己的健康"、学会"相互尊重，友好相处"、学会"理解别人而不是强加于人"、学会"说服别人而不是教训别人"等列入了"关心社会和国家的经济生态利益""关心全球的生活条件""关心他人，关心家庭，朋友和同行""关心其他物种""关心真理知识和学习"的要求之中，体现了教育界对心理健康的重视。

三、青年学生心理问题产生的心理原因

有一些心理学家深信，人类行为是受它所接受的外在刺激的影响的。他们认为，一个人受到什么外在刺激（S），他就一定会表现出一定的行为（R）。但是，另外一些心理学家却认为，除了外在刺激，内在的人格塑造（P）也会深深影响行为，同一外在刺激在不同人身上会产生不同的知觉，从而产生不同的行为。例如，勒温认为，行为（B）是性格（P）与环境（E）两因素的函数，$B=F(P\times E)$。慕雷则认为，行为是心理需求（psycho-logical need）及环境压力（environmental press）两者交互作用的结果。所以，分析青年学生的心理问题，不能忽视它们自身的心理结构原因。

总的来看，青年学生处于走向成熟的年龄，可以说是一个希望与困惑同在、成熟与单纯交织、智慧与幼稚混合的年龄阶段。正因为如此，青年学生具有易感心理问题的整体特点。这表现在如下几个方面。

（一）自我方面的不足

自我意识是个人关于自己的综合看法，是一个人生活的心理地图，在人的心理活动中起着重要作用。可见，自我是个体的精神支柱，是一个人生活的基础。

从不同的角度看，自我意识有不同的分类：从结构形式上看，它包括自我认知（表现在自我感觉、自我观察、自我分析、自我批评等）、自我体验（表现为带有情绪情感色彩的体验、自尊、自卑、优越感等），以及具有抑制属性的自我控制（如自主、自制、自信等）。从内容上看，包括生理自我、社会自我和心理自我。生理自我是一个人对自己身体的意识，包括支配和爱护；社会自我是一个人对自己在社会关系和人际关系中的作用和地位的意识，对自己承担的社会责任和义务的意识，包括性格、能力、信念、理想，等等。从自我认识的自我观念来看，自我可以分为现实自我、投射自我和理想自我。现实自我是个人对自己目前实际情况的看法；投射自我是想象中的别人关于自己的想法及想象中自己在他人心目中的形象；理想自我是希望的自己将来的形象或自我意识，即自己想要达到的完善的自我形象。

人的自我认识应当客观、准确、恰当，否则会带来心理冲突，导致个体适应不良，甚至产生心理疾病。人本主义心理学家关于心理疾病的解释就是自我概念与现实自我的冲突，他们认为两者的协调是心理问题矫正的重点。

研究表明，青年学生的自我意识发展比较高，表现在青年学生对自己的评价和别人对自己的评价比较一致，青年学生的自我认识、自我体验、自我控制比较协调。但是，由于青年学生的心理仍处于发展的阶段，他们在自我方面仍存在不全面的地方，表现在如下几个方面。

1. 自我中心意识与他向社会化生存造成的心理失落

一方面，青年学生的心理和生理基本成熟，产生了比较强烈的独立意识和自我中心意识；另一方面，他们将来的发展也要依赖社会。这就决定了他们在自我发展方面的矛盾特征。

青年学生表现出更大的自我关注、自我中心,他们甚至需要精神资助,与周围心理纽带日益松散。有人以"作为一个青年学生,你最难以忍受的是什么"为题,于 2013 年调查北京大学等 12 所高校 31 个系的大学一至四年级的 1987 名青年学生。结果发现,青年学生排在第一位的竟然是:受人轻视(30.4%)。其他依次为:庸庸碌碌(22.2%),才疏学浅(20.3%),受人制约(15.6%)。在道德宽容性判断中,青年学生最不宽容的 5 项事件依次是:不敬重父母,贪污受贿,向江河排放污水,歧视妇女,干预他人隐私。青年学生把干预隐私当成他们最不能宽容的行为之一,这说明他们有明显的自我意识。此外,青年学生的自我中心意识还表现在对自己心理问题的处理上,他们更多地依赖自己来解决心理问题。例如,我们以"当你遇到不顺心或烦恼事,通常向谁诉说"为题对青年学生如何解决问题进行了调查,结果如表 4-1 所示。

表 4-1 青年学生心理求助模式

方式	独生子女		非独生子女		总体	
	人数	比例/%	人数	比例/%	人数	比例/%
父母	27	8.0	26	4.3	53	5.6
朋友	141	42.0	304	50.2	455	47.3
教师	1	0.3	2	0.3	3	0.3
社会咨询机构	0	0.0	2	0.2	2	0.2
自己调节	167	49.7	271	46.5	438	46.6
合计	336	100.0	605	100.0	941	100.0

表 4-1 示,无论是独生子女还是非独生子女,他们的困难需求模式是一致的:①他们都倾向于依赖朋友,这在独生子女身上表现得更为明显。非独生子女表现为更大的外向型。②青年学生的困难求助依次为朋友、父母、兄弟姐妹、其他。

总体而言,表 4-1 示,青年学生在精神上有更大的自主性,而在实际生活中有较强的外在依赖性。青年学生的这一特征,使他们对自我的定位产生忧虑,他们既自信,又对自我存疑。另一个突出的现象是,当代青年学生在人生实践中逐渐意识到,无论是个人幸福的获得还是对人生真谛的追求,都受到现实的经济、政治和意识形态的制约和影响。特别是随着我国高等教育的发展,青年学生人才的社会需求有了新的变化，由相对的买方市场向卖方市场转化，青年学生由原来的天之骄子成为一般公民，由进入大学时的人人称颂，到千辛万苦地找工作，使他们产生了心理失落和心里没有依托的感觉。

2. 归因偏差导致原有的自我平衡失去，自尊受伤

自尊是指个体对自己价值的认同、肯定，它影响个人的情感和行为。研究表明，自尊程度高的人对自己有更多肯定性的评价，更为乐观，较少忧郁，积极生活；相反，自尊程度低的人，对自己有较多负面评价，在社会情境中很畏缩，不喜欢尝试困难的任务，幸福程度低。

自尊形成的3个原则分别是：①被反映的评估——我们的自尊在日常情况下要依赖别人的尊敬；②社会比较；③自我归因。

归因理论认为，社会知觉基本上是推论性的，它是根据一个人的直接可以观察到的活动和行为，来推测其看不见的品质和特征。这种思路的一个特殊类型是要寻求如下问题的答案：为什么一个人的行为具有特定的方式？

归因偏向，可以用认知和动机因素来解释。归因偏向的认知根源在于，不完善的或有偏见的知觉及其对所获信息的解释。对行为的解释，不仅是一种科学活动，还是一种道德和伦理活动。我们对行为原因的区分和解释，包含对该行为合法性和正当性的认识。归因策略明显受诸如自己的经历、政治倾向、社会地位、性别、态度、个性和动机等多种因素影响。由于早期生活经历中所处生活环境的不一致，必然导致个体归因策略的差别。自我归因理论主张，人从自己的角度和他人的角度对自我进行分析。青年学生由于生活经验不足，对身边发生的事件产生归因偏向，导致自我平衡的破坏，使得个人自尊受挫。

根据班杜拉的观点，人们从他人的行动所产生的后果的直接经验中得到许多关于他们自己的知识。这可以解释青年学生中出现的一种现象——地方差异所带来的一些非常具体的生活习性，如习惯的不同使得一些同学被其他学生躲避，从而产生严重的自卑感。

3. 社会比较不当而引起的心理失调

社会比较理论处于社会评价理论的中心地位。社会评价理论的基本原则是，人类通过将自己和他人比较而认知他们自己；第二个原则是，相对于个体所使用的比较标准而言，社会评价的过程将导致积极肯定的、中性的或消极否定的自我评估。

社会心理学的研究结果表明，与那些处于同一地位类别中的其他人进行比较，产生自尊的正常分布。从另一个角度讲，不协调的背景（包括社会身份背景、能力背景、身体背景）为少数派情境下的个体，其自我概念具有更大的不确定性。不协调的背景可能无法为个体的自我假设提供人际确认。如果该个体要维持一个稳定的自我概念，其他个体就必须使其角色身份得到确认。当环境确实刺激少数派把他们自己与多数派作比较时，他们的自尊必然蒙受伤害。

由于当前社会文化、经济发展的不平衡，地区差异成为大学校园里交流与沟通的阻碍。例如，中原文化与沿海文化所培养起来的不同的个性和生活取向在同一个校园里形成对比。用什么样的方式进行社会比较，选择什么样的人作为比较对象，构成青年学生精神生活的一个问题。经济上的冲击和观念上的、生活方式上的不同使贫困地区的学生面临一个对自我的态度和人生的取舍的挑战。能走过这一关的人便做到了"和而不同"，对身外之物看透而不看破，用合理的手段去求取或甘于清贫而不自惭；走不过这一关的人便形成一些孤僻、自我清高或自怜自艾的性格，极端的则做出各种违法行为。

青年学生来自全国各地，文化习俗和生活习惯都有一定差异，有时同一宿舍成员的消费观念可能就有天壤之别。对这种差别的敏感以及将自己的生活水准与优势的学生或社会上的另类人员进行比较，常常是心理失衡的原因。同学的一件新衣服，一盏新台灯，甚至只是比其他人多打了一个菜，都可能引起自己无尽的愁思和对社会不公平的愤懑。这样的学生往往自卑与自傲相纠缠，为了将经济上的自卑掩埋，便在其他方面表现得傲慢不拘。

4. 不能客观评价他人因素

青年学生在生理发育上已经具备了成人的特点，他们的心理和社会成熟达到了一个新的阶段，他们认为自己已经是成人了，不再是"小孩子"，追求较强的独立性。为了表示他们的独立，他们反对别人的教诲，反对老师和父母的唠叨，喜欢独立的分析判断事务，不喜欢别人干扰和控制他们。但是，由于自尊的需要和自我的不确定性，他们十分看重自己在别人心中的形象，渴望友谊和爱情，重视别人的评价。这就是说，他人因素对他们的心理有很大影响。

青年学生中，他人因素对青年学生影响表现在两个方面：①他人因素对他们的心理活动有明显作用。别人的评价会影响他们对自己的评价。例如，失恋时就认为自己毫无价值，使自己的自信受到严重打击，从中无法自拔。②人际关系因素是影响青年学生心理的重要方面。人际关系是社会关系的重要组成部分。人与人之间在心理方面的交往关系，与其他经济的、政治的、道德的、宗教的关系不同，人际关系主要表明人与人在相互交往的过程中相互关系的深度、亲密性、融洽性和协调性等心理方面联系的程度。中国社会是一个人情与面子的社会，每个人都讲究社会互动中人情的失与得以及面子的有无，而这些都在人与人的交往中得以表达和体现。

青年学生为人际关系而产生的心理问题在心理咨询中约占20%，主要是人际交往失败、人际交往方法缺乏。引发人际关系不协调的内因是青年学生上不能在主体的层面上建构自我人格，在与人交往时总希望对方各方面都如自己的愿望，这样常常会带来失望。有不少青年在面对集体生活或社交时，没有学会用一个"立体的我"，在一些点上与别人的相似性或长处交往。其实，人与人的交往应该像球体聚合时，一点相碰撞，产生火花，而不是平面相贴，产生失望。

5. 角色定位的困惑

角色是个体为适应社会生活而形成的与自己的社会地位相一致的固定化的行为方式。社会化个体的角色行为具有一定的规范和要求。如果个体的行为偏离了角色规范，就不能很好地被他人接纳和尊重。人在社会中同时要承担很多种角色，每个人都有多种角色行为，这就是角色的负荷。如成年人既要有子女的角色，又要有父母的角色。角色是由人的发展阶段的核心任务决定的，人在不同的发展阶段有不同的任务或"心理中心"，如少年时期的任务就是发育身体和学习，青年时期则是学习和建立家庭。青年学生的中心任务要求有相应的角色。这就是：认真学习，培养综合能力，为将来事业的发展做好素质准备。这样决定了青年学生的角色只是学习性的。但是，目前开放性的社会和青年学生的身心成熟的提前，使青年学生与社会的心理接触增大，各种各样的欲求增加，希望生活丰富多彩，尽力地承担其中种种角色，角色冲突也因此激增。对已有资源丧失的担忧和对自我角色整合的困难导致孤独无助感的加剧。有些青年学生出现了角色错位的现象，如把过多的精力花在谈恋爱上，或过多地投入打工或社会活动，如热衷于社团活动等。然而，学习是学生生活中永恒的主题，无论青年学生将它放在什么位置上，没有掌握真正的知识常是当今市场条件下学生所惶恐的。偏离这一中心越远，压力越大，造成心理困惑或适应不良和不适应的损失就更大。青年学生的学习压力相当一部分来自所学专业非所爱，这使他们长期处于冲突与痛苦之中；课程负担过重，学习方法有问题，精神长期过度紧张也会带来压力；另外，还有参加各类证书考试及考研所带来的应试压力；等等。每门考试合格的压力，争取第一的压力，发挥特长的压力，这些都使学生每天都在三点一线式的紧张中度过。学习压力过大，一方面，可以造成学生认识与情绪方面的困扰，包括焦虑、紧张、悲伤、疲乏、烦闷、易怒、注意力不集中，以及记忆力减退等；另一方面，还会导致学生的学习兴趣、学习的恒心和毅力、抉择的果断性、做事的信心，以及忍耐挫折的能力都会有所降低。此外，学习压力过大，还会引发一些不良的生理反应，例如，眼睛疲劳、视力下降、头痛、耳鸣、胃肠不好、肌肉酸痛，以及失眠多梦等；更严重的，精神长期处于高度紧张的状态下，极可能导致学生出现强迫、焦虑甚至是精神分裂等心理疾病。

（二）智力发展与智慧发展不协调

传统的心理学认为，智力是一种学习知识的认知能力。心理学家维克斯勒用标准化的心理测验研究了 7~65 岁的人的智力，发现智力的高峰在 22 岁左右。他的结论是，人的智力在 22~25 岁达到高峰。而青年学生正处于这个年龄阶段。近期的心理学研究认为，人类的智力包括了言语智力、数理逻辑智力、空间智力、音乐智力、体能智力、人际智力、自知智力等 7 种不同的类型。斯滕伯格提出了成分智力、情景智力、经验智力三种不同的智力类型。成分智力是指认知过程中对信息的有效处理能力；情景智力是指个人与环境互动式表现出来的改变环境以适应自己或改变自己以适应环境，从而达到生活目的的智力；经验智力是指个体善于运用经验形成新观念，并表现出高度工作效率的能力。这些理论拓宽了对智力的理解，强调适应环境与改造经验也是人类智力的表现。彼得·沙洛维和约翰·梅耶提出了情绪智商（emotional quotient，EQ）的概念。并指出其包含：①情绪的知觉，评估和表达能力；②情绪对思维的促进能力；③对情绪的理解感悟能力；④对情绪成熟的调节以促进情绪与智力的发展。EQ 包括情绪管理的能力和关怀他人的态度，使人格结构中认知与情绪相互渗透的心理结构，表示个体准确、有效地加工情绪信息的能力。情绪智力影响着情感的建构和调节，在社会动机行为中发挥着积极的作用。

智商（intelligence quotient，IQ）分数可以用来预测一个人的认知能力与学业成就，EQ 分数可以预测个体能否获得职业成功和满意的生活。给予上述对智力的诠释，青年学生的智力发展是不完善的。他们有许多知识，但是，知识不等于智慧，青年学生的智慧并不完善。青年学生的智慧欠缺表现如下。

1. 生活能力

目前，随着生活水平的提高，尤其在独生子女家庭，家长不自觉地替代性抚养使青年学生整体生活能力普遍下降。青年学生的自我评价较高，但他们的实际能力差，不会独立生活，这构成他们心理发展的另一问题。例如，我们以"你觉得你的智力（能力）和班上其他同学相比处于什么程度"和"你觉得你的生活能力和班上其他同学比处于什么程度"为题进行调查，结果如表 4-2、表 4-3 所示。

表 4-2 青年学生智力自我评价

程度	人数	比例/%
上等	93	8.8
中上等	633	59.6
中下等	126	11.9
下等	10	0.9
不知道	200	18.8
合计	1062	100.0

表 4-3 青年学生生活能力自我评价

程度	人数	比例/%
很强	64	6.0
较强	493	46.1
一般	462	43.2
较差	43	4.0
很差	7	0.7
合计	1069	100.0

青年学生在智力评价上，与同班同学比较，认为自己的智力属于中上等和上等的占 68.4%；而在生活能力的自我评价上，认为较强和很强的只有 51.2%。这说明，由于生活水平的提高，青年学生较少受到生活的锻炼，实际能力下降了。

2. 适应能力

如果我们认为高考的分数是有效的话，那么这个分数与其后的学业成就之间就有高相关性。然而，由于青年学生的适应能力较差，他们不能很好地适应大学生活，每年刚入学的学生往往会出现各种各样的心理问题，心理学上将这一时期称之为"大学新生心理失衡期"。导致新生心理失衡的原因有：①是现实中的大学与他们心目中的大学不统一，由此产生心理落差；②新生对新的环境、新的人际关系、新的教学模式不适应，产生困惑而造成心理失调；③新生作为大学中普通一员，与其以前在中学里作为佼佼者的感觉大不一样，这也是导致心理问题的诱因之一。大学新生对新环境不适应，如果得不到及时调整，便会产生失落、自卑、焦虑、抑郁等心理困扰。有的学生还会因长期不适应而退学。所以，应该特别注重对大学新生入学后的心理调适，帮助他们度过心理失衡期，成功地进行角色转换。

3. 认知监控能力

大学给了每个人独立的机会——生活独立，时间、金钱的支配独立，学习独立。但当梦想的独立生活开始后，他们却不能合理地安排时间和有效地利用记忆规律和各种咨询以帮助自己解决问题。缺乏自我监控使个别原先成绩不差的同学在大学里甚至面临补考的威胁，而由于考试所引发的紧张和焦虑导致了考试作弊等行为，而对该行为的严惩所引发的畏惧，对学生又形成新的压力。

4. 社交能力

人是社会的动物，我们不能离群索居，我们要生活要生存，别无选择地要处理与他人的关系。在中国这个伦理社会里，人际关系更为复杂和困难。任何自尊、有效的社交都是不容易的。现代青年学生的交际困难主要表现为不知道如何与人沟通，不懂交往的技巧与原则。有的同学有自闭倾向，不愿与人交往；有的同学为交际而交际，不惜牺牲原则随波逐流。导致青年学生交际困难有以下几个原因：首先，绝大部分青年学生的高中生活都是走读生活，加上紧张的学习压力，学生的团队生活很少，彼此相处的技巧没有得到锻炼。进入大学，同宿舍的同学要朝夕相处，但生活习惯、性格特点、自身修养都有所不同，因此，容易产生矛盾。其次，目前，学生多为独生子女，家庭对其教育不当造成一些负面效果，如任性自私、为所欲为，加上从小缺乏集体环境而导致缺乏集体感与合作精神。再次，家长的过分包办也使独生子女上大学后缺乏最起码的独立生活及为人处世的能力。由于交际困难，一方面，导致青年学生产生自闭偏执等心理问题；另一方面，因无倾诉对象，有问题的学生更会加重心理压力，还易导致心理疾病。最后，不少青年学生因交际困难而在网络的虚拟世界里寻找心理满足，也被网络本身的精彩深深吸引。所以，有些青年学生对网络的依赖性越来越强，每天花大量时间上网，沉湎于虚拟世界，自我封闭，与现实生活产生隔阂，不愿与人面对面交往。这样久而久之，会影响青年学生正常的认知、情感和心理定位，不利于健康性格和人生观的塑造。青年学生心理咨询实践中的人际关系问题，说明青年学生的社交能力不成熟。

5. 自知能力

青年学生对自己的状况的把握能力不足，对于自己的问题，不知道、不明白、不清楚，出现问题后，不知如何有效地解决。

6. 整体生存能力

人生活在复杂的社会中，要处理大量的问题，这些问题不仅仅是技术性的，而且是整体的，如在复杂的上下级关系中解决工作问题等，都不是单纯的智力能够解决的，青年学生比较缺乏这一方面的训练。

（三）认知与行为分离

知、行是我国传统哲学中的重要命题，知行命题曾引起长时间的争论。对于青年学生，知行不一致表现在如下几点。

1. 道德认知与道德行为的不统一

目前，我国正处在飞速发展的社会变革时期，人们忽视的价值观念可能难以适应剧变的社会。同时，道德认知是比较容易的，而道德行为是困难的。例如，我们都知道，在个人利益上，采取非公平性的方式取得自己的利益是不道德的，但是，个人利益的物质满足常常使人选择与道德认知不一致的行为，结果使两者不统一。青年学生表现得更明显，他们具有比较高的道德认知，但在行动中难以实施。

2. 情感与理性不统一

尽管现在的青年学生都承认民主的结构、对他人的理解、行为的自认、丰富的感情、与他人建立深厚关系的能力是健康人格所应具备的特征，但他们的理性与情感时常处于分离的状态，对他人他事依旧带有浓厚的个人好恶倾向。个人社会化历程的不同，家庭生活方式的差异所引起的对待事物态度上的不一致，个人生活风格的不统一是在同宿舍生活中产生人际摩擦的主要原因。日常生活中的饮食起居的不能相互妥协，自我本位倾向及潜在的乡土意识，使宿舍中常常有对立和隔膜。

青年学生的心理发育基本成熟，感情生活复杂，他们具有丰富的情感，情感的需求和体验在大学阶段是个体发展的高峰期，青年学生对情感方面的问题能否正确认识与处理，已直接影响到青年学生的心理健康。青年学生因恋爱所造成的情感危机，是诱发青年学生心理问题的重要因素之一。

(四) 性需要和性适应问题

青年学生性发育基本成熟。所谓性成熟，从生物学意义上讲，就是生殖系统具备了生育能力。现代社会由于物质生活和激素类用品的大量增加，世界性范围内均出现性成熟提前的现象。性成熟是青年学生身心健康发展的一个不容忽视的问题。在性问题上，青年学生面临不能协调的两难选择。一方面，性成熟产生了性的需要；另一方面，青年学生的角色转换和环境使其性需要不能够直接满足，要求青年学生将之升华和转移。心理学的研究也表明，性的需要不仅是生理性的，更重要的是后天社会学习的结果，因而可以产生性适应，即延缓性欲实现或满足的过程。尽管如此，青年学生性生理和性心理的需要仍然可能带来各种各样的有关问题。

第五章　青年学生的心理健康

>唯有人心相对时，咫尺之间不能料。
>
>——白居易

未来社会对人才心理素质的要求日益突出，青年学生中表现出来的心理问题已经引起了整个社会的关注。国内外学校工作实践证明，心理健康教育并不仅仅是一种方法、一种技术，更重要的是其体现了一种先进科学的教育理念，心理健康教育的普及有助于教育观念的更新和方法的改善。所以，加强学校心理健康教育，已经成为整个世界性的教育共识。世界各国因此把心理健康教育作为现代学校的一个重要标志。1999年的《中共中央国务院关于深化教育改革全面推进素质教育的决定》明确指出："针对新形势下青少年成长的特点，加强学生的心理健康教育，培养学生坚韧不拔的意志，艰苦奋斗的精神，增强青少年适应社会生活的能力。"切实提高学生的心理素质，认真研究和大力加强学生心理健康教育是非常必要的。

一、心理健康概述

健康是人类最基本的需求之一。学生的健康成长不仅需要有一个和谐宽松的良好环境,还需要帮助他们掌握正确有效的方法。开展心理健康教育是促进学生身心健康和全面发展的重要举措,可以为其成年以后直至终生的幸福奠定良好的基础。同时,也可以通过教育手段和方法,对学生的各种心理和行为问题尽早发现,尽早矫治。

(一) 心理健康的含义

关于健康内涵的认识,随着社会的发展以及人类自身认识的深化,正在发生着极大的变化,那种认为只要身体没有疾病、生理机能正常就是等于健康的观念正在被一种"立体健康观"所替代。1977年,美国学者恩格尔(G. L. Engel)在《科学》发表了《需要新的医学模式——对生物医学的挑战》,提出建立现代的医学模式——生物心理社会模式,即从生物、心理、社会的整体角度去研究人的健康、疾病和行为问题,实施现代的综合保健。1988年,F. D. Wolinsdy在其所著《健康社会学》中指出,健康应由心理尺度、医学尺度和社会尺度来评价。这种观念的变化与模式的提出,对行为障碍的病因探索、防治方法、预后转归都产生了一系列影响,健康的概念已从传统的生物医学模式走向生物-心理-社会模式。与之相应,健康的概念也超越了传统的医学模式,心理的健康成为"健康"概念和范畴中的必然而重要的组成部分。

1948年,世界卫生组织在其《世界卫生组织宪章》中开宗明义:健康不仅是没有疾病和病态(虚弱现象),而且是一种个体在身体上、心理上、社会上完全安好的状态。并提出了健康的10条标准:①有充沛的精力,能从容不迫地应付日常生活和工作压力而不感到过分紧张;②态度积极,乐于承担责任,不论事情大小都不挑剔;③善于休息,睡眠良好;④能适应外界环境的各种变化,应变能力强;⑤能够抵抗一般性的感冒和传染病;⑥体重得当,身体均匀,站立时头、肩、臂的位置协调;⑦反应敏锐,眼睛明亮,眼睑不发炎;⑧牙齿清洁无空洞,无痛感,无出血现象,牙龈颜色正常;⑨头发有光泽、无头屑;⑩肌肉和皮肤富有弹性,走路轻松匀称。

1989年,世界卫生组织又将健康的概念补充为:健康应包括生理、心理、社会适应和道德品质的良好状态。

由此可见,健康应包括生理、心理和社会适应等几方面。所以,一个健康的人,既要有健康的身体,还应有健康的心理和行为。只有当一个人的身体、心理和社会适应都处在一个良好状态时，才是真正的健康。

（二）心理卫生

"心理卫生"（mental hygiene）是在开展心理健康教育时经常遇到的概念。心理卫生，又称精神卫生，相对于生理卫生，其原意是维护和增进心理健康，减少心理和行为问题与疾病。它的含义除了包括指一门学科和一项服务工作，还专指人的心理健康及状态。维护和增进人的心理健康是心理卫生的最终目的。心理卫生是达到心理健康的手段。心理卫生的任务是探讨如何维护、增进心理健康的原则、措施及各种活动。所以，心理卫生和心理健康实质上是同一问题的不同表述。

心理卫生的思想起源最早可以追溯到古希腊时代。但是现代心理卫生运动却兴起于 20 世纪初。非常耐人寻味的是，它的发起人和倡导者是曾患精神病的美国人比尔·斯（C. W. Beers）。比尔·斯根据自己住院期间和出院后的亲身遭遇，特别是精神病治疗机构对病人的冷漠和虐待，以及公众对于精神病人的偏见和歧视，于 1908 年出版了著名的《一颗自我发现的心灵》。此书引起心理学家和社会大众的大力支持和强烈反响，由此开始了一场由美国发轫、最后遍及全世界的心理卫生运动。1908 年，世界第一个心理卫生组织——康涅狄格州心理卫生协会成立；1930 年，国际心理卫生委员会成立；1948 年，在联合国教科文组织主持下，成立了世界心理健康联合会。中国的心理卫生运动在 20 世纪 30 年代也开始起步，1936 年，成立了"中国心理卫生协会"，但因抗日战争爆发，实际未开展工作而名存实亡。1985 年，一个真正意义上的中国心理卫生协会终于成立，该学会的成立对我国心理卫生事业的发展起到了非常重要的推动作用。

（三）心理健康

心理健康（mental health）的概念是由心理卫生的概念延伸过来的。心理健康通常是指一种积极的心理状态。《简明不列颠百科全书》认为："心理健康是指个体心理的本身在环境许可范围内所能达到的最佳功能状态，不是指一种绝对的十全十美的状态。" 1946 年，第三届国际心理卫生大会对其定义为："所谓心理健康，是指在身体、智能以及情感上与他人的心理健康不相矛盾的范围内，将个人心境发展成最佳状态。具体表现为：身体、智力、情绪十分协调；适应环境、人际关系中彼此能谦让；有幸福感；在工作和职业中，能充分发挥自己的能力，过有效率的生活。"除以上定义表述外，人们还从不同的方面来进行解释。精神医学者孟尼格尔（K. Menninger, 1893—1990年）[（美国精神科医师，与他的弟弟及父亲在美国堪萨斯州（Kansas）共同成立了有名的精神治疗中心（Menninger Foundation）]。他认为："心理健康是指人们对环境及相互间具有高效率及快乐的适应情况，不只是要有效率，也不只是要能有满足感，或是能愉快地接受生活的规范，而是需要三者俱备，心理健康的人应能保持平静的情绪、敏锐的智能、适于社会环境的行为和愉快的气质。"心理学家英格里斯（H. B. English）给心理健康的定义是："心理健康是指一种持续的心理情况，当事者在那种情况下能进行良好的适应，具有生命力，并能充分发展其身心的潜能；此乃一种积极的丰富的情况，而不仅仅是免于心理疾病。"

临床心理师阿科夫（A. Arkoff）认为，心理健康是指具备"有价值心质"的人，即：①有幸福感；②和谐（指在情绪平衡，以及欲望与环境之间协调）；③自尊感（包含自我了解，自我认同，自我接纳与自我评价）；④个人成长（潜能充分发展）；⑤个人成熟（个人发展达到该年龄应有的行为）；⑥个人统整性（能有效发挥其理智判断力及意识控制力，积极主动，能应变）；⑦保持与环境的良好接触；⑧从环境中自我独立（独立自主，自由而自律）；⑨有效适应环境。

国内一些学者也根据自己的研究给出了心理健康的定义。有人认为，心理健康是人们对环境能高效而愉快地适应；也有人认为，心理健康应是一种积极、丰富而持续的心理状态，在这种状态下适应良好，具有生命活力，能充分发展其身心潜能而绝非仅仅没有心理疾病；还有人认为，心理健康表现为积极性、创造性和人格统一，有行动热情和良好的社会适应力。较为普遍的观点认为心理健康是能够充分发挥个人的最大潜能，以及妥善处理和适应人与人之间、人与社会环境之间的相互关系。具体而言，心理健康包括两层含义：一是与绝大多数人相比，其心理功能是正常的，无心理疾病；二是能积极调节自己的心理状态，顺应环境，能有效地富有建设性发展完善个人生活。基于以上观点，总的来看，心理健康是指个体在适应环境的过程中，生理、心理和社会性方面达到协调一致，保持一种良好的心理功能状态。

(四) 心理健康理论的基本观点

1. 国外相关心理健康理论的基本观点

（1）精神分析学派的基本观点。精神分析理论的主要观点是：人格的合理构造、均衡与协调是心理健康的基础。弗洛伊德把人的心理构造分为能意识到的部分和不能意识到的部分，后者称之为潜意识。潜意识在心理健康中意义非常重要，弗洛伊德特别强调对人的问题行为和被意识所压抑的各种欲求，对感情的动力关系的理解及其意义的解释等几大问题。心理障碍是人的潜意识与意识之间的不平衡所致。潜意识是深层心理活动，它发源于人的本能需要，以本能冲动和欲望的形式表现出来，具有强大的心理能量。人们由于受到各种社会道德规范的约束，很多本能的冲动和欲望会被意识强行地压抑到潜意识中去。当被压抑到潜意识里的冲动用歪曲的方法表达出来，往往就形成了心理障碍，所以，压抑到潜意识中的心理冲突是产生心理疾病和精神障碍的根本原因。例如，当一名大学生对母亲依恋的需要在受到压抑，他可能采取与比自己年长不少的女性谈恋爱的方式来满足这种需要。弗洛伊德所创造的自由联想法，能让压抑在潜意识的欲望再现，使潜意识的症结意识化，认清自我防御的本质，建立正确与健康的心理结构，摆脱心理障碍。

新精神分析学派在此基础上进一步提出，除了强调个人潜意识影响，还应看到社会文化的影响作用，这种思想使得精神分析更加符合实际，也更容易被人们所接受。荣格（G. Jung，1875—1961）是新精神分析学派的代表人物之一，他认为人类在更深的心理层次（他称为集体无意识）上是统一的，导致现代人心理障碍的重要原因之一是两极化思维——看待事物要么好，要么不好，两者水火不容。解决的办法是帮助来访者弄清对立者为何物，而后帮其认识到这种对立本身是一种假象，真实状况是所有对立的两极在更深层次上是相互依赖和统一的。

阿德勒（A. Adler，1870—1937年）以强调自我和自我实现对心理动力学理论做出了贡献。人们趋向于保持一个一致和满意的自我概念，他提出了保护积极自我观念的心理防御、强调社会力量（生活）和人际联系在人格发展中的作用，与朋友和家庭的亲密联系及社区生活的兴趣被看作对自身权利的满意，并不是性或攻击欲望的间接满足，强调未来对人的行为的影响。根据他的理论,精神病患者是那些自我感觉非常低劣或无价值的人,这样的感觉来自于儿童期。

霍妮(K. Homey,1885—1952年)认为,人的心理障碍来自真实自我与理想自我之间的激烈冲突。一个人应学会面对真实的自我,放下各种负担,痛痛快快地享受一下这个自我目标,在真实自我和理想自我之间做一个合理的妥协,她称之为"自我实现法"。

沙利文(H. S. Sullivan,1892—1949年)强调人际关系在心理健康中的作用。他认为应设法恢复患者潜意识中人际关系的安全感,才可降低其身心紧张和焦虑,并可弥补早期家庭教育中的不足和过失,有助于心理疾病的康复。

(2)行为主义学派的基本观点。行为主义心理学认为,人的行为,不管是功能性或非功能性的,正常的或病态的,都是经过学习而获得,而且也可以通过学习而更改、增加或消除。如果受到奖赏或能获得令人满意的结果,就容易掌握且能维持;相反,受到处罚或获得令人不悦的结果,就较不容易学习或维持。因此,操作这些奖赏或处罚条件,就可控制行为增减或改变方向。也就是说,人的病态心理及病态行为既可以通过学习获得,也可以通过学习而改变或消失。

行为主义不关心所谓"潜意识"或"内在精神情结",也不追溯幼年期的致病根源,而是把着眼点放在当前可观察的非适应性行为问题,强调通过学习和训练,提高人的自我控制能力,通过控制情绪、调整行为及协调内脏生理活动,来矫正异常行为,消除心理障碍。具有典型代表性的行为主义理论有:巴甫洛夫(I. Pavlov,1849—1936年)的条件反射学习理论,华生(J. B. Watson,1878—1958年)的刺激—反应(S-R)理论,托尔曼(E. C. Tolman,1886—1959年)的整体行为模式和中介变量理论,斯金纳(B. F. Skinner,1904—1990年)的操作性条件反射学习理论,班杜拉(A. Bandura,1925—)等人提出的社会学习理论。基于行为主义理论的行为主义心理治疗至今仍广泛应用于各种心理疾病的治疗。

(3)人本主义心理学的基本观点。人本主义心理学认为,健康的人将主动向外在的实现成就的目标前进,如马斯洛(A. H. Maslow,1908—1970年)的需求层次理论、"自我实现"理论,罗杰斯(C. R. Rogers,1902—1987年)所说的"潜能在其中得到完全发挥的成长过程"或弗兰克所说的"超越自我"。人本主义心理学家不同意精神分析学只研究不正常的人——神经症患者和精神病患者,而忽视对健康人积极心理品质的研究,也反对行为主义心理学把人当作"一只较大的白鼠或一架较慢的计算机"的机械论观点，主张心理学和心理治疗的研究应以人为中心。他们认为，生活的目标就是一个实现他自己信仰的某种价值，目标实现是一个自主过程，但受挫时，如人体验到衰老并充满忧虑时，自我实现的目标也许会泯灭，安于现状的欲望就突出了，此即马斯洛所说的成长性动机和缺乏性动机之间的斗争，这也是为什么会出现心理的冲突、焦虑、罪恶感的原因。面对冲突，人会有一种积极的适应方式，那就是创造性认识和创造性努力，这给人带来的欢乐是无与伦比的。创造性，作为人本主义心理学的核心，其意义还在于人是自己存在的一个主动的中介。在追求自我实现、自我完善的目标过程中，人本主义心理学发现了人类生活的四种基本倾向：①追求个人在性、爱情、自我认识上的满足；②为了适应、归属和获得安全感的目的，自我控制适应过程的趋向；③自我表达和创造性成长的趋向；④整合或保持秩序的趋向。个人的很多心理矛盾与心理冲突，都可以在生活中的这些基本趋向中找到。

（4）心理生理学派的基本观点。心理生理学派是心身医学体系在其形成过程中，研究心身疾病的一个发展方向。著名的生理学家坎农（W. B. Cannon，1871—1945 年）在 20 世纪 30 年代提出情绪心理学说，他指出强烈的情绪变化（恐惧、发怒等）会使动物产生"战斗或逃避"的反应，通过植物性神经系统影响下丘脑激素的分泌，导致心血管系统活动的改变。如果不良情绪长期反复地出现，就会引起生理功能紊乱和病理改变。加拿大生理学家塞里（Han Selye，1907—1982 年）提出了应激适应机制学说。应激（stress）是个体对有害因素的抵御引起的一种非特异性反应，表现为一般适应综合征（general adaptation syndrome，GAS）。一般适应综合征分为警戒期、抵抗期和衰竭期三个阶段。警戒期动员个体内部做好应付外界紧张刺激的准备；抵抗期个体内部防御力量已经抗衡紧张刺激，使生理和心理恢复平衡；衰竭期是指在多种紧张刺激或一种持久反复的紧张刺激下个体的抗衡力量达到衰竭的地步，个体失去了应变能力，出现了焦虑、头痛、血压升高等一系列症状而最后导致有关心身疾病的产生。

心理生理学派近代的代表人物之一是美国的沃尔夫（H. G. Wolff）。他经过 30 多年的实验室以及临床观察和研究，例如，通过胃瘘观察情绪因素对胃的运动、张力、黏膜血管舒缩和分泌的影响，发现在情绪愉快时，黏膜血管充盈，分泌增加；在愤怒、仇恨时，黏膜充血，分泌和运动大大增加和增强；而在忧郁、自责时，黏膜苍白，分泌减少，运动也受到抑制。这些生理变化如持续下去就会发生病理变化，导致心身疾病时的结构性改变。他支持塞里的应激适应机制的理论。由于在他的实验设计中研究对象是有意识的心理因素，心理刺激可以定量，所造成的生理和病理变化可以测量，实验结果可以比较和重复，即可用数量来表示研究的变量，因此，他所开创的这一心理生理的研究方法，在20世纪50年代以后成为研究心身疾病的主要方向。

心理生理学派还认为，情绪影响躯体器官的生理活动程度还要取决于遗传素质（易感性素质）和个性特征。有意识的心理活动，对外界刺激的认知、评价是机体生理机能的主动调节者，是导致疾病或促进健康的关键因素。如果察觉外界刺激具有威胁性，就会产生焦虑、恐惧或愤怒的情绪；如果认为它是良好的信息，就会产生愉快、喜悦或兴奋的情绪。这种消极的或积极的情绪的产生，因各人个性差异和对外界刺激的主观评价而又有很大的不同。在森林里与在动物园里看到老虎所产生的心理、生理反应是迥然不同的。亲人亡故往往产生悲伤情绪，但也有人对久病不愈、长期侍候、经济负担过重或感情不融洽的亲人的死亡，却产生如释重负、松一口气的情绪，而不成为精神创伤。后来，沃尔夫等人还进一步研究了心理社会因素对健康和疾病的影响。

该学派同时认为应激反应对心理、生理的影响程度与遗传素质和个性特征有关。

（5）认知心理学派的基本观点。认知心理学的代表人物有艾利斯（A. Ellis, 1913—2007年）、贝克（A. T. Beck, 1921— ）梅肯鲍姆（D. H. Meichenbaum, 1940— ）等。他们认为，心理问题的病因根源于普通的心理过程，诸如有瑕疵的思考、根据不正确或不充分的信息就妄下不正确的推论，以及未能分清楚幻想与现实。我们每个人都生活在自己个体所持有的现象视野中，即依我们的个人所见或我们的认识去建立我们各自的、主观性的四周现象。就算是同样的客观现象，因我们的知觉与看法的不同而会有不同的主观性认知范围。认知产生了情绪及行为，异常的认知产生了异常的情绪及行为。认知是情感和行为的中介，情感问题和行为问题与歪曲的认知有关。人们早期经验形成的"功能失调性假设"或称为图式，决定着人们对事物的评价，成为支配人们行为的准则，而不为人们所察觉，即存在于潜意识中。一旦这些图式为某种严峻的生活实践所激活，则有大量的"负性自动想法"在脑中出现，即上升到意识界，进而导致情绪抑郁、焦虑和行为障碍。也就是说，一个人的心理与行为常与本人对己、对人、对事的认知与看法有关，而且其非适应或非功能的心理与行为，常常受不正确或歪曲的认知影响而产生。假如更改或修正其曲解的认知，则可改善其心理与行为。

（6）精神心理学的基本观点。瑞士兰德学院院长丹尼什（H. B. Danesh）教授根据他30多年心理健康工作的经验，在寻求人生的意义之中，提出了精神心理学的观点。他认为随着人类的成熟，通过科学的帮助和人的自然成长，生活的物质因素对人的制约会减少；随着精神在人类生活中占据主导地位，人类将越来越多地收获爱的成果、智慧的成果和真正自由的成果。他认为人类有三种重要的力量，就是知识、爱和意志，团结、真理、服务是人类精神生活的伟大目标。人们只有在求知、求爱和意志的自我控制中，才能获得健康的心理。在物质生活与精神生活失衡的年代里，人的心理也由此失衡。因此，从物质的、技术的、功利的统治下拯救精神，这就是时代的要求、时代的呼声。丹尼尔提出精神心理学的观点，是人类走向健康与成熟的标志。

2. 我国相关心理健康理论的基本观点

学术界论及心理健康起源时，往往言必称西方，这是片面的。文明古老的中国亦有心理健康思想的可以研究，而且明白了传统中国文化的心理健康有关概念，我们才能明白中国人的心理健康的深层文化意义，这种心理健康概念，本源于中国的传统文化和观念，特别是传统医学，传统道家、儒家的思想。

从传统医学的角度来看，个体的心理健康源于身心的调适和与外在自然的配合。黄帝内经提到"志闲而少欲，心安而不惧""外不劳形于事，内无思想之患。以恬愉为务，以自得为功"（《黄帝内经·素问·上古天真论》）。从这段文字去看，传统医学角度的身心调适是：志闲而少欲——个人欲望的约束，不要有过分的志向；心安而不惧——身心不惧怕，注重平安与平衡；外不劳形于事——外在不营营役役于事务上；内无思想之患——内心不会被许多挂虑而纠缠；以恬愉为务——做一些自己喜悦和愉快之事；自得为功——欣赏自己的成就和收获。换言之是约束自己的欲望、思想、志向，在简朴节俭的生涯中自得其乐，舒适地过每天的生活。所以基本上中国古代医学的取向是摄生，倡导弃世离俗、平淡冲和。

从儒家的思想和取向去看，儒家的思想是约束自我以达致中庸之道。中庸之道是维护心理平衡、塑造人格的根本思想法则，而修身养性与人的心理平衡有着密切关系，失之"正中"的不良情绪会破坏心理平衡，影响人的身心健康。其中，包括：①约束情绪的表达——"喜怒哀乐之未发，谓之中；发而皆中节，谓之和。中也者，天下之大本也；和也者，天下之达道也"（《中庸》），意思是中庸之道在情绪之节制，而达而中节和谐，凡事有所节约，以达中庸之道。②仁义忠恕——"己欲立而立人，己欲达而达人""君子喻于义，小人喻于利""夫子之道，忠恕而已矣"（《论语》），意思是内在心理健康需要有高远的心智、道德的超越。这种内在道德超越境界源于以仁义忠恕为己任，以便个体能立己立，成为既约束，又是谦谦君子。③正名——"君君、臣臣、父父、子子""必也正名乎"（《论语》），意思是指个人的心理健康在于人依从自己的社会位份，作君之要似人君，作臣的要言行谦逊似臣子，作为父亲的要似父亲的尊严、言行、责任，作为儿子要作孝顺跟从双亲。只有在名正言顺的情况下，人的言行和心态才能平静和协调。④积极的生活态度——《论语》里的君子就具备这种态度，如"力行近乎仁"，君子当"先行其言"；尽性知命——"智者不惑，仁者不忧，勇者不惧"（《论语》），意思是指人面对不可为之事，只有努力而为之。有智慧的人不会疑惑，有仁义之人不会忧虑自己做之事，有勇气的人不恐惧自己的为。在不惑、不忧、不惧、尽性知命中约束自己，努力向前，胸怀仁义忠恕，在自己的责任和道义上过一生。

　　从传统道家来看，首先是道的无与有："道可道，非常道；名可名，非常名。""无天地之始，有万物之母。""道"是指天地之始，天地之源，宇宙万物自我运行之道与规律。"无"是"有"的相对，无是指"无限""无尽""空"与内在的超越；有是指"存有""存在"。意思是个体应在无限中超越自己，依从宇宙天地万物的运行和规律去体现自己，从无限中体现自己的存在其他价值。其次是道的正反相合："福兮祸之所依，祸兮福之所致。""有无相生，难易相乘。"（《老子》）意思是万物运行有彼此相依，互相依赖、互相克制，很多事物和事件其实都是相对而言的，有和无相对、祸和福相对、难和易相对；在难中有易，在福中有祸，在祸中有福。认识了这种相对、正反互动的道理，人对困难、容易、得失祸福就会看得透，在福中不会过喜，在祸中不会过虑，以平淡的心态面对人生。再次是超越有限，与无限相合。《庄子》提到"天地与我并生，万物与我齐一""至人无己，神人无功，圣人无名""至乐无乐"。庄子认为，最大的至乐是放开自我和世上的局限，在宇宙万物的规律中与自然融为一体。只有在宇宙规律的层面上认识问题，人才能逍遥自在，与天地万物共生共存。一个真正超脱的人不过分计较自己的存在和名分；一个全神贯注的人不过分计较功绩成就；一个超凡脱圣的人不过分计较名分；只有无己、无功、无名的状态下，人才能达到"至乐无乐"的最高境界。

（五）心理健康的标准

关于心理健康的标准，学者众说纷纭。如卡普兰所说："许多人都试图定义心理健康，但是这是一个混合的领域，难以给予精确的定义，它不仅包含知识体系，也包含生活方式、价值观念以及人际关系的质量。"

1. 国外学者提出的心理健康标准

（1）美国学者坎布斯（A. W. Combs）认为："一个心理健康、人格健全的人应有四种特质：①积极的自我观；②恰当地认同他人；③面对和接受现实；④主观经验丰富，可供取用。"

（2）美国心理学家马斯洛和密特尔曼提出心理健康的 10 条标准：①是否有充分的安全感；②是否对自己有充分的了解，并能恰当地评价自己的能力；③自己的生活和理想是否切合实际；④能否与周围环境保持良好的接触；⑤能否保持自身人格的完整与和谐；⑥是否具备从经验中学习的能力；⑦能否保持适当和良好的人际关系；⑧能否适度地表达与控制自己的情绪；⑨能否在集体允许的前提下，有限度地发挥自己的个性；⑩能否在社会规范的范围内，适度地满足个人的基本需求。

（3）1958 年，英国社会心理学家玛丽·亚霍达（M. Jahoda，1907—2001 年）指出，大部分的心理障碍（disorders）是由人际间的互动与困扰所造成、习得。对于心理健康的概念，她做了相当详尽的研究。她指出，心理健康可以三种方式看待：首先，心理健康是性格特质的表现，是一种如性格一样，相对地稳定和持久的状态；换句话说，精神健康是理想的人格。其次，心理健康并不稳定、持久，只是一时间的状态；这状态随着内在、外在环境的不同而变化，是人格和环境交往下产生的状态。最后，心理健康可以用一些理想的心理品质来衡量，以个别社群的文化特质和行为准则，作为依据。同时，她综合了马斯洛、罗杰斯等人的观点，归纳了 6 项心理健康的标准。①对自我的态度。这种态度包括：能客观地了解自己的经验、情感、能力与意见的程度（自我认识）；能整体接纳自己优缺点的程度（自我悦纳）；能统整自己的各种属性，并明确地加以认识，能区别自己和别人承担的角色责任（角色认同）等要素。一个心理健康的人在这些要素方面表现出较优秀的水准。②成长、发展与自我实现。一个心理健康的人，能坚定不移地朝向自我的目标迈进，尽全力采取积极的行动以达到自我实现。在生活中对工作、对别人关心，愿意为工作与他人献身，并能与他人产生共鸣。③整合的人格。人格是由3个层面整合而成的——第一，"心力的平衡"，即本我、自我和超我三者处于平衡状态的人格结构；第二，"对人生的统一性态度"，即理想自我与现实自我之间的一致性；第三，"对压迫的抗衡"，即对挫折的忍受程度或自我强度。④自律性。自律乃是个人能否独立于其所处的环境，以及能否自己做出决定。如果缺乏自律性，个人只能对环境的刺激做出被动的反应。反之，个人如果能自己做出决定，以及在对自己的行为负责的状态下展开行动，那么便是一个心理健康的人。⑤对外界环境知觉的精确程度。它是指个体对于周围环境了解的程度，或能否使自己认知的误差缩小到最低的限度。一个人如果对其处在的环境没有精确的认知，便无法采取适当的对应行动，容易陷入不适应的状态。因为潜存于个人内心的欲望、愿望、焦虑、不安等情绪因素，会扭曲人所知觉到的事实。因此，如能了解到这一点，并能将自己所认知的内容与现实环境作一番对比，以修正自己的认知，或能采纳别人的意见，即使他面对压力，也能依据较正确的认知而采取更适当的反应行为。⑥支配环境。这是指人不仅要适应环境，还要能主动地向其所处的环境挑战，改变自己的生存环境。

（4）美国心理学史专家舒尔兹（Schulth，1977年）归纳出以下5项心理健康的标准：①能够控制自己的生活。人无法永远保持理性，但起码应该能够有意地引导自我的行动，并能接纳自己的命运。这与亚霍达综合的第一、第四项类似。②能认识自己是怎样的一个人。能充分了解自己的强与弱、长处与短处，要悦纳属于自己的一切，让自己保持本来面貌，而不加以伪装。这与亚霍达综合的第一项相近。③能正视现实。人虽然或多或少要受到幼儿时期经验的影响，但一个心理健康的人，也并非像弗洛伊德（S. Freud）所说的，"对于过去，人是一个无力的附庸者"。其次，人固然应放眼未来的目标，或怀抱远大的志向，但是目光的焦点也应该关注现在正在进行的事务。④能向新目标或新经验挑战。⑤独特性的人格特质。

（5）哈维格斯特（R. J. Havighurst，1952年）综合许多心理学家的意见，认为个体具有以下9个有价值的心理特质即为心理健康：①幸福感，这是最有价值的特质；②和谐，包括内在和谐及与环境的和谐；③自尊感；④个人的成长,即潜能的发挥;⑤个人的成熟;⑥人格的统整;⑦与环境保持良好接触;⑧在环境中保持有效的适应;⑨在环境中保持相对独立。

(6) 斯柯特(Scott,1968年)提出多达10类共75条心理健康标准:①一般的适应能力:灵活性,把握环境的能力,适应和对付变化多端的世界的能力,阐明目的并完成目的的能力,顺利地改变行为的能力等;②自我满足的能力:适度满足个人需要,对日常生活感到乐趣等;③人际间各种角色的扮演:完成个人社会角色,行为与角色一致,社会关系适应,行为受社会的赞同,与他人和谐相处的能力等;④智慧能力:知觉的准确性,心理功能的有效性,认知的合理性,有解决问题的能力等;⑤对他人的积极态度:关心他人,信任、喜欢他人,待人热情等;⑥创造性:对社会有所贡献,有主动精神;⑦自主性:情感的独立性,能自力更生等;⑧完全成熟:自我实现,个人成长中,在相反力量之间得以平衡,成熟的而不自相矛盾的动机,自我利用,具有把握冲动、能量和冲突的综合能力,保持一致性等;⑨对自己有利的态度:控制感,任务完成的满足感,自我接受,自我认可,自尊,面对困难有解决问题的信心,积极的自我形象,自由和自决感,摆脱自卑感,有幸福感;⑩情绪与动机的控制:对挫折的耐受性,有控制焦虑的能力,有道德,有勇气,有自制力,对紧张的抵抗力,有道义,诚实、率直。

(7) 美国人格心理学家奥尔波特认为心理健康包括七个方面:①自我意识广延;②良好的人际关系;③情绪上的安全性;④知觉客观;⑤具有各种技能,并专注于工作;⑥现实的自我形象;⑦内在统一的人生观。

2. 国内学者提出的心理健康标准

(1) 严和侵(1980年)提出6条心理健康的标准:①有积极向上、面对现实和环境的能力;②能避免由于过度紧张或焦虑而产生病态症状;③与人相处时,能保持发展融洽互助的能力;④能将其精力转化为创造性和建设性活动的能力;⑤有能力进行工作;⑥能正常进行恋爱。

(2) 王效道(1990年)提出,正常心理应具备下列8项标准:①智力水平在正常范围以内,并能正确反映事物;②心理行为特点与生理年龄基本相符;③情绪稳定,积极与情境适应;④心理与行为协调一致;⑤社会适应,主要是人际关系的心理适应协调;⑥行为反应适度,不过敏,不迟钝,与刺激情景相应;⑦不背离社会规范,在一定程度上能实现个人动机,并结合生理要求得到满足;⑧自我要求与自我实际基本相符。他还认为心理水平可从适应能力、耐受力、控制力、意识水平、社会交往能力、康复力、道德愉快甚至于道德痛苦等七个方面加以评量。

（3）林崇德认为，心理健康标准的核心是：凡对一切有益于心理健康的事件或活动做出积极反应的人，其心理便是健康的。对于学生心理健康在每个方面的具体标准，很难逐条列出。但是，大体可从以下三个方面加以概括。①敬业。学习是学生的主要活动，心理健康的学生能够进行正常的学习，在学习中获得智力和能力，并将智力和能力用于进一步的学习中。由于在学习中能充分发挥智力和能力的作用，就会产生成就感，成就感不断得到满足，就会产生乐学感，如此形成良性循环。具体表现为：a. 成为学习的主体；b. 从学习中获得满足感；c. 从学习中增进体脑发展；d. 从学习中保持与现实环境的接触；e. 从学习中排除不必要的恐惧；f. 从学习中形成良好的学习习惯。②乐群。学生的人际关系主要涉及亲子关系、师生关系和同伴关系等。学生处理人际关系的能力直接体现了其心理健康水平。具体表现在：a. 能了解彼此的权利与义务；b. 能客观地了解他人；c. 关心他人的需要；d. 诚心地赞美和善意地批评；e. 积极地沟通；f. 保持自身人格的完整性。③自我修养。心理健康的人了解自我，并悦纳自我。主要表现在：a. 善于正确评价自我；b. 通过他人来认识自己；c. 及时正确地归因；d. 扩展自己的生活经验；e. 根据自身实际情况确立抱负水平；f. 具有自制力。

（4）樊富珉提出大学生心理健康的7个标准：①能保持对学习较浓厚的兴趣和求知欲望；②能保持正确的自我意识，接纳自我；③能协调与控制情绪，保持良好的心境；④能保持和谐的人际关系，乐于交往；⑤能保持完整统一的人格品质；⑥能保持良好的环境适应能力；⑦心理行为符合年龄特征。

（5）王希永等认为，心理健康的标准可以概括为：①智力五常，思维方式正确，能辩证地看待社会、看待自己、看待一切事物；②具有高尚的情感体验，能控制自己的情绪；③正确对待困难和挫折，不苛求环境，不推卸责任，有战胜困难的信心、勇气、毅力，有创新意识和开拓精神，顺利时不骄傲自满；④需要是合理的，动机是可行的，有理想、有追求、有社会责任感，精神生活充实；⑤具有自觉的社会公德，具有社会所赞许的道德品质，能恰当地处理好人际关系；⑥经常处于内心平衡的满足状态，出现心理不平衡时，自己可以及时地、成功地进行调整。

（6）李百珍提出7条标准：①心理健康者了解自我、接纳自我，能体验自我存在的价值；②心理健康者正视现实、接纳他人；③心理健康者能协调、控制情绪，心境良好；④心理健康者有积极向上的、现实的人生目标；⑤心理健康对社会有责任心；⑥心理健康者心地善良，对他人有爱心；⑦心理健康者有独立、自主的意识。

(7) 黄氓眠认为，心理健康的标准有：①能进行正常的学习、生活和工作；②能与他人和睦相处，保持良好的人际关系；③具有健全的人格；④具有良好的情绪体验；⑤具有正常的行为；⑥有正常的心理意向；⑦有良好的适应能力及对紧急事件的适应能力；⑧有一定的安全感，有信心和自立性。

(8) 郑日昌认为心理健康包括：①正视现实；②了解自己；③善与人处；④情绪乐观；⑤自尊自制；⑥乐于工作。

(9) 陈永胜把心理健康标准归纳为以下10点：①认知健康适应；②情感饱满适度；③意志坚强可控；④个性和谐统一；⑤人际关系和谐；⑥杜绝心理异常；⑦自我意识客观；⑧社会适应良好；⑨人生态度积极；⑩行为表现规范。

(10) 王极盛等认为，人的心理健康标准应包括6个方面：①智力正常；②情绪健康——情绪稳定与心情愉快是情绪健康的重要标志；③意志健康——行动的自觉性和果断性是意志健康的重要标志；④统一协调的行为——一个心理健康的人，他的行为是一致的、统一的，思想与行动是统一的、协调的，他的行为有条不紊，做起事来按部就班；⑤人际关系的适应。

(11) 台湾学者王沂钊提出以下6项作为衡量个人心理是否健康的准则：①要有工作而且乐于工作（这是人性最高的心理需求和快乐的来源）；②要有朋友而且乐于与他人交往（通过与人分享心情，体会爱的幸福感，能够稳定情绪）；③要适当地了解自己并且悦纳自己；④能客观地评估他人与认可他人；⑤能与现实环境维持良好的接触；⑥经常保持满意的心情。

(12) 台湾学者黄坚厚在1982年提出了衡量心理健康的4条标准：①乐于工作，能在工作中发挥智慧和能力，以获取成就和满足；②乐于与人交往，能和他人建立良好的关系，与人相处时正面态度多于反面态度；③对自己有适当的了解和悦纳的态度；④能与环境保持良好的接触，并能运用有效的方法解决所遇到的问题。

3. 关于一般人（包括青少年学生）心理健康的标准

以上关于心理健康的概念与标准的理解，角度有所不同，但基本理念是一致的。其实，心理健康是一个相对概念，心理健康与否是一个动态的过程，不是固定不变的。从不健康到健康只是程度不同而已，正常与异常是相对的，不像生理健康那样具有精确的、易于度量的指标。因此，综合各家观点，参照现实社会生活及人们的心理和行为表现，现代人和青少年学生的心理健康标准应以从如下几个方面来考虑。

（1）智力发展正常。智力，是人的观察力、注意力、记忆力、想象力、思维力、创造力及实践活动能力等的综合，包括在经验中学习或理解的能力，获得和保持知识的能力、迅速而成功地对新情境做出反应的能力、运用推理有效地解决问题的能力等。这些是大学生学习、生活与工作的基本心理条件，也是适应周围环境变化所必需的心理保证。一般而言，智商在130以上，为超常；智商在90以上，为正常；智商在70～89，为亚中常；智商在70以下，为智力落后。

（2）情绪乐观健康。其标志是情绪稳定和心情愉快。有人认为，快乐表示心理健康如同体温表示身体健康一样的准确。一个人的情绪适中，就会使整个身心处于积极向上的状态，对一切充满信心和希望。情绪乐观健康包括的内容有：愉快情绪多于负性情绪，乐观开朗，富有朝气，对生活充满希望；情绪较稳定，善于控制与调节自己的情绪，既能克制又能合理宣泄自己的情绪，情绪的表达既符合社会的要求又符合自身需要；在不同的时间和场合有恰如其分的情绪表达，情绪反应与环境相适应，反应的强度与引起这种情境相符合。

（3）意志品质健全。意志是人在完成一种有目的的活动时进行的选择、决定与执行的心理过程。意志健全指行动的自觉性、果断性、顽强性和自制力等方面都表现出较高的水平。行动的自觉性是对自己的行动目的有正确的认识，能主动支配自己的行动，以达到预期的目标；行动的果断性是善于明辨是非，适当而又当机立断地采取决定并执行决定；行动的顽强性是在做出决定、执行决定的过程中，克服困难、排除干扰、坚持不懈的奋斗精神。反应适度是意志健全的主要组成部分，也是心理健康的外在表现之一。反应适度是说明人的行为表现协调有度。主要表现为：意识和行为一致，即言行一致；为人处事，合情合理，灵活变通；在相同或相类似情境下，行为反应符合情境，并不过分，也不突然。意志健全的大学生在各种活动中都有自觉的目的性，能适时地做出决定并运用切实有准备的方式解决所遇到的问题，在困难和挫折面前，能采取合理的反应方式，能在行动中控制情绪和言而有信，而不是行动盲目、畏惧困难、顽固执拗。

（4）人格完整统一。人格是个体比较稳定的心理特征的总和。人格完善就是指有健全统一的人格，个人的所想、所说、所做都是协调一致的。人格完善包括人格结构的各要素完整统一；有正确的自我意识，不产生自同一性混乱，以积极进取的人生观作为人格的核心，并以此为中心把自己的需要、目标和行动统一起来。一个人的人格一经形成，就具有相对稳定的特点，因此，形成一个统一的、协调的人格和形成一个残缺的、失调的人格，其性质对心理发展和精神表现的影响是截然不同的。

（5）自我评价正确。正确的自我评价是大学生心理健康的重要条件。大学生在进行自我观察、自我认定、自我判断和自我评价时，能做到自知，恰如其分地认识自己，摆正自己的位置。既不以自己在某些方面高于别人而自傲，也不以某些方面低于别人而自卑。面对挫折与困境，能够自我悦纳，喜欢自己，接受自己。自尊、自强、自制、自爱适度，正视现实，积极进取。

（6）人际关系和谐。良好而深厚的人际关系是事业成功与生活幸福的前提，表现为：乐于与人交往，既有广泛而深厚的人际关系，又有知心朋友；在交往中保持独立而完整的人格，有自知之明，不卑不亢；能客观评价别人和自己，善于取人之长补己之短，宽以待人，乐于助人，积极的交往态度多于消极态度，交往动机端正。

（7）社会适应正常。个体应与客观现实环境保持良好秩序。既要进行客观观察以取得正确认识，以有效的办法应付环境中的各种困难，又要根据环境的特点和自我意识的情况努力进行协调，或改变环境适应个体需要，改造自我适应环境。

（8）心理行为合理。心理行为合理是指心理行为符合大学生的年龄特征。人的一生包括不同年龄阶段，每一年龄阶段其心理发展都表现出相应的质的特征，称为心理年龄特征。一个人心理行为的发展，总是随着年龄的增长而发展变化。如果一个人的认识、情感和言语举止等心理行为表现基本符合他的年龄特征，是心理健康的表现；如果严重偏离相应的年龄特征，心理发展严重滞后或超前，则是行为异常、心理不健康的表现。大学生是处于特定年龄阶段的特殊群体，大学生应具有与年龄、角色相适应的心理行为特征。

4. 对心理健康标准的认识

我们在讨论心理健康标准时，需要注意如下几个方面的问题。

（1）心理健康是一个动态、文化的概念。事实上，不健康的心理可能是人在发展中不可避免的发展性问题，但随着个体的心理成长而逐渐调整而趋于健康。从这个意义上看，心理健康的标准是一种理想尺度，它既为人们提供了衡量心理是否健康的标准，也为人们指出了提高心理健康水平的努力方向。同时，心理健康是一个文化的、发展的概念。在同一时期，心理健康标准会因社会文化标准不同而有所差异，特定的社会文化对心理健康的要求，取决于这种社会文化对心理健康的各种特征的价值观念。心理健康不是一种固定不变的状态，而是一个变化和发展的过程。邓恩曾将理想的健康或高水准的健全状态看作是"一种机能整合的方式，它使个体发挥最大的潜能，它要求个体在所处的环境中保持连续的平衡和有目标的方向"。根据邓恩的看法，健康不是一种固定状态和水准，而是趋向更高机能潜在力量的进步方向。健康具有整体性，它是生存、自我更新和创造性的调整及实现的良好状态。易言之，健康是没有止境的，每一个人都应该追求心理健康和心理发展的更高层次，以充分发挥自身潜能，达到自我实现。

（2）心理健康是一种积极的社会适应。许多学者在论述心理健康的标准时都将社会适应作为重要的指标。适应有两种：一种是消极的适应，指个体被动地适应环境；一种是积极的适应，指个体一边调整自我的需求，一边试图改变环境的条件，改造环境。心理健康不只是个体的问题，也是群体与社会的问题，我们不能认为适应于病态、不健康社会中的人的心理是健康的。

人不是一个被动的客体，而是一个富有创造性的、具有自主发展的主体。人不但要积极适应环境，还要勇于改造环境。有人强调心理健康的标准应该是生存标准和发展标准兼顾。生存标准是个人生命存在，更强调适应环境，顺应社会主流文化；而发展标准则着眼于个人与社会的发展，追求最有价值地创造生活，强调能动地适应和改造环境，通过开掘个人最大身心潜力，求得身心满足，成为崇高、尊严、自尊的人。

（3）心理健康是健全的人格发展过程。心理健康是人的知、情、行统整的过程。目前，心理辅导比较注重人的情绪层面和行为层面的问题，更重视人的价值观、人生观、道德认识观等的形成和发展。心理健康标准若不把道德标准纳入进去，实际上是一个有缺陷的、不健全的心理健康标准。

（4）心理健康具有相对性。所谓相对性是指心理健康只有在与同一年龄的人心理发展水平的比较中，才能显现其价值。而人与人之间的个别差异，地域与地域之间、民族与民族之间、国与国之间的社会文化背景差异，又决定了心理健康标准不能绝对化。以上，我们只是粗线条地勾勒出心理健康标准，深入研究这一问题则需要进行跨文化的调查才能做到。事实上，心理健康与不健康也并无明显界限，而是一个连续化的过程，如将正常比作白色，将不正常比作黑色，那么，在白色与黑色之间存在着一个巨大的缓冲区域灰色区，大多数人都散落在这一区域内。对多数大学生而言，在人生的发展过程中面临心理问题是正常的，不必大惊小怪，应积极加以矫正。与此同时，个体灰色区域也是存在的，大学生应提高自我保健意识，及时进行自我调整。人的健康状态的活动是一个发展的问题，当一个人产生了某种心理障碍并不意味着永远保持或将加重。在心理上形成心理冲突是非常正常的，而且是可以自行解决的。人的一生的发展经历了不同的阶段，各个阶段的心理特征是不尽相同的，社会化的要求也是不一样的。对于不同年龄阶段的人，心理健康标准可能不会完全划一，而是各有侧重。此外，由于文化差异，不能完全照搬西方的心理健康标准，需要结合我国实际。

(5) 心理健康是整体协调发展的过程。把握心理健康的标准，应以心理活动为本考察其内外体系的整体协调性。从心理过程看，健康的人的心理活动是一个完整统一的协调体，这种整体协调保证了个体在反映客观世界的过程中的高度准确性和有效性。事实表明，认识是健康心理的起点，意志行为是人格面貌的归宿，情感是认识与意志之间的中介因素。从心理结构的几个方面看，一旦它们不能符合规律地进行协调运作时，就可能产生一系列的心理困扰或问题。从个性角度看，每个人都有自己长期形成的稳定的个性心理，一个人的个性在没有明显的剧烈的外部因素影响下是不会轻易发生变化的。从个体与群体的关系看，每个人在其现实性上可划分成不同的群体，不同群体间的心理健康标准是有差异的。

5. 心理正常与心理异常的区分

谈及心理健康，自然要涉及正常心理与异常心理的划分标准，这是无法回避的一个基本问题，同时也是一个相当复杂的问题。一方面，正常心理与异常心理之间的差异是相对的，很难确定一个严格的界限；另一方面，心理正常或异常的现象总是客观存在的，它往往受多种因素的影响，而且各种形态的心理症状都不是孤立存在的，它们是相互影响、相互作用的。因此，认识的角度不同确定的标准也就不同。

(1) 按常识性的区分，主理异常包括：①离奇怪异的言谈、思想和行为；②过度的情绪体验和表现；③自身社会功能不完整（不敢和人对视、不敢见人等);④影响他人的正常生活(骚扰、恶作剧等)。

(2) 标准化的区分。李心天(1991年)对区分正常与异常心理提出以下4类判别标准:①临床诊断标准。这种判断标准是将心理异常或心理障碍与躯体疾病同样看待,以生理病理性变化为根据的心理诊断标准。临床诊断标准认为,个体的心理出现异常,其大脑、神经系统、内分泌系统或其他系统必定存在着生理病理变化的过程,即使目前未能发现任何生理病理性变化,也不等于这种变化过程不存在。随着现代科学和诊断技术的发展,这种变化过程一定能被测定。人体这种生理病理性变化的存在,是判断心理正常与异常的可靠标准。一般来说,临床诊断标准对大脑及其他躯体病变导致的伴发性心理障碍及癫痫、药物中毒性精神障碍的诊查非常有效,而对神经症和人格障碍的诊断则无能为力。②统计学标准。统计学标准是指依据心理特征偏离统计常模的程度作为判断心理正常或异常的标准。统计学标准来源于对正常心理特征的心理测量,它是以大样本统计中的常态分布为依据,居中间的大多数人为正常,居两端者为异常。必须指出,依据统计学标准认定的所谓正常或异常也是相对的,在心理疾病的诊断中仅有参考意义。因为一个人的心理由正常到异常是一个连续的变化过程,某些心理症状在正常人身上也可能或多或少地存在着,但不一定都达到异常。一般偏离的程度超过一个半或两个标准差以上才判断为异常。统计学标准提供了心理特征的量化资料,比较客观,而且操作简便易行,统计结果一目了然,便于分析比较。但该标准是以心理测量的统计结果为依据的,心理正常与异常的界限是人为划定的,因而不可避免地存在某些局限性。③内省经验标准。内省经验性标准包括两个方面的含义:①指个体依据已有的知识经验和主观体验对自己的心理是否正常做出判断,如个体基于自身现有的知识经验,对自己某方面心理的变化感到烦恼、不适应,难以自我调节,因而认为自己心理不正常,寻求他人帮助;②指观察者依据自己所积累的生活经验或临床经验对被观察者的心理是否正常所作出的判断,如一个人面对父母伤亡却无动于衷,尽管本人没有任何不舒适的感觉,也不认为自己有什么不正常,然而根据观察者的经验,这可能恰好是判断其心理异常的标准。一般来说,经验性标准具有较大的主观性、局限性和差异性。不同的观察者所积累的知识经验不同,参照的标准不同,所做出的判断也不同。但专业的观察者对多数心理异常现象还是能够取得一致看法的,因而经验性标准具有一定的实用性和推广意义。④社会规范标准。在社会规范的基础上来衡量、判断行为是否异常。一般来说,个体的行为总是与环境协调一致的。个体依据社会生活的需要来适应环境、改造环境。因此，他们的行为是根据社会需求和道德规范行事，是符合社会准则的。所以，社会规范标准是从个体行为的社会意义及个体的适应程度为出发点的。研究者主要考察当事人对自身与他人的态度、在群体中的表现、与他人交往和处理人际关系是否恰当以及对社会事件的看法和反应是否符合社会的要求。

社会规范标准为较多的临床心理学家采用。但由于个体的社会适应行为和能力受时间、地区、习俗、文化等条件的影响，因此，这一标准也并非一成不变。在具体运用过程中必须注意以下几个方面：①要充分考虑不同时代、不同地区、不同民族、不同社会文化和风俗习惯的差异及其影响，如同性恋，在有些国家和地区被看作是纯粹个人的正常生活方式而受到法律保护，而在有些国家和地区则被看作是一种变态心理和行为。②必须注意分析其心理和行为的性质及对社会的影响，如推动社会前进的开拓者，尽管他们的心理和行为与社会规范不相容，也不能把他们看作心理异常者。③要注意细心观察，一个人心理和行为的变化有时是很缓慢的、不明显的和渐进性的，要细心观察并做出确切的判断。

(3) 心理学的标准和区分原则。心理学标准实际上就是社会规范标准的具体化，是从个体心理的发展水平及其功能的角度提出若干为大多数人所共同具有、所认可的条目作为评定心理健康与否的标准。由于不同的心理学家有不同的观点和理解，因而提出的标准也不尽相同。郭念锋（1986年，1995年）根据心理学对心理活动的定义，即"心理是客观现实的反映，是脑的机能"，提出以下3条原则，作为确定心理正常与异常的依据：①主观世界与客观世界的统一性原则。因为心理是客观现实的反映，所以，任何正常心理活动或行为必须就形式和内容上与客观环境保持一致性。人的精神或行为只要与外界环境失去同一性，必然不能被人理解。在精神科的临床诊断上，常把有无"自知力"作为判断精神障碍的指标，或者说，心理异常是"自我认知"与"自我现实"的统一性的丧失。在精神科临床上，还把有无"现实检验能力"作为鉴别心理正常与异常的指标。②心理活动的内在协调性原则。虽然人类的精神活动虽然可以被分为知、情、意等部分，但它自身确乎是一个完整的统一体，各种心理过程之间具有协调一致的关系，这种协调一致性，保证人在反映客观世界过程中的高度准确和有效。③人格的相对稳定性原则。每个人在长期的生活道路上，都会形成自己独特的人格心理特征，这种人格特征一旦形成，便有相对的稳定性；在没有重大外界变革的情况下，一般是不易改变的。把人格的相对稳定性作为区分心理活动正常与异常的标准之一。

6. 心理健康的不同层次

从静态的角度看，心理健康是一种状态；从发展角度看，心理健康是围绕着健康常模在一定范围内不断上下波动的过程。由此可见，心理健康是一个动态平衡状态，这种状态，是在主体与环境相互作用过程中发生的。在这两者相互作用过程中，这种动态平衡状态被打破，即心理健康状态的破坏，也可随时发生，因此，生活在现实社会中的每一个人都在一定程度上存在心理问题，"即人的心理问题是普遍存在的，只是程度不同而已"。一般而言，从心理正常到异常有如下层次。

（1）心理健康，指一种持续的心理状态。当事人在那种情况下，能有良好的适应能力，具有生命的活力，并能充分发挥其身心潜能。这是一种积极的、丰富的心理健康表现。

（2）心理问题，指伴随个体心理发展而出现的问题。这类心理问题一般是与主体希望了解自己的能力，最大限度发挥潜能，实现最大目标，达到更高境界相联系的，故称之为发展性心理问题。在时间性质方面有近期发生而不太可能持久的特点，问题的内容未泛化而只局限在引发事件自身，其反应不甚剧烈，并未严重影响思维逻辑性。

（3）心理障碍，指个体在认知、情绪反应、行为等心理过程和人格系统等方面偏离正常人群，并没有能力按社会认为适宜的方式行动，从而导致在与外界接触、交流过程中产生障碍和麻烦，不能有效适应环境，尤其是社会环境，但其意识清楚，对解决自己的心理问题有较迫切的要求。心理障碍指初始反应强烈、持续时间长久、内容充分泛化和自身难以克服的精神负担。心理障碍问题大多是由于心理成长问题没有得到及时有效的解决而转化升级形成的，常见的大学生心理障碍有神经症性障碍、情感障碍和人格障碍等。

A. 神经症的分类及表现。神经症是一组由心理因素造成的非器质性的、大脑神经机能轻度失调的心理障碍。表现为持续的心理冲突，个体觉察到或体验到这种冲突并深感痛苦且妨碍心理功能或社会功能。常见的神经症有以下6种：① 神经衰弱。神经衰弱是指在某些长期存在的心理因素的作用下，引起脑机能活动过度紧张，从而使神经精神活动能力减弱。神经衰弱的症状主要有情感控制能力差、情绪反应强烈、注意力涣散、记忆力下降、工作效率低、睡眠困难、心悸、多汗、易疲劳等。心理压力和个体素质是神经衰弱产生的两大原因。② 强迫性神经症。强迫性神经症是以强迫症状为特征的神经症，主要表现为强迫观念、强迫意向和强迫行为。个体知道强迫症状不正常，并竭力克制。有强迫人格的个性易在心理压力下或生活事物应激下发展为强迫症。③ 抑郁性神经症。抑郁性神经症是一种外因性的抑郁障碍，它的形成同环境和心理有关。抑郁性神经症除有神经症的共同特征外，突出表现为一种持久的心境低落，伴有焦虑、认知障碍、躯体不适和睡眠障碍。患者多有抑郁人格，表现为缺乏自信和自尊，对人过分依赖，容易悲观，感情脆弱。④ 焦虑性神经症。焦虑性神经症是指发作性或持续地出现紧张不安，预感到似乎要发生某种难以对付的危险，并伴有头晕、心悸、胸闷、呼吸、急促、出汗、口干等症状和运动型不安。大学生患焦虑症较多见，除个体的遗传、身体、性格等因素外，主要诱因来自学习紧张压力、考试压力、竞争压力及人际关系压力紧张等。⑤ 疑病性神经症。疑病性神经症是指学生在没有任何证据的情况下确信自己有病，并使自己处于对自己所想象出来的疾病的强烈恐惧之中，并伴有神经症的焦虑、恐怖、抑郁和强迫现象。患者本身比较神经质，敏感而多疑、固执、主观、谨慎。⑥ 恐怖性神经症。恐怖性神经症是指对某些事物或特殊情境产生十分强烈的恐惧感，这种恐惧感与引起恐惧的情境极不相称，个体明知自己的恐惧不切实际，但仍不能自我控制。大学生常见的恐惧症有社交恐惧症。

B. 人格障碍。人格障碍是指明显偏离正常人格并与他人和社会相悖的一种持久和牢固的适应不良情绪和行为反应方式。大学生中常见的人格障碍有偏执型人格、强迫型人格、冲动型人格等。

C. 性心理障碍。性心理障碍也称性行为变态，是指与生殖活动没有直接关系，在寻求性满足的对象和方式上与常人不同，且违反社会习俗。常见的性行为变态有恋物癖、裸露癖、窥视癖、异装癖等。

（4）心理疾患，也指精神疾病，是指人脑机能活动失调，个体整个心理反应系统出现了较为严重的病变，丧失自知力，导致不能自主地控制自己的行为，不能应付正常生活，不能与现实保持恰当接触，出现的心理病态或变态。精神疾病的种类很多，大学生常见的主要有躁症、抑郁症、妄想症、精神分裂症等。① 躁症。临床上躁症患者常表现出过度的愉快、兴奋、得意自大、意念飞跃、思想澎湃、联想力增强，甚至有夸大妄想。有时患者会表现得幽默风趣、甚受欢迎，是为快乐型躁症。现称为躁症，或称处于躁期，但有时则会变得躁动不安、有敌意、易怒，甚至有暴力及攻击行为，是为烦躁型躁症。更有甚者，会出现精神错乱、夸大妄想和产生听幻觉等较严重的精神病症状。② 抑郁症。这里所说的抑郁症，主要指内因性抑郁症，是一种情感性的精神疾病。病因主要是神经传导物质出了问题。常见的内因性抑郁症包括重症抑郁症、躁郁症、更年期抑郁症、产后抑郁症、假性痴呆及某些身体障碍所引起的抑郁症状。病因出自体质因素，对付体质变化非用药物不可，治疗以药物为主，心理治疗为辅。③ 妄想症。所谓妄想是指错误虚假的想法，即使有明显且勿毋庸置疑的相反证据，仍对固有想法深信不疑。妄想症，又称妄想型精神病，其特征是由对某真实事件的曲解，进而逐渐形成一个复杂纠结的妄想系统。据临床研究显示，妄想症患者中，常见的妄想内容包括嫉妒妄想、夸大妄想、被害妄想、多情妄想、虑病妄想、关系妄想、诱发性妄想及身体妄想等。④ 精神分裂症。精神分裂症的主要症状为有内容怪诞的妄想、幻听、语无伦次、不适切表情及怪诞、僵直的行为等，会造成工作、人际关系及自我照顾方面有明显障碍，并有可能出现社会孤立、个人卫生差、情绪平淡、产生语言障碍、怪异念头及举动，易生错觉、缺乏动力、无精打采、缺乏兴趣等现象。当病患具有上述症状持续6个月以上，就可能被诊断为精神分裂症。

一般来说，心理疾患问题根源于两方面。一方面是由生理神经系统疾患引起；另一方面是由心理障碍严重且长期没有消除，累积加重转化而来。大学生中属于心理疾病患者只占极少数，需要医疗模式矫治转化。根据李广泽等人对数例高校精神障碍患者的临床研究发现，在精神疾病起病诱因中，首先为工作、学习方面的诱因如学习压力太大占据第一位；其次为人际交往问题如与同学关系不融洽；再次为恋爱及情感方面原因如失恋；其他诱因则多种多样，包括家庭原因、躯体疾病等。住院患者中较常见的病症为精神分裂症，其次为情感性精神障碍。大学生在成长和发展中出现的心理健康问题主要是心理问题，而非心理障碍和疾患。

【延伸阅读】心理问题的鉴别方法

判断是否有心理问题，特别是判断是否有某种心理障碍或精神病，实质上是一个心理评估与诊断问题，需要专业人员，如临床心理学家、心理咨询师等，运用心理学和精神病学的理论、技术、方法和手段，根据严格的诊断标准，按照严格的程序去实施的一项专业性很强的工作。通常所使用的评估和诊断方法主要包括观察法、会谈法和测验法（我们会在第六章进行介绍）。诚如玛丽·亚霍达指出："我们有理由假设，内心冲突是普遍的，在某个程度上我们都有心理问题；而问题的程度则要看一个人如何应对冲突，以及是否有某些特定的心理疾病和症状。"因此，是否有心理障碍或精神疾病，不能仅根据一些情绪或躯体现象就轻易做出判断，更不能简单地"对号入座"。我们整理为表 5-1～表 5-5，便于大家有直观的了解。

表 5-1 正常与异常的区分

类别	正常与异常的区分	
	不正常	正常
健康	不健康：①一般心理问题；②严重心理问题；③神经症性心理问题	①神经症：强迫症、焦虑症、恐惧怖症；疑病症、植物功能紊乱、神经衰弱；②严重精神障碍：抑郁症、精神分裂症；③人格障碍

表 5-2 心理问题的区分

类别	一般心理问题	严重心理问题	神经症性心理问题
刺激因素引起的症状	由于现实生活、工作压力、处事失误等因素而产生内心冲突，并因此而体验到不良情绪	较为强烈、威胁较大的现实刺激，导致痛苦情绪，冲突是现实性的或道德性的	很小的非现实性的、非道德性生活事件刺激，产生强烈的冲突，反复产生冲突，产生痛苦情绪
病程	不间断持续 1 个月，间断持续 2 个月仍不能自行化解	痛苦情绪间断或不断地持续 2 个月以上，半年以下	达不到神经症的标准，时间至少为 3 个月（惊恐障碍的为 1 个月）
严重程度	在理智控制下，效率有所下降，不严重破坏社会功能	在理智控制下，效率有所下降，不严重破坏社会功能	控制不住，表现像神经症、神经衰弱，是其早期阶段
是否泛化	没有泛化，不良情绪仅仅局限于最初事件，相关事件也不引起此类情绪	内容（反应对象）充分泛化；有时伴有某一方面的人格缺陷	泛化严重

1993年，许又新提出神经症与正常的区分，如表5-3所示。

表5-3 神经症与正常的区分

类别		表现
心理冲突	常形特点	①心理冲突与现实处境直接相联系，涉及大家公认的重要生活事件。②心理冲突带有明显的道德性质，无论持什么道德观点，总可将冲突的一方视为道德的，而另一方视为不道德的
	变形特点	①心理冲突与现实处境没有什么关系，或者它涉及的是生活中的鸡毛蒜皮，一般人认为简直不值得为它操心，让人难以理解。②心理冲突不带明显的道德色彩。③心理冲突的变形是神经症性的。要注意的是，一旦出现头痛、失眠、记忆差或内脏功能障碍，原来不明显的心理冲突便会尖锐化，也很容易出现变形，如明显的疑病症状

表5-4 评分标准

类别	1分	2分	3分
病程	不到3个月为短程	3个月~1年为中程	1年以上为长程
精神痛苦程度	轻度者病人自己可以主动摆脱	中度者病人自己摆脱不了，须靠别人的帮助或处境的改变才能摆脱	重度病人几乎完全无法摆脱
社会功能	能正常工作学习，或者工作学习和人际交往只有轻微妨碍	中度社会功能受损者，工作、学习或人际交往效率显著下降，不得不减轻工作，或改变工作，或只能完成部分工作，或不得不尽量避免进入某些社交场合	重度社会功能受损害者，完全不能工作学习，不得不休病假或推卸，或完全回避某些必要的社会交往

表5-4的分数解释：①如果总分为3，不能诊断为神经症。②如果总分为4~5分，为可疑病例，需进一步观察以确诊。③如果总分不小于6分，神经症的诊断是可以成立的。④需要说明的是，对精神痛苦和社会功能的评定，至少要考虑近3个月的情况才行，评定涉及的时间太短的结果不可靠。

表 5-5　标准类别

标准类别	具体内容
症状学标准	强迫症状、焦虑症状、恐怖症状
病程标准	3个月。一个例外是，惊恐障碍标准为1个月
严重程度标准	主观方面：出现痛苦情绪，内心痛苦；客观方面：表现为社会功能受损，如无法上班、上学，无法工作、学习、生活
排除标准	①排除器质性精神障碍；②排除严重精神障碍；③排除精神活性物质所致的精神障碍

二、心理辅导的内涵

（一）心理辅导的含义

"辅导"一词源于英文的"guidance"，有引导与辅助的意思，也有向需要帮助的人提供服务与帮助的意思。心理辅导是心理学领域的一个专业概念，目前，心理学家对它的表述不尽相同。

罗杰斯（C. R. Rogers）认为："心理辅导是一个过程，其间，辅导者与当事人的关系能给予后者一种安全感，使其可以从容地开放自己，甚至可以正视自己过去曾否定的经验，然后，把那些经验融合于已经转变了的自己，做出统合。"

帕特森（C. H. Patterson）认为："辅导是一个帮助人的过程，而在此过程中，两人所要建立的某种关系不但是必需的条件，而且，那关系是足够令人改变和成长的。同时，我们要知道辅导是为那些缺乏良好的人际关系以致产生问题的人所进行的一种特别的治疗。"

布洛切（D. Blocher）认为："辅导就是帮助个体认识自己以及自己对环境中影响自身行为的因素的反应方式，然后，进一步帮助他确定这种行为方式的个人意义，并设法为进一步的行为弄清目标和价值。"

林孟平认为:"辅导是一个过程,在这个过程当中,一位受过专业训练的辅导员,致力于与当事人建立一个具治疗功能的关系,来协助对方认识自己、接纳自己,进而欣赏自己,以至于可以克服成长的障碍,充分发挥个人的潜能,使人生有统合、丰富的发展,迈向自我实现。"

王连生认为:"辅导是一种帮助人自我指导的高度艺术,是一种有爱心的、技术的专业,在辅导者和来访者合作的过程中,促进来访者身心的健全发展。"

刘华山认为:"在一种新型的建设性的人际关系中,学校辅导人员运用其专业知识和技能,给学生以合乎需要的协助和服务,帮助学生正确地了解自己、认识环境,根据自身条件确立有益于个人发展和社会进步的生活目标,使其能克服成长中的障碍,在学习、工作及人际关系等各个方面,调整自己的行为,增强社会适应性,做出明智的抉择,充分发挥自己的潜能。"

不同的学者给出了不尽相同的关于心理辅导的表述,虽然不尽相同,但基本内容还是一致的,即:心理辅导是一个特殊的交往过程,是一种专门的助人技术,是帮助来访者更好地了解自己、认识环境、克服成长中的障碍,以便更好地适应环境并达到理想发展水平的服务活动。

(二) 心理辅导与相关概念的关系

为了更好地理解心理辅导这一概念,需要将心理辅导与其他几个相关概念加以比较。

1. 心理辅导与心理卫生

心理卫生有三个方面的含义:一是指心理健康状态,在英语中"卫生"一词本身就有保持健康的意思;二是指心理卫生工作,包括各行各业维护与增进个体心理健康的各种活动和措施;三是指心理卫生学,这是一门以心理健康为研究对象的综合性边缘学科,着重探讨不同条件下个体与群体心理保健的一般规律。在日常生活中,心理卫生的第二种含义使用最多。从这个角度来看,可以把心理辅导纳入心理卫生的总体框架。事实上,心理卫生不仅包括维护与增进个体心理健康,对精神病的诊断、治疗、康复等内容也涵盖在其中。

作为心理卫生工作重要组成部分的心理辅导,主要从积极的角度维护和增进个体的心理健康。因此，在心理卫生的框架下准确把握心理辅导的工作对象和工作重点，是进行心理辅导必须明确的首要问题。

2. 心理辅导与心理咨询

心理咨询作为一门专门的助人技术，与心理辅导既有密切联系，又有一定的区别。朱智贤主编的《心理学大词典》对心理咨询的解释是，对心理失常的人，通过心理商谈的程序和方法，使其对自己与环境有一个正确的认识，以改变其态度和行为，并对社会生活有良好的适应。显然，这种理解比较偏重医学模式。钱铭怡在《心理咨询与心理治疗》一书中对心理咨询的定义是，通过人际关系，运用心理学方法，帮助来访者自强自立的过程。这个定义反映了心理咨询最本质的特征，即通过人际关系达到助人自助的目的。郑日昌在《学校心理咨询》一书中指出，学校心理咨询是学校心理咨询人员运用心理学的原理和方法，对在校学生的学习、适应、发展、择业等问题给予直接或间接的指导、帮助，并对有关心理障碍或轻微精神疾患进行诊断、矫治的过程。这个定义体现了学校心理咨询以发展性问题为主、以障碍性问题为辅的特点，比较符合学校的实际情况。

通过以上定义可以看出，心理咨询与心理辅导在手段和目的上具有十分明显的联系。在手段上，心理辅导与心理咨询都是通过人际交往与沟通对来访者施加影响，进行矫治；在目的上，都是要帮助来访者解决自己发展中的问题，提高心理健康水平。正因为两者如此相似，所以，在许多时候，人们对心理辅导与心理咨询并不作严格的区分。但在实际应用时，心理辅导与心理咨询之间也还是有一些细微的区别。①在服务对象上，心理辅导是面向所有学生，而心理咨询则是面向有心理问题的那部分学生；②在服务方式上，心理辅导可以是一个主动提供服务的过程，它可以通过多种方式对当事人提供积极主动的帮助，而心理咨询则是一个比较被动的服务方式，它要求当事人本人主动求助，才能建立正常的咨询关系，否则无法为他们提供咨询服务；③在方式方法上，心理辅导比心理咨询具有更多的选择性，它可以通过课堂教学的方式和训练活动的方式进行，其形式更加灵活多样，而心理咨询就很难做到。

3. 心理辅导与心理治疗

目前，心理治疗尚没有统一的定义。弗兰克（J. Frank）认为，心理治疗是提供帮助的一种形式。它与非正式的帮助是不同的。首先，治疗者接受过这种工作的专门训练，并得到了社会的认可；其次，治疗者的工作以相应的理论为指导，这些理论可以解释心理障碍的原因并为解决这些障碍提供了有关措施。沃尔伯格（L. R. Wolberger）认为，心理治疗是针对情绪问题的一种治疗方法，由一位经过专门训练的人员以慎重细致的态度与来访者建立一种业务性的联系，用以消除、矫正或缓和现有的症状，调解异常行为方式，促进积极的人格成长和发展。曾文星、徐静认为，心理治疗是指应用心理学的方法来治疗病人的心理问题。其目的在于：通过治疗者与病人建立的关系，善用病人求愈的愿望与潜力，改善病人的心理与适应方式，以解除病人的症状与痛苦，并帮助病人，促进其人格的成熟。钱铭怡在《心理咨询与心理治疗》一书中给心理治疗下的定义是，心理治疗是在良好的治疗关系基础上，由经过专业训练的治疗者，运用心理治疗的有关理论和技术，对来访者进行帮助的过程，以消除或缓解来访者的问题或障碍，促进其人格向健康、协调的方向发展。

从上述定义中可以看出，心理治疗和心理辅导具有明显的区别，具体表现在：首先，心理辅导的对象属于正常人群，心理治疗的对象则是患有神经症、精神病、人格障碍、心身疾病的患者，这是心理辅导与心理治疗的基本区别；其次，心理辅导的工作场所集中在学校、社区等非医疗机构，心理治疗的场所通常设在精神病院、精神卫生中心和综合医院的心理治疗机构；最后，从事心理辅导的人员范围较广，工作中所涉及的心理问题程度较轻，从事心理治疗的人员专业要求较高，没有接受过严格的临床训练并对心理疾病没有系统了解的人不宜从事心理治疗工作。

虽然心理辅导与心理治疗具有上述明显区别，但是从事心理辅导的人员仍然需要掌握一定的心理治疗知识，因为这些知识是在心理辅导工作中进行预防、早期干预或转介的基础。

4. 心理辅导与思想政治教育

思想政治教育主要是指教师通过政治宣传、伦理灌输、情绪感染、行为训练等方式促进学生在政治态度、思想倾向、道德品质与行为习惯等方面健康发展，逐渐适应社会要求的育人过程。心理辅导与思想政治教育之间既有联系，又有区别，主要表现在如下几个方面。

（1）根本目标一致，具体目标有别。从根本目标上看，心理辅导与思想政治教育之间存在着明显的一致性——都是为了学生个性的健全发展，促进学生身心素质的全面提高。但具体目标存在一定的区别。心理辅导的具体目标是帮助学生解除在学习、交往和生活中所产生的各种心理问题和心理障碍，恢复他们的心理平衡，提高他们的心理成熟水平，促进他们的心理功能的正常化和个人潜能的充分发挥；而思想政治教育则要培养学生正确的社会态度和良好的思想品行，提高他们的社会化水平，使其行为符合社会规范的要求。

（2）内容既各自独立，又互有交叉。从内容上看，心理辅导与思想政治教育存在许多共同涉及的领域，如人生态度、社会规范、思想方法和行为习惯的形成等，这也是目前把心理辅导纳入思想政治教育体系的一个原因。但两者又有许多各具特色、相互独立的部分，如心理辅导经常要帮助学生解决学习适应、人际交往、情绪调节、自我调适和性心理障碍等方面的问题，而思想政治教育关注的重点是学生的政治立场、价值取向和道德品质等方面。

（3）既有共同的实施途径，也有不同的实施方法。心理辅导的基本途径是人际交往和人际沟通，有时也要采用一些心理诊断和心理训练的方式。具体方法主要是倾听、询问、讨论、分析、质疑、解释、评价、暗示、角色扮演、行为矫正等，这些方法大都是人际沟通的方法和技术。在思想政治教育中，人际交往和人际沟通也是一种基本途径，但集体活动和实践锻炼等途径在思想政治教育中往往占有更为重要的地位。其具体方法有说服、劝导、表扬、批评、榜样示范、实践锻炼、舆论影响、风气感染等，这些方法大都是体现社会规范、促进个体内化的手段与方法。相比之下，心理辅导的方法侧重于个体内部的自我调节，而思想政治教育的方法更侧重于外部灌输和行为塑造。

（4）在原则要求方面存在明显差异。一般而论，思想政治教育必须体现原则性、方向性、主导性和一致性等要求。在思想政治教育过程中，教师常常是社会规范的代表，扮演着教育者的角色。教育的依据是社会规范，教育的归宿是学生对社会规范的内化。在此过程中，教师的主导作用显然占有重要的地位。而在心理辅导过程中，教师所扮演的主要是心理辅导员或咨询员的角色。辅导的依据是个体心理发展和社会心理活动的规律，辅导的归宿是个体心理功能的正常化。为了取得理想的辅导效果，必须强调对学生个别差异的关注和对学生主体地位的重视。此外，在辅导中强调对学生个人隐私权的尊重和对以不同价值观念为基础的解决问题方法的充分理解与宽容。

总之，心理辅导与思想政治教育既相互区别，又相互联系。两者应该互相补充，密切配合，发挥各自的优势，以便取得最佳的工作效果。

（三）心理辅导的对象

心理辅导的对象主要是正常的个体和能够接受辅导帮助的轻微心理健康障碍的个体，这些心理辅导的对象应当是正在受着情绪困扰，或是有问题行为的。

针对当事人的心理冲突和人格形态的不同，心理辅导人员应采取不同的心理辅导与咨询手段。具体地说，对于有特殊需要的个体，心理辅导人员应根据一般心理学与辅导心理学的原理，帮助当事人全面、深刻地认识影响其正常生活的内、外矛盾，积极地加以适应与解决，最终缓解由此而产生的心理冲突与压抑。通过心理辅导，人们可望获得内心的和谐，增强自信心和自主能力，以求积极地适应生活，完善人格。心理辅导人员应根据心理学的原理，帮助思考改变影响其正常生活的行为与思维方式，以消除或减轻当事人心理上的痛苦与压抑，积极地按正常人的方式生活。

（四）心理辅导的目标

1. 总目标

心理辅导的总目标是，帮助当事人寻找自己的方向，并努力去实现与这个方向相关的活动目标。

通常我们希望增强当事人对事物的反应能力，使他们能在多变的生活中善于变通，能不断地创造出新思维、新行为去处理各种各样的事情，并努力实现自己人生的远大目标，如应变能力、工作及人际能力、做真实的自我、自我价值的实现、身心健康等。

2. 分目标

分目标包括如下三点。

（1）助当事人学会从多方面考虑问题。当事人的许多烦恼、痛苦都是由于只能从一个角度去看问题，只局限于一种观念或想法、一种感觉或情绪，也就只限于一种行动和结果。辅导人员要引导当事人从多个方面去看待所发生的事情。例如,一次考试不及格或名次不够靠前,可以看作是对自己的鞭策;同学不喜欢和自己玩,是因为自己没有主动地去和他们玩。

(2) 发展当事人认识自我的能力。心理学中"自我"包括三个含义:自己的体征、自己的能力和性格特点、自己在群体中的位置。一般人必须对自我有正确的认识,才能妥善处理问题、适应环境。来寻求辅导的人往往是对自我没有正确认识,他们往往表现为不接受自我的全部或部分,最常见的是对自己处理发生事件的能力没有正确认识,认为自己无能为力,所以来求助。

(3) 发展当事人建立人际的能力。许多心理辅导是围绕人际交往问题展开的,当事人对人际的不满、痛苦及种种不适,往往是不能将人际关系看成一种相互交往活动,只一味地强调要得到别人尊敬和爱,并将这种观念及方式极端化。

以上3个分目标,归结到一点就是:帮助当事人,使他们能自己去寻找合适的方法。需要切记:心理辅导绝不是给予解决问题的途径,也不是给予答案,而是要改变当事人的认识,让他们学会自己去面对现实。每个辅导员在进行心理辅导前必须明白这点。

【延伸阅读】

1. 哪些学生需要求助心理咨询

(1) 生活中遇有重大选择或重大事件时,犹豫不定或无法调整者。

(2) 学习压力大、无力承受但又不能自行调节者。

(3) 初涉世事,对新环境适应困难者。

(4) 经受挫折后,精神一蹶不振者。

(5) 过分自卑,经常感到心情压抑者。

(6) 在社交方面自感有障碍(如怯懦、自我封闭等)的人。

(7) 在经历了失恋、单相思情况之后,心灵创伤无法"自愈"者。

(8) 寝室人际关系不和睦,渴望通过指导改善者。

(9) 退学、休学、受到学校违纪处分的学生。

(10) 患有某种身体疾病,对此产生心理压力者。

(11) 经常厌食或暴食者。

(12) 睡眠状态发生改变时的初期失眠者。

(13) 轻度心理障碍者。

2. 如何分辨心理问题的严重程度

需要说明的是，无论是诊断学名词（如强迫症、抑郁症、社交焦虑）还是现象学描述（如失眠、情感问题、工作压力），都只是人为归纳的概念。具体应用到每个被心理问题困扰的个人，这些名词相互之间无法区分出"严重"与否——如某个被贴上"抑郁症"标签的人，不见得在日常生活中的痛苦程度、社会功能的受损程度，就一定重于另一个看起来"仅仅"是碰到"情感问题"的人。同时，由于"心理问题"的不可测量性，所谓"严重"与否，很大程度上取决于当事人的主观感受。

基本上，我们可以从四个方面来辨别心理问题的严重程度：内心困扰的痛苦程度、社会功能的受损程度、困扰存在的时间长短，以及治疗的难度。例如，假设某人因内心的困扰，痛苦到已经无法忍受、无法坚持正常工作，而这种情绪状态已经持续或反复超过1年，那么可以说这是非常"严重"，并且有必要接受心理治疗了。

关于主观感受的痛苦程度，还可以从时间或频率的维度区分：例如，假如一天之中有超过一半的时间感到痛苦，同时，每周有3天及以上都处于这种状态下，那么，显然这种痛苦程度是相当强烈了。

社会功能指完成正常的工作、生活自理、社交活动的能力。其中，包括非常重要的一个方面：是否具有良好的社会支持系统。如果当事人处在痛苦的状态时，却找不到可以支持自己的人，或者感觉和生活中的任何人都无法真正亲近，又或者几乎没有参与任何社交活动的兴趣，这些都是社会功能受损的现象。

通常，某个心理困扰持续存在超过3个月；或持续时间较短，但在几年内反复多次出现，都可能说明这些困扰并非一过性的，而是内心某些深层问题被触及的表现。当出现这种情况，通常这些内心困扰无法自动消退，需要寻求专业人员的帮助。

关于治疗的难度，基本上只有具备一定经验的咨询师才有能力评估。在心理动力学治疗体系中，可以粗略地将当事人的心理状态分为缺陷型损伤和结构型损伤两大类。虽然由于先天气质类型和后天养育过程有所区别，任何一个人的心理结构都非常复杂且个性化，但总体上，心理发展有自然规律、并具备类似结构。

假如把心理结构比喻成一座大楼，那么，缺陷型损伤的楼，就像缺了某些部分，如整幢楼都没有开窗，或楼内部没有楼梯，甚至楼底没有地基，等等。

而结构型损伤的楼，则是所有硬件齐全，只是结构和比例不协调，如某些楼层的窗子太小、大门开在很不方便的位置，或者地基的形状比较奇怪，等等。

要对一座已经竣工的楼做调整，显然调整缺陷型损伤要比调整结构型损伤的难度大。

具体到人群中，这两种类型最显著的区别是将外部冲突转化为内部冲突的能力。

举例来说，某个当事人被严重的内心痛苦所困扰，但包括亲人在内，所有与他接近的人都很难看出他正处在巨大的痛苦中——因为他将自己与外界的所有矛盾冲突，都转化成了自己内心的冲突，同时对外仍然能维持基本正常的社会功能，这就是典型的结构型损伤。

而另一位当事人，自己也感到生活中有许多痛苦和烦恼，但他认为这当中大部分是外界环境或他人有问题，典型的思维方式是："如果他/她不这样做，我就不会这么痛苦，所以，需要改变的是他/她……"显然，这种心理过程会造成他与周围的环境和人群产生更多冲突，这实际上是由于内心结构部分缺失，造成自己和外界的边界不清，因而欠缺足够的条件在内心建立一个"缓冲区"来协调自己和外界的关系，这就是缺陷型损伤的表现。

粗略地看，结构型损伤造成的问题，通常表现为强烈的内部冲突，却往往与外界和他人很少发生冲突；缺陷型损伤则是既痛苦于内部冲突，又常常与外界和他人发生冲突。以诊断学术语描述这两种心理状态，前者偏向于"神经症"，如抑郁症、焦虑症、强迫症，以及接近神经症群体的恐惧症、躯体形式障碍（疑病症）、进食障碍等；后者则偏向于"人格障碍"，如依赖型人格障碍、边缘型人格障碍、自恋型人格障碍等。

必须说明的是，上面的描述同样是人为归纳和划分的抽象概念，实际上并不存在纯粹"属于"某一型的人。我们当中的绝大多数人，内心都或多或少既有缺陷型损伤、又有结构型损伤，只是多数人内心的"不完美"，并不足以引起整个内心世界的失衡。

所谓的"心理健康"人群，只是结构型损伤多于缺陷型损伤而已，所以，从这个角度看，可以说：没有人是完全"健康"的。

3. 学生出现哪些精神症状需就医

要观察一个人的精神症状，不仅要用眼睛看他的行为表情，还要去了解他的情感、意识、思考、行为。另外，还有一些症状需要"用心"观察，也就是要与学生沟通方能知道。

情感、思考、幻觉是观察病患的三个最重要的因素。

(1) 情感（情绪）。喜怒哀乐、七情六欲是人之常情，有之不能说不正常，但程度太过或持续太久，就应注意。例如，学生考前焦躁不安应属正常，但焦虑一直持续，考后也不见消失，就有患焦虑症的可能。再如家人离世，自己悲痛欲绝，此乃人之常情；但时间过了半年以上仍然不能恢复，就是病态了。

此外，不正常、不恰当的心情也有问题。例如，家有丧事不悲反喜（贪图大笔遗产者除外），或没有什么值得高兴的事却兴奋欢喜得不得了，都要小心。

除此之外，该喜不喜、该忧不忧，对外界的刺激没什么情绪反应者也要留意，慢性精神分裂症者常有这种情形。

(2) 思考。有躁症的人思考极快，而且内容夸大；郁症则相反。思考方面需要着重注意的是有无妄想。什么是妄想？简言之，妄想是一种错误的信念，把没有的事、不存在的事想成有、想成事实。如总是认为自己周围的人要迫害他，给他下毒，而事实不是这样。

(3) 幻觉。幻觉，顾名思义是不存在的事物却感觉存在。精神分裂症的患者常有幻听（或称听幻觉），他们老是听到有人对他讲话，但事实上并没有人与他交谈。也有些患者会说眼睛"看到"东西，但事实上，其所述看到的并不存在，这时我们说他有幻视。此外，脑部有病变，服用某种药物者常会有幻觉产生。

什么情况下，我们可以怀疑学生"有问题"且应该帮助其去就诊？

观察当事人的症状。观察一个人的精神症状，不仅用眼睛看他的行为表情，还要去了解他的思想感觉，所以，通常得付出时间和精力。

常见精神症状的简介如下。

(1) 意识。神志不清时，毫无疑问地要立即送医。

(2) 智能。记忆力欠佳，特别是最近的事情老记不住，或伴随其他方面智力的衰退，从慢性精神分裂症到老年性痴呆都有可能。

(3) 言语。语无伦次或答非所问是精神分裂常见的症状。出现这种情形时，我们需要注意。自言自语也有可能有问题，但不一定。此外，话太多或太少（和平常的相比），也可能是症状——话太多时常出现于躁症，话太少时要怀疑是抑郁症还是精神分裂症。

（4）行为。行为要从两方面来加以观察：一是量，二是质。量的正常与否当然也要跟平日的相比较。躁症病人的话多动作也多，常常是摸摸这儿，摸摸那儿，忙个不停。相反地，抑郁症病人的动作会比平时的少而且慢。重复做没有意义的动作或行为怪异得不能理解，有精神分裂的可能。强迫心理症的人会有重复动作，但动作的目的通常可以理解（例如，怕脏、洗手洗个不停、不放心门户而不断检查门锁等）。

出现何种情况需立即就医？临床上有几个原则可以遵循。

（1）某些症状和精神疾病有密切关系，应立即设法将学生送医。这些症状包括幻觉、妄想、怪异行为、语无伦次和情绪失控等。发生这些症状的人极有可能是精神分裂症、妄想性精神病或躁症的病人，不能放任。

（2）学生的某些行为已经侵犯到他人或造成家人、社区的困扰，也应就医。例如，学生有攻击行为，威胁到他人的安全；或者有强烈的被害妄想，认为别人意欲对他不利而想方设法反击的就要采取行动，不要因此延误而造成悲剧，那时后悔就来不及了。让这些学生去看医生很不容易，因为他们通常缺乏病识感或自知力（他们不认为自己患病，对自己的疾病不够重视），所以很难取得学生的合作。这时需取得各方的合作，将病人强行送医院。

（3）自杀意念。不管什么原因造成当事人有自杀意念或自杀行为的都应带去看医生。人命关天，所以，自杀是属"精神急症"的范围，必须立刻就医。必要时应送急诊。

（4）其他常见于神经症的症状，如焦虑、恐惧、强迫思考等而不伴随前述症状者，可以视情形而定。如果症状之产生和环境压力有关，压力消失，症状也跟着缓解（如考试引起之焦虑，考后马上消失），那么，可以不做处理；但如果症状太严重，或持续时间太久以至于当事人的生活、学业或人际关系受到明显影响，就还是得治疗。

第六章　发展性辅导与辅导员工作

> 教育非他，乃心灵的转向。
>
> ——柏拉图

　　心理辅导通常有两种模式，即障碍性辅导模式和发展性辅导模式。发展性辅导模式指根据个体身心发展的一般规律和特点，帮助不同年龄阶段的个体尽可能地圆满完成各自的心理发展课题，妥善地解决心理矛盾，更好地认识自己和社会，开发潜能，促进个性的发展和人格的完善。发展性辅导的提出标志着心理辅导迈入了一个重要的发展时期，即由重障碍、重矫治的辅导转向重发展、重预防的辅导；由服务于少数人转向多数人；由少数专业人员从事的工作发展为经过培训后，众多教育、心理、医务、社会工作者可以参与的活动；由问题性内容为主转向发展性内容为主；由消除心理问题为目的转向促进心理发展为目的，从而形成了现代意义上的心理辅导。这是整个心理咨询事业发展的必然趋势，也为学校心理辅导的发展开辟了广阔的天地。

一、发展性辅导提出的背景和基本观念

(一) 发展性辅导提出的背景和理论基础

发展性辅导的早期代表人物之一布洛克尔（D. Blocker）在《发展性咨询》一书中曾指出，发展性咨询辅导的是正常个体在不同发展阶段的任务和应对策略，尤其重视智力、潜能的开发和各种经验的运用，以及各种心理冲突和危机的早期预防和干预，以便帮助个体顺利完成不同发展阶段的任务。国际心理学联合会1984年在美国出版的《心理学百科全书》也指出了教育模式和发展模式。所谓发展的模式，即心理咨询的目的在于努力帮助咨询对象扫除正常成长过程中的障碍，以得到充分的发展。在发展性辅导模式看来，咨询对象是那些在应付日常生活中的压力和任务方面需要帮助的正常人。咨询工作者的任务就是要使咨询对象学会应付的策略和有效的行为，最大限度地发挥他们原已存在的能力，或形成更强的适应能力。为此，1991年，车文博主编的《心理咨询百科全书》提出了发展性辅导的4项功能：①激励咨询对象，让其调整、解决自身心理问题的能力结构。只有从信念和动力结构方面树立起咨询对象的主体意识，从总体上培养其健康的人格结构，才能从根本上解决心理问题。②帮助咨询对象纠正对自身内部心理状态以及对外部社会环境的不恰当认知，这是解决心理问题的一个关键因素。③为咨询对象实现更高的人生目标设计和提供最佳行为策略。④通过心理健康教育，指导个体预防潜在的心理问题等。

发展性辅导的提出是学校心理咨询发展的结果。早期的心理咨询主要针对青年学生职业指导。职业指导的先驱者帕森斯（F. Parsons）于1909年出版的《选择职业》一书奠定了职业指导的基础。该书认为，青年人的职业必须与本人的兴趣、能力和个性相符合。为了得到理想的职业，不仅要对环境（成功的条件、工作的性质等）进行正确的评估，也要对自身的素质、特点和潜能等进行客观的认识，扬长避短，实现人与职业的优化配合。帕森斯的职业指导观对学校心理咨询的发展具有重要的影响，职业心理咨询至今仍是世界学校心理咨询的重要内容之一。

第六章　发展性辅导与辅导员工作

1939年，威廉逊（E. G. Williamson）出版了《怎样对学生咨询》一书，促进了以整个人格为对象的咨询活动的开展，包括职业、学业、社会、情感、人格、家庭、健康等，推动了许多学校尤其是大学建立起专门的心理咨询机构。

1942年，卡尔·罗杰斯（C. Rogers）出版了《咨询和心理治疗》一书，针对当时社会急剧变化给人们带来的心理、情绪、人际关系等方面的困惑、不适应，提出了非指导性咨询和来访者中心疗法。罗杰斯的非指导性咨询思想是针对传统的以咨询员为中心的指导模式而提出的，强调应十分重视咨询对象的自主性、积极性和自我潜能。罗氏理论认为，人类与生俱来具有了解其自身存在和建设性地改变自身行为的巨大潜力，具有自我实现的基本行为倾向，在某种特定情况下，这种潜力可以充分地发挥出来。心理咨询的目标不是针对咨询对象所面临的各种问题，而是使咨询对象在与咨询员建立真诚的相互关系的过程中，重新正确地体验自身的矛盾和冲突，认识自己，促进自身潜能的发挥，使生活态度和行为发生建设性的改变。罗氏理论充满了人本主义心理学的色彩，重视内在潜能的发挥和自我实现。由于该理论的影响，学校心理咨询的重点开始由学生的职业指导逐步转变为对学习的和生活适应的辅导，包括情绪障碍的诊治上来。他的观点为扩展学校心理咨询的领域，使之服务于人的发展、潜能开发、人格完善提供了理论基础。此外，罗杰斯提出的没有医学学位的人也能从事心理咨询工作的观点，改变了长期以来认为的只有经过专业训练的精神科医生才能从事咨询工作的看法，从而使一大批学校教育工作者投身于学校心理咨询工作，有力地推进了学校心理咨询事业。罗杰斯的观点有效地改变了心理咨询领域中占统治地位的临床咨询模式，为发展性咨询模式的诞生做出了重要贡献。

20世纪50年代以来，以埃里克森（E. Erickson）、哈维格斯特（R. J. Havighurst）等为代表的心理学家们所提出的心理发展观进一步促进了发展性咨询思想的形成。埃里克森的心理社会发展理论用发展变化的观点来看待个人心理的成长，重视心理发展过程中个体心理的内在冲突及冲突解决对个体成长的意义，重视环境、教育对个体心理发展的影响，这为发展性咨询理论的形成奠定了基础。哈维格斯特所提出的"发展课题"也是发展性咨询理论的重要基础。此外，皮亚杰（J. Piaget）的智力结构发展理论、柯尔柏格（L. Kohlberg）的道德阶段发展理论也从不同的角度揭示了个体心理发展的某些规律，对发展性咨询理论的建立产生了积极的影响。

发展性辅导理论的提出不仅是学校心理咨询,也是整个心理咨询事业发展的必然趋势。朱智贤指出,从世界心理咨询的发展趋势看,心理咨询已逐步由职业指导、学业指导、婚姻家庭生活指导、治疗心理疾病等方面转向对人的心理潜能的研究,帮助人们更好地挖掘和发挥自己的潜能。正如美国《哲学百科全书》所认为的,现代心理咨询具有以下几方面的重要特征:着重于正常人;对人的一生提供有效的帮助;强调个人的力量与价值;强调认知因素,尤其是理性在选择和决定中的作用;研究在制定目标、计划以及扮演社会角色方面的个性差异;充分考虑情境和环境的因素,强调人对于环境资源的利用以及必要时改变环境。

显然,从发展性辅导提出的背景来看,心理科学理论的发展为发展性辅导奠定了理论基础,心理咨询理论的发展表明了发展性心理辅导的理论趋向,发展性辅导模式的特征在学校心理咨询和辅导中表现得尤为突出,特别适合于学校的环境和学校的要求。

(二) 发展性辅导的内涵

1. 障碍性辅导与发展性辅导的比较

马建青认为,通过对障碍性辅导与发展性辅导两种模式差异的比较,可以更好地理解发展性辅导的特征、实质,以及发展性辅导模式对学校教育、学生成长的意义。他指出,发展性辅导不同于障碍性辅导的特点主要表现在如下几方面。

(1) 障碍性辅导侧重于心理障碍层面的矫治,以消除或减缓学生的心理障碍为工作目标;发展性辅导则侧重于心理发展任务,强调促进人的心理成长,排除正常发展过程中的障碍。即后者的重点放在积极的与发展的侧面。所谓积极的与发展的侧面,是指以现状为基础,以学生的发展课题为重点,以更加正常健康的发展为目标,给予援助和引导。

(2) 障碍型辅导侧重于当前的心理障碍和引起障碍的情境因素;发展性辅导关注的不仅仅是眼前的发展障碍,而且十分关注与下一阶段发展任务的衔接。障碍性辅导关注的是眼前的、具体的、局部的咨询目标;而发展性辅导关注的是长远的、联系的、整体的咨询目标,即把心理咨询与促进人的全面发展、人的未来发展联系起来。因而,发展性辅导十分重视助人、自助,即帮助学生学到解决问题的方法，自己去解决问题、自强自立，而不是替学生解决问题。

（3）障碍性辅导重点解决的是已构成心理障碍的问题；而发展性辅导则更重视对学生发展过程中可能出现的障碍问题的早期发现和预防，强调防患于未然，根据学生身心发展的规律、人生发展的课题来规划辅导、咨询内容，即发展性咨询强调导前性、预防性，而不是补救性。它不是在学生面临危机问题时才始予援助，而是必须在平时不断给予指导。因此，发展性辅导活动是一种累积过程。

（4）障碍性辅导中涉及的障碍问题往往具有较明显的个体性，与个体的具体生活情境有关，有些还与个体儿时的个性心理发展的障碍有关；而发展性辅导着重于这一年龄阶段共有的发展问题，具有群体性、规律性，因而发展性辅导往往更有针对性和预防性。

（5）障碍性辅导的工作人员一般多为专业人员，有处理心理障碍的专门技术和方法；而发展性辅导工作除专业人员外，还可在专业人员的辅导下，由教师和家长实施。障碍性辅导的知识背景以变态心理学、精神病学和心理治疗技术等障碍性内容为核心，而发展性咨询则更多地运用发展心理学、教育心理学、心理辅导技术等。

（6）障碍性辅导多采用个别咨询的方式，强调一对一解决咨询对象的具体障碍问题；而发展性辅导除采用个别咨询的方式外，还经常采用集体辅导、小组咨询的方式，包括教学、讲座、小组活动等，是个别咨询与团体辅导的结合，有时甚至更重视、更强调团体辅导的意义。障碍性辅导主要使用矫正、治疗性的方法，具有较浓厚的医疗色彩；而发展性辅导则常用辅导性的方法，充满浓厚的教育色彩。

2. 发展性辅导的性质与特征

发展性辅导虽然强调辅导的发展性和教育性，遵循学生心理发展的一般规律，针对学生在不同的发展阶段所面临的任务、矛盾和个别差异，开展相应的辅导活动，从而使个体具备与阶段相适应的经验和问题解决能力。但也不忽视矫治性和预防性工作。平时学校向学生提供与本阶段发展任务有关的各种辅导，一旦学生出现问题，应及时转介至心理健康教育咨询中心接受心理咨询或转接至校外精神卫生服务机构接受心理治疗，做好转介矫治工作。同时，还应设法消除引发问题的环境因素及设法增进学生相应的解决问题的能力。具体来说，我们可以从如下四个维度来理解发展性辅导的性质。

（1）消极—积极。从世界心理卫生运动的发展史来看，人们对于心理健康的认识及行动，主要经历了治疗—预防—发展的过程，也就是从生物医学模式向生物—心理—社会医学模式转变，并逐渐向提高心理素质、促进个性发展的发展模式转变。这使心理卫生工作由集中在个体心理的不健康一面的消极势态向对个体心理的健康一面关注的积极势态转变。心理健康教育工作是在心理卫生工作这个大背景下进行的，理应从观念上由消极的防治向积极的适应、发展方面演进。提示我们要从发展性辅导的观点出发，以积极的、发展的眼光去看学生。

（2）适应—发展。心理辅导的重点由适应性向发展性推进，是心理健康发展标准提出的结果，也是学校教育发展的要求使然。西方学校传统的辅导主要着眼于矫治的层面，为少数有学习困难、适应障碍、退缩行为以及有暴力倾向等问题的学生提供服务，帮助他们消除异常的心理和行为，以适应环境。随着时代的发展，这已与学校教育促进人的发展的目标不相适应。学校心理辅导理应积极向发展性层面推进，促进学生身心的健康发展，包括健全的人格和心理适应能力的发展，使之提高自尊心，增强承受挫折的能力，发展社交能力，充分发挥各种潜能。心理辅导的目标可以分为短期、中期和终极目标，即把矫正学生偏差行为和消除心理问题作为短期目标，把培养学生正确的自我观、自主性、学习能力和社交生活适应力，以及建立适当生活方式作为中期目标，把促进学生自我完善，使个人潜能得到充分发挥作为辅导的终极目标。

（3）个别—团体。马斯洛（A. H. Maslow）把人的社交需要看作是人类生存和发展的基本需要。在现实生活中，每个人都希望自己为团体所接纳，有良好的人际关系。因此，集体性和团体性乃是作为一个具体的、现实的人存在的重要前提。随着发展性辅导的提出，团体辅导在学校心理辅导工作中占据愈来愈重要的位置。在欧美，小组辅导得到大力提倡。在实践中我们发现，与传统的个别辅导相比，团体辅导更有成效，一是团体辅导由于具有符合学生喜合群、爱模仿、易受团体成员影响、从众性强的特点而受到学生欢迎，也较有成效；二是团体辅导提供了一种特定的社会生活机会，学生可借助团体本身的影响力来学习某种生活经验或改变某种不良行为，并获得团体生活经验；三是能较充分地利用教育资源，解决辅导教师与学生由于人数比例悬殊而造成的顾此失彼的问题。显然，团体辅导更有利于协助学生实现各种发展目标，如学会团队合作，学会表达感情，建立自信，形成某种新行为。当然，提倡团体辅导并不意味着可以取消个别辅导，在学校辅导工作中，两者很多时候可以交替使用以发挥互补功能。

（4）单一——网络。由于心理健康的社会适应标准和发展标准，决定了心理辅导工作具有极强的长期性与社会性。在加强专业辅导质量的同时还要积极调动非专业人员的参与和支持，在校内形成专职教师、辅导员、一般教师和学生干部相结合的教育网络。同时，在社会发展日益复杂的当今时代，过去那种单纯由学校独自实施心理辅导的格局已经不合时宜，应积极形成学校、社会、家庭相结合的辅导网络，建立校内外辅导一体化网络的格局。

由此看来，发展性辅导有5个明显的特征。

（1）发展性辅导为全体学生所拥有，它的对象是全体学生。

（2）评估学生心理健康水平的标准着眼于学生的可持续发展，即心理品质是否发展，心理潜能是否得到有效开发。

（3）在辅导目标上强调心理潜能的开发和人格的完善，而不仅仅停留在障碍的消除与危机的处理上，在关注个体心理不健康的一面的同时重视发挥人的潜能。

（4）以前摄性干预为主，反应性干预为辅。改掉以往以矫治为主的做法，重视防患于未然。反应性干预是当学生发生问题之后学校心理辅导工作者做出的反应、采取的对策。而前摄性干预是在预测问题发生之前，设法增进完成相应阶段的发展任务，以预防问题的产生，它是更加理想的工作目标。另外，它的干预是以任务目标的形式提出的而不是以矫治性问题的形式提出的，甚至有时仅仅以活动的形式出现，而把发展问题的解决暗含于其中，侧重于让学生在具体情境中体验、感悟。

（5）辅导内容体系的构建上体现更加人本主义的优势视角和能力建设取向，该取向的实践意味着，辅导所应该做的一切，在某种程度上要立足于发现和寻求、探索和利用案主的优势和资源，协助他们达到自己的目标，实现他们的梦想，并面对他们生命中的挫折和不幸。

3. 发展性辅导的界定

在前述分析的基础上，我们可以看出，发展性观点应用于辅导是基于这样一种前提——所有个体或学生在其一生各阶段皆需要辅导；发展性辅导是针对一般常态心理者而言的，其辅导对象心理基本健康，无明显的心理冲突，能基本适应环境。发展性辅导承认，学生在成长过程中会遇到一些冲突。为协助学生成功地解决这些冲突，学校必须在其发展的关键阶段，主动提供学生与其阶段性有关的职业、社会、情感、人格等各种学习经验，以使学生学习并达成该阶段的发展任务，使学生熟练运用已习得的经验、技巧去解决所面临的各种问题。由此，我们对发展性辅导做出界定，即发展性辅导是一种以全体学生为对象，采用个别辅导、团体辅导、班级团体辅导、活动创设等多元化的辅导措施，并通过支持、保障等网络系统，提供一些对学生成长必要的经验，以达发挥学生的自我潜能，完善个人人格之目标的辅导活动。对这一界定主要可以从辅导对象、理论依据、辅导目标和辅导途径 4 个方面进行理解，也就是说，发展性辅导是一种：①基于为了所有学生而不是仅仅为了个别问题学生的辅导；②以人本主义心理学、发展心理学观等翔实的理论为依据的辅导；③以班级辅导为主要途径，并借助由学校、家庭和社区所构成的辅导网络来实施的辅导；④以发展学生的自我潜能，完善个人格，促进学生个体最大的发展为终极目标的辅导。

4. 发展性辅导的功能

车文博（1991 年）提出了发展性辅导的 4 项功能：①激励咨询对象调整解决自身心理问题的能力结构，只有从信念和动力结构方面树立起咨询对象的主体意识，从总体上培养其健康的人格结构，才能从根本上解决心理问题；②帮助咨询对象纠正对自身内部心理状态以及对外部社会环境的不恰当认知，这是解决心理问题的一个关键因素；③为咨询对象实现更高的人生目标设计和提供最佳行为策略；④通过心理健康教育，指导个体预防潜在的心理问题。笔者认为这个描述基本上概括了发展性辅导的基本功能，尤其是①、③的功能，充分体现了发展性辅导以"努力排除正常发展障碍，帮助学生实现最佳发展"为主要宗旨的理念。

5. 发展性辅导的主要内容

发展性辅导的内容丰富而复杂，可以从多个角度进行分类。就学校心理辅导的任务来看，其主要内容包括学习辅导、人格辅导、生活辅导、职业辅导等。

（1）学习辅导。学习辅导，是指教育者运用教育学、心理学及其相关理论，指导学生的学习活动，提高其认知、动机、情绪、行为等学习心理品质与技能，并对学生的各种学习心理问题进行辅导。学习辅导的基本任务是帮助学生学会学习。具体说来主要有：①提高学生学习技能，掌握有效的学习策略，发展其创造能力；②培养浓厚的学习兴趣，良好的学习态度，激发学习动机；③正确对待学业的成功与失败，树立自信心，能克服学习活动中的各种困难，养成良好的学习习惯；④帮助学生解决与学习有关的各种心理困惑；等等。

在学习中常见的心理问题有学习困难、学习怠惰、学习退避，以及学习焦虑等。

学习困难，目前世界上有两个主流概念：一个叫学习障碍（learning disability），另一个叫学业不良（low achievement）。其中，学习障碍是指由于中枢神经系统功能失调，而使儿童在聆听、说话、阅读、书写、推理和数学能力方面，表现出显著的困难。例如，有的孩子有视觉通道障碍，常常把相近的汉字或字母混淆。学业不良系指学习成绩低下的学生，具体又可分为相对学业不良、绝对学业不良和成绩不足。

学习怠惰，表现在整天喜欢闲荡、嬉玩，碰到学习、读书总显得懒洋洋的，不做作业不温习功课，上课反应迟钝，学习上拖三拉四。学习退避，表现在不做作业，不愿积极参与课堂学习活动（如不愿回答教师提出的问题），尽量回避困难的作业、旷课乃至逃学，等等。学习退避行为实质上是习得性失能的表现。他们由于经历了多次学业失败，再次碰到困难会产生一种无能为力的心理状态，同时他们自己的自尊又一次受到威胁，受人批评、嘲笑，就会产生消极的防御机制逃避学习以避免自尊再次受到威胁，其结果便是学习上的自暴自弃。而学习焦虑是一种复杂的情绪现象，常表现出紧张、不安、担心、忧虑、恐惧等。它的产生与学生的认识、气质、生活环境等有关。

（2）人格辅导。人格辅导（personality guidance）是学校心理辅导中的重要内容之一。人格辅导，是指运用有关心理学、教育学、社会学等多种学科的理论与技术，遵从心理辅导的一般原理，帮助、促进学生社会适应与人格健康成长和发展的一种教育活动。由于学生正处于人格成长与发展的重要时期，学校教育不仅有义务和责任对学生进行人格教育，也有较好的条件对学生进行系统的、有计划、分阶段和分步骤推进的人格教育。

人格辅导的主要宗旨在于帮助和促进学生的社会适应、自我成长与健全发展。人格辅导的主要内容包括自我意识辅导、情绪辅导、意志辅导、人际交往辅导、青春期及性心理辅导等。人格辅导的目标可以概括为八个字：促进适应、完善人格。适应即社会适应，它既是人格成长与发展的基础和条件，又是人格特征赖以展现的载体，个体人格的稳定特征和行为形式都直接体现在个体的社会适应中。个体要有良好的社会适应，必须既充分认识自己，又要充分认识自身之外的周围环境（包括自身之外的他人、物理环境、社会组织、社会文化等），并积极寻求两者的沟通和融合，从而达到个体与环境的良性互动和协调。

完善人格即努力培养适应社会现实要求的生活态度、价值观念和社会行为模式。就现代社会中的个体而言，必须具有现代人的人格特征。针对目前中国的现代化进程，有学者提出，当代中国人特别要重视耐挫能力、合作与合群品质、终身学习的态度和能力、尊重多元化价值并具有独立判断和选择能力等的培养。

（3）生活心理辅导。生活辅导，通过生活教养教育、休闲辅导和消费引导，培养学生健康的生活情趣、乐观的生活态度和他们的"生活世界"。这对于学生将来获得幸福而充实的生活具有潜在的影响，同时对发展他们的个性、增长才干、提高学习效率也具有有力的迁移作用。让学生学会学习、学会生活、学会做人，已经成为现代教育的潮流。美国教育家杜威早在20世纪初就提出，教育就是生活、生长和经验改造。在杜威看来，生活和经验是教育的灵魂，离开生活和经验就没有生长，也就没有教育。

（4）职业心理辅导。大学是职业生涯的重要准备阶段，职业辅导是帮助学生认识选择职业、准备职业，并在未来的职业上取得成功的过程。从以前的观念来看，职业辅导只是临近毕业的学生才需要的。但是，从我们现在的教育目标来看，最终是要培养满足社会发展和学生个体发展需要的合格的劳动者。对未来劳动者的教育，不仅是要培养学生的认知能力，更重要的是要培养学生的生存能力和创造能力。职业辅导是为学生未来的生活作准备的教育活动，旨在帮助学生在了解自己的能力、特长、兴趣和社会就业条件的基础上，确立自己的职业意向，进行职业选择和准备，为今后顺利地踏上社会打下良好的基础。在以社会分工不同为特点的现代社会，每个人都有发挥自己的才能的舞台，都能找到属于自己应有的位置，从这个意义上说，职业辅导是学校发展性辅导的重要任务，是为人谋求终生幸福而服务的。

二、辅导员工作与发展性辅导

辅导员作为专职学生工作者,已成为高校广泛开展大学生心理健康教育不可或缺的重要力量。

(一) 辅导员参与发展性辅导的向度

在日常工作中,辅导员应明确角色定位和职能发挥,在思想政治教育工作中结合心理健康教育的理念、方法与策略,从发展性辅导内涵和内容入手,一方面,开展涵盖个体和班级团体形式在内的"普及性、预防性、发展性"的心理健康教育工作;另一方面,配合专业人员开展"针对性、应急性、排障性"的心理危机干预工作,提高辅导员参与大学生心理健康教育工作的针对性和实效性。

1. 用思政工作的政策、渠道理解、参与和强化日常心理健康教育

辅导员的工作性质赋予其参与心理健康教育的有利条件。辅导员是大学生最直接的教育者、管理者和服务者,是主要的精神关怀实施者,在日常工作中更容易与学生培养情感,这使学生对辅导员具有比一般任课教师更高的信任感和权威性。辅导员拥有更多专门时间、空间接近和了解学生,更易于及时把握学生的各种思想和行为动态,有利于通过日常教育、管理和服务,有计划、有针对地渗透心理健康教育。

(1) 坚持思想政治教育与心理健康教育相结合的理念。坚持心理健康教育和思想政治教育相结合,是加强和改进大学生心理健康教育的基本原则之一。思想政治教育与心理健康教育在教育内容和育人目标上存在内在一致性。一般来说,个体的品质可以分为3个层次。①个体的心理品质,如自信心、上进心、勇敢和毅力等,这些品质是个人成就和幸福生活的基本的主观条件,可以通过心理健康教育来培养。②社会道德和法律品质,如关心集体、利他和责任心、遵纪守法等。这些品质有利于社会的协调发展,社会中的每一个成员都应该具备,可以通过道德和法律教育来培养。③思想政治品质,如世界观、人生观等,可以通过思想政治教育来培养。这3个层次的品质教育是

相互联系、相互作用的。良好的思想品德和政治素养在个体素质结构中处于中心地位，对个体各个方面素质的发展起着积极的导向作用，而健康的心理状态则是优良的道德品质和坚定的政治信念的心理基础。从人格结构来看，道德品质是人格的一个部分。通过教育社会化的过程，个人认可和同化外在的社会道德规范，并根据这些规范来调节自己的行为。这些内化的道德规范就是个人的道德品质，而个人的道德品质与其他心理品质联系在一起，共同组成个人统一的人格结构。传统的学校德育虽然对于学生道德品质的形成起到一定的积极作用，但是，由于传统德育的目标和方法偏重于政治思想和道德认识的灌输，致使不少学生道德认识与道德行为相脱节。要克服这一现象，培养学生良好的道德品质，应把德育与心理健康教育结合起来。如果说现代教育的基本精神是道德、民主和科学，那么，传统的教育显然是"道德"（说教式的）有余，而民主和科学不足，心理健康教育则强调民主的教育态度（如尊重、接纳、信赖）与科学的方法（如心理咨询、心理测量等），这恰好可以弥补传统德育的不足，从而促进学生德、智、体素质的全面发展。

  辅导员要创新德育观念，形成政治、思想、道德、心理的四元德育格局，使德育成为心理健康教育的载体和依托，发挥德育在培养人格品质和健康心理素质中的重要作用，同时以心理健康教育丰富和完善德育的内容和手段，让思政教育更加符合心理规律，获得更好的效果。

  （2）发展性辅导是社会发展与现代化的需要。学校教育的基本目的是为社会发展培养所需要的人才。而当代社会的科技文明、社会生产以及人的生活方式和思想观念，都在不断变化更新。面对如此迅速发展变化的社会，强调知识传授的传统教育将难以实现其基本目的，而逐步被强调素质培养和人格发展的新型教育模式所取代。在这种形势下，学校教育最重要的不再是给学生"金子"，让学生吸取前人的知识，而是让学生获得学习知识和创造知识的能力，只有教给他们"点金术"，才能打开当今知识的宝库，才能在激烈的社会竞争中立于不败之地。当今社会也是一个日趋开放和多样化的社会，社会给予人们更多发展的机会和选择的自由。只要善于选择，勇于开拓、进取，每个人都可以有成功的机会。发展性辅导就是通过有意识、有目的地培养学生良好心理品质与健全的人格，从而促进学生积极发展的一种新型教育模式。

  （3）发展性辅导是学生素质教育的组成部分。良好的心理素质是人的全面素质中的重要组成部分，是未来人才素质中的一个十分重要的特质。大学是实施素质教育的关键时期，这个时期既是一个人身心发展最为迅速的时期，也是人格或心理品质形成非常重要的阶段。在这一阶段开展发展性心理辅导，可以有效地促进学生良好心理素质的形成和发展，并且为科学文化方面的素质教育奠定坚实的基础。例如，通过辅导培养学生积极的情感，可以提高学生学习科学文化的积极性和有效性；通过辅导培养学生良好的意志品质，可以促进学生学习的自觉性、主动性和坚持性；通过辅导培养学生自尊心、自信心和上进心等性格特征，可以促进学生的成就动机，提高学习效果。

（4）贯通思想政治教育和心理健康教育的方式方法。大学时期是个体身心发展最为迅速的阶段，这一阶段的生活经历与环境教育对学生的发展具有重要的影响，有的甚至影响人的一生。学生生活环境与教育是否适当，直接关系到学生良好心理品质的形成，辅导员可以从思想政治教育的优良传统出发，开展主动引导发展型教育，采取主动谈心、心理动态调研、小组讨论、案例分析、指导阅读等形式，普及心理健康知识，培养和提高学生的心理自我调节能力。

A. 建立机制，增强对学生心理健康状况的了解。辅导员工作要建立日常谈心制，深入细致地了解学生思想和心理动态，并建立连续档案，尤其是要了解就业困难学生、经济困难学生、学业困难学生、情感受挫学生、违规违纪学生的心理状况，并及时跟踪反馈；要建立以学校-学院-班级-宿舍为轴线的心理健康教育网络体系，选任班级心理委员，畅通信息渠道，实施朋辈辅导；要配合学校心理咨询中心开展新生心理健康状况调查，建立心理问题筛查、跟踪、干预、控制为轴线的一体化工作机制。

B. 立足实际，加强对心理问题源头的解决。心理问题的背后往往是现实问题，如学业、经济、感情、家庭等。辅导员在深入学生了解具体情况、进行心理疏导的同时，更应该考虑问题源头的解决，坚持解决心理问题与解决现实问题相结合；要加强与学生家庭层面、学校层面和社会层面的沟通，争取多方资源，为学生办实事、办好事，增强心理问题学生对同学、老师、学校、社会和国家的认同感，缓解精神压力，消除心理隐患。同时，辅导员要协助专业人员通过心理测量、个别咨询、团体辅导、心理行为训练等形式，为大学生提供及时、有效的心理健康指导与服务。

C. 拓展形式，丰富高校心理健康教育活动。辅导员可以通过学生工作组织管理体系，拓展心理健康教育形式，以素质拓展、主题班会、知识竞赛、演讲征文等形式，扩大心理健康教育课堂教学的效果；可以依托校园文化建设，积极开展社会实践、科技创新、文化体育活动，形成健康向上的心理支点，达到"知行合一"的效果，改善学生的自我认知，促进良性自我满足，营造温馨和谐的校园精神文化氛围。辅导员要注重教育与自我教育相结合的原则，通过开展心理志愿者、心理健康知识讲座、班内团体辅导等活动，引导大学生学会自我认识、自我选择、自我发展、自我管理、自我教育、自我调适。此外，辅导员要特别注重网络阵地的心理健康教育，充分利用网络的平等性、隐蔽性、便捷性和实时性等特点，强化网络心理健康教育和思想政治教育的作用。

2. 协同参与应急心理危机干预，发挥预警、协调和善后作用

大学生心理危机干预是指对那些正在经历个人危机，处于困境或遭遇挫折，或即将面临危险的大学生提供及时有效的帮助和支持，使其恢复心理平衡。辅导员参与心理健康教育有着"先天"和"后天"的优势，经过适当培训后完全可以承担发展性心理健康教育的任务。但是，由于心理危机干预需要教育学、心理学、精神病学、心理咨询等系统理论和专业技能，而辅导员普遍缺乏心理学专业知识，特别是年轻辅导员不善于区分学生存在的是思想问题还是心理问题，在面对危机干预的复杂情况时容易错误把握；经过专门培训的辅导员能够具备一定的危机干预知识，但不代表具备开展心理危机干预的能力，且非心理健康教育专职教师的辅导员也没有必要具备完全的心理学专业水平。因此，笔者认为辅导员应该是大学生心理危机干预的重要参与者，是专业人员的助手，在危机干预过程中扮演"干预机制构建者""危机情况发现者""事件协调处理者""后期干预关注者"和"积极效果引导者"等角色。

（1）当好"干预机制构建者"。大学生心理危机干预是一个系统工程，需要学校、学生、社会等多方协调作用。辅导员是学校、学生、社会之间的桥梁和枢纽，可以通过构建学校、学院、班级三级心理危机干预体系，在纵向上形成危机预防的落实渠道和危机反应的快速通道，在横向上实现相关教职员工与全体学生的参与，明确危机事件处理流程和不同人员的干预职责，实现相互配合；可以通过与学生的日常沟通交流和普及性心理健康教育，引导学生客观认识自身处境、正确看待心理变化，提高学生接受外界帮助和自我改进的能力，培养学生"学会自助、学会求助、学会助人"；可以通过与社会以及学生家庭、朋友保持密切联系，争取和提供有效的外部环境支持。通过这些方法，最终形成以学校支持系统为基础、学生自助系统为关键、社会

支持系统为支撑的大学生心理危机干预的三维机制。

（2）当好"危机情况发现者"。辅导员要及时了解学生动态，警惕可能影响学生心理状况的突发事件和潜在因素，同时掌握一定的心理学理论和实务知识，对常见心理障碍和精神疾病有一定的判定力，便于及时采取措施，防患于未然。一旦发现学生存在严重心理危机问题，要及时和专业工作人员联系，不能取代专业人员，避免因轻易做出判断而贻误心理危机干预的最佳时机。

（3）当好"事件协调处理者"。辅导员一般是学生事务的第一责任人，在出现心理危机信号或发生危机事件后往往在第一时间赶赴现场，要运用既有心理危机干预知识和心理危机干预预案，努力在第一时间将可能发生的危机影响程度减到最小，为专业人员进一步介入做好铺垫。辅导员要向专业人员提供当事人的相关信息，做好学生家长和同学的联络安抚和教育，统筹好学生、学校、家长的关系。

（4）当好"后期干预关注者"。辅导员要配合专业人员开展对当事人的定期回访，在危机干预后相当长的时间内对当事人保持一定程度的关注，引导当事人正确认识曾经的危机事件，使危机转变为当事人实现个人成长和人生跨越的机遇，使"坏事变好事"。同时，要做好周边同学的思想工作，为当事人创造良好的恢复环境。

（二）辅导员发展性辅导的策略与技巧

发展性辅导是指教育者运用心理学、教育学、社会学、行为科学乃至精神医学等多种学科的理论与技术，帮助学生自我认识、自我接纳、自我调节，从而充分开发自身潜能，促进学生心理健康与人格和谐发展的一种教育活动。这种教育活动有以下特征：①以积极的人的发展观为理念。人的本性是积极向上的、理性的、建设性的，可以通过自我教育不断地完善，达到自我实现。教育者要相信虽然每个学生的潜能不尽相同，但都可以通过辅导，使他们的潜能得到充分的开发。②以学生的成长和发展为中心。发展性辅导是以个体成长发展的需要为出发点，帮助他们解决成长过程中的一系列问题，包括如何认识自我，如何认识他人与社会以及与学习、生活相关的问题。这些问题的解决，主要不是依靠教育者的说教和社会规范的灌输，而是需要辅导者帮助学生通过自我体验、自我领悟、自我实践，进而不断开发自身潜能，达到自我完善与发展。③以他助—互助—自助为机制。个体谈话性辅导是一种协助和服务，它帮助学生认识自己的问题，启发他们经过充分地讨论自己找到解决问题的办法，做出合适的抉择。但这个过程不是指示性说教的过程，而是要求教师启发学生敞开心扉，学会耐心细致地聆听，积极调动学生自身的教育资源，把学生看作教育的主体。学生诉求的过程，往往也是自我认识和自我总结的过程；班级团体辅导活动则是一种积极的人际互动过程，同龄伙伴有共同的爱好、价值观和文化背景，彼此之间容易理解、沟通，在一定的集体目标下，更能达成共识。学生作为集体的一员，在辅导活动中既是受助者，又是助人者。作为受助者，他可以得到他人的帮助；作为助人者，他可以用自己的思想与行动帮助别人。这种自助与互助可以增进学生自尊、自信的体验，从而达到自助。教师作为辅导者，应该创设良好的集体舆论、和谐的人际关系、民主自由的气氛，充分开发集体的教育资源，确保这种良性机制的形成。在谈话和活动的辅导过程中，辅导员必须应用各种辅导策略，才能有效地达成其辅导目标，需要说明的是，心理辅导的理论众多，因而心理辅导的方法也各有千秋。以发展性辅导为主要目的的学生心理辅导的策略与技巧很多，而且也并不是千篇一律，应从学生的个人特征和所遇到问题的具体特点出发，以最有利于学生心理发展为原则，选择适当、有效的方法。在整个辅导过程中，为了达到最佳的效果，通常还需要多种方法结合使用。事实上，任何一种辅导理论和技巧都有其理论基础，因为理论能提供辅导员在团体内该说什么、该做什么的指引，也能帮助辅导员预期活动可能会产生的结果（Corey，1982年）。我们这里从个体及团体工作层面出发进行整理，以期以管窥豹。

1. 个体工作层面上的策略与技巧

一般来说，人们在遇到情绪上的困扰时，最直接的需要就是得到别人的理解和宽慰。当事人在获得足够的尊重和支持时，就能够在情绪上充分地宣泄，并在此基础上更好地认识自己、接纳自己，比较现实地面对环境中令人不快的事实，同时以积极热情的心态去开始自己应该做的事情。辅导员可以从思想政治教育的优良传统出发，采取主动谈心、心理动态访谈等个体工作层面上的形式，开展主动引导发展型教育，其操作模式、策略技巧可以参照心理咨询的策略与技巧。

(1) 情感策略与技巧。

A. 理论基础。情感策略的理论基础源自罗杰斯的个案中心治疗及完形学派治疗。其重点是自我察觉及各种经验性感觉（experiencing feelings）。

B. 技巧。罗杰斯的个案中心治疗的基本技巧是"反应性倾听"（responsive listen-ing）技巧。1993年，吉布森（Gibson）认为，学会倾听是心理辅导的先决条件。在实践中，倾听是指辅导教师用真诚的态度认真听对方讲话，采用不批评、不判断、尊重、以对方为中心的原则，鼓励当事人放弃心理防卫，将郁积于内心的隐秘畅快地倾诉出来。这样，当事人原有的紧张、恐惧、焦虑等症状以及由此而产生的身心症结就会逐渐减轻或消除。倾听可分为两种：被动式倾听，意思是辅导教师用体态语言（如点头、微笑、注视、坐姿等）和有限的有声语言（如"唔""是的""我明白""嗯"等）向来访学生表示，辅导教师正在留心倾听他的讲话。主动式倾听，指辅导教师用主动的方式（如"你的意思是……""还有别的想法吗""我感觉到……""为什么"等）使来访学生明白其正在留心倾听。积极的倾听是有效心理辅导的关键。倾听意味着学会沉默，学会专注，学会设身处地地去体验学生的内心感受并做出富于共情的反应。同时，倾听不是要辅导员放弃个人的信念与价值观，而是要让他学会从他人的角度思考问题，并学会在不放弃个人的信念与价值观的条件下，接受他人的信念与价值观，以能够更好地体验其感受，把握其思路，做出由衷的共情反应。所以，倾听不是被动的、消极的活动，而是主动的、积极的活动，它使人学会用心去听人讲话。此外，辅导员还通过运用共情、真诚、一致、接纳等技术，努力创造一种宽松的气氛，以利学生探讨他们各种感觉想法及行为，最后获得对自我及周围世界的了解。共情类似于一种替代性情绪的反应能力，表现为辅导教师能够将自身投射到来访学生的心理活动中去，分享其对外界事物的心理反应。这样，辅导教师就可以感受到来访学生的迷惑、需求和情绪，并可以用其能够理解的语言方式把自己的感觉告诉来访学生，必要时可以澄清其混乱的思想和误解。一般的共情比较容易达到，而深入的共情则需要对表面或笼统的情绪感受的内在含义有理性的判断，并做出准确的言语表达。一个有效能的共情可以从感受、程度和内容三个方面进行评定，在运用时可参照表6-1。

表6-1 共情评定

教师	层次	5个不同的层次	感受	程度	内容
A	5	当事人的成绩一向很好,但会考成绩不及格。因此,当事人感到特别失望与难过,也有点儿气愤。当事人与父母商谈后,似乎需要重读,但自己感到不甘心。故此,内心很矛盾			
B	4	因为会考成绩不及格,所以,当事人感到很失望、很难过,也不清楚前面的路该如何走,心里很混乱			
C	3	因为会考成绩不及格,所以,当事人感到很失望、很难过			
D	2	当事人的成绩一向很好,但会考失败了			
E	1	了解当事人为什么感到如此悲伤			

注：表中后三栏为评价。"茵"表示为零,"姨"表示肯定,"伊"表示否定

完形派策略侧重察觉,强调教师鼓励学生多表达现在的经验（感觉）在谈话的过程使用直接语言,使用"我"而非"他"或"它",使用"我不要"而非"我不能",用"我"表示负责自己的行为。例如"房间太暗使我不能做功课"应改正为"我没有做功课"。同时,鼓励直接采取行动,直接表达自己,而不在想象与不必要的沉思中浪费时间,强调直接与有关的人处理问题,有关的人若不在现场则应用角色扮演——借助空椅子或其他工具。辅导员在谈话的过程中可常用"我现在察觉到……""我感觉……"而不用"为什么……",以避免过多甚至错误地解释、推测、阐释等,继而鼓励学生接受自己原本是怎样的一个人,而不是他人所期望"你应该是怎样的一个人"。

（2）认知—行为策略与技巧。

A. 理论基础。认知—行为策略主要是用来应对思想与行为过程的。其基本观点是：在个体的信念系统中,具有理性和非理性两种观念倾向,理性的信念将带来合理的情绪和行为,非理性的信念带来个体不合理的情绪和行为。辅导的任务就是帮助学生认清自己在情绪困扰背后的非理性认知,代之以理性的认知,在有效地改变行为前,先改变错误的想法,并把这种理性的认知方式巩固下来,使整个心理健康水平得到提高。其重点是个体非理性思维的

替代或称认知重建。最具代表性的方法是艾里斯（A. Ellis）的理性情绪疗法（rational emotive therapy，RET）、贝克（Beck）的认知疗法以及梅肯鲍姆（D. Meichenbaum）的认知行为疗法。

B. 技巧。认知重建在理性情绪疗法中是有效的策略。根据理性情绪疗法，要调节我们有时产生的不良情绪状态，就是要以合理的思维方式代替不合理的思维方式，以合理的信念代替不合理的信念。这种策略包括教导、说明、对质、辩论、指定作业等。认知重建的目的是协助学生控制自己的情绪，同时辅导员教会学生一些合理的思维方式和信念，放弃不合理的思维方式和信念。理性情绪疗法的过程可以用"ABCDE"模式来表示：A——个体遇到的主要事实、行为和事件；B——个体对 A 的评价和解释；C——事件造成的情绪和行为结果；D——与非理性的信念辩论；E——通过治疗达到的新的情绪及行为的效果。理性情绪疗法最常采用的技术主要有如下几种。

（A）与非理性的信念辩论。与非理性的信念辩论就是辅导教师积极主动、不断地对来访学生的非理性信念进行质疑，以动摇其关于自己、他人以及周围世界的非理性信念，使来访学生在分清什么是理性信念和非理性信念的基础上，最终以理性的信念替代非理性的信念。提问方式一般表现为质疑式和夸张式两种。质疑式的提问方式可以是："你有什么证据能证明自己的这一观点？""是否别人应该按照你想的那么去做？""你有什么理由要求事物按照你设想的那样发生？""你有什么理由要求考试成绩一定要符合自己的期望值？"夸张式的提问方式主要是："如果……最坏的结果是什么？真的就有那么可怕吗？又会可怕到什么程度呢？"

（B）理性的情绪想象。来访学生常常在头脑中夸张地想象各种失败的情境，从而产生不恰当的情绪和行为反应。理性的情绪想象技术是帮助他们停止这种非理性的想象。其步骤是：使学生在想象中进入不恰当的情绪反应或自认为最受不了的情境，让他体会在这种情境下的强烈情绪体验；帮助学生改变这种不适当的情绪体验，并使他能体验到适度的情绪反应；停止想象，让学生讲述他是怎么想的，从而使自己的情绪发生变化。

（C）认知家庭作业。认知家庭作业实际上是一次辩论、想象治疗后的延续。非理性信念的转变是一件困难的事，因此，转变的努力应该持续到会谈后。学生在完成作业的过程中可以更好地掌握与非理性信念辩论的技巧，并学会在平时与自己的不合理信念进行辩论。认知家庭作业是一种自助表格如表 6-2 所示，实施方法是：学生先写出 A（事件）和 C（情绪或行为）；参照表6-2找出符合自己情况的B（非理性信念），或写出表中未列出的非理性信念；对B进行逐一辨析，找出可以替代B的D（理性的信念）；写出辩论后出现E（新的情绪和行为）。

表6-2　认知家庭作业

A（事件）	C（情绪或行为）	B（非理性信念）	D（理性的信念）	E（新的情绪和行为）

　　非理性信念，指个体具有的负面的、绝对的和不合逻辑的自我陈述。艾里斯（1962年）把人们日常生活中常见非理性信念归纳为11种：①每个人绝对要获得周围的人，尤其是对自己重要的人物的喜爱和赞许；②有价值的人应该是在生活的各个方面都比别人强和更有成就；③世界上有些人很邪恶、很可憎，所以应该对他们进行严厉的谴责和惩罚；④如果事情非己所愿，那将是一件可怕的事情；⑤不愉快的事总是由外在环境因素引起，不是自己所能控制和支配的，因此，人们对自身的痛苦和困扰也无法控制和改变；⑥面对现实中的困难、挑战和自我需要承担责任时，逃避比正视它们更容易、更可取；⑦人们要时刻对危险和可怕的事情保持警惕，应该非常关心并不断注意其发生的可能性；⑧人必须依赖于他人，特别是某些与自己相比强而有力的人，只有如此才能生活得更好些；⑨一个人以往的经历和事件经常决定了其目前的行为，而且这种影响是永远难以改变的；⑩一个人应该关心别人的问题，并为他人的问题而悲伤难过；⑪对人生中的某个问题，都应有一个唯一正确的答案，如果找不到这个答案，人就会痛苦一生。

　　总的说来，这些非理性信念表现为3种形式：①我必须做得很好，且受到重要他人的赞同，如果我做不到我应该或必须做的，我就真的堕落不堪了；②他人必须且应该能体谅地、公平地甚至特别地对待我，如果他人无法这样，这可真是糟透了，他们罪有应得，应该下地狱，并永远不能超生；③我所生活的情景必须被妥善安排，以使我能轻易且无须任何努力就可以获得我想要的。

　　完成认知家庭作业实际上是来访学生自己进行"ABCDE"工作的一个过

程。其中，D是整个过程的重点。这种自我分析人人都可以做，因为人人都可能存在不同程度的非理性的信念。

贝克（Beck）发展出来的认知疗法的基本论点与理性行为治疗法有许多相似处。认知疗法和理性行为治疗法都是主动的、指导的、有时间限制及有结构性的治疗法。这是一种洞察治疗法，强调认知以及改变负面的思考与不适当的信念。贝克的方法的理论论点是，人们的感觉与行为取决于他们如何建构其经验。他的研究工作独立于艾里斯，但两者对于协助当事人了解与放弃自我挫败认知的目标是一样的。

1979年，贝克提出"验证现实"技巧包括7个步骤：①指出学生带有负向感觉或不舒服感觉有关的想法或陈述；②询问学生怎么会相信那种思想是对的，正确性有多少；③查询其叙述所附带的感觉，如问"当你向自己说……时，你的感觉如何"；④不去考虑他们所叙述的是否有根据或正确性有多少，但要考虑其过去类似情境中选择的结果是否比现在想法的结果更好或更糟；⑤评量将来发生不幸的可能性，如问"将来是否永远都没机会交到像他那样的朋友，十分之一或百分之一的机会都没有"；⑥继续用现实去挑战这个想法；⑦经过以上步骤后，查验一下学生是否还相信原来的叙述是对的。

认知-行为的技巧包括评估和判断学生的想法和行为是合理或不合理的、负责任或不负责任的。在此要小心的是，不要将自己的价值系统强迫学生去接受，而是要检视并评估学生的价值系统。换言之，教师可以挑战但不可以评判或拒绝不正确的价值或信念。在实际使用时，我们认为，"评估行为是否合乎现实"对学生是很重要的，同时这项规则也常被应用。另外，我们也常要求学生做出具体的计划并对行为负责。例如，学生想改变学习态度或习惯，这是不具体的，应要求他列出"晚上几点到几点做什么"才比较具体。但辅导员的态度还是非判断性的，虽然学生提出不合现实的可行方法，他可以拒绝非现实行为，但仍然接受学生，继续保持尊重他们。个体满足自己的需求时，以不伤害自己和他人为原则，加强评估行为的道德性及有效的行为方式等。

我们认为，要求辅导员做到不判断与不评价是很不容易的，如何把握这一原则需要多体验与练习，在这种"价值澄清"情境下，多运用"反应性倾听"技巧鼓励学生发表自己的看法和感觉，需由辅导员自己深入探讨并作决定较有帮助。

（3）行为策略。

A. 理论基础。行为策略是以学习理论为基础的，强调具体、可观察的行为，反对感觉与思想。其基本观点是：人的心理和行为障碍大多是在后天环境中习得的，同样也可以通过学习正确的行为模式而加以克服，用好的行为习惯代替不好的行为习惯。辅导教师的策略的目标是改变不适应的行为，同时以适当行为取代它。它的假设是行为改变了，个体的感觉和想法也会改变。任务就是为这种学习创造适当的条件，包括选择、设计合理的行为程序，提供强化并监督实施，等等。

B. 技巧。行为策略的应用很普遍，它常为教师和父母所用，如强化法，包括奖励、惩罚等手段的应用，只不过它们常常不被觉察为一种策略而已。常用的行为策略主要包括强化法、行为协议法、代币经济法、角色扮演法、系统脱敏法、模仿法等5种。强化法是通过持续地逐一强化更为接近目标行为的适应性行为，同时消退先前的较为接近目标行为的不适应行为，使目标行为得以形成。强化主要包括正强化、负强化、正惩罚、负惩罚4种类型，它又分塑造、消退两种具体方法，可用于学生学习行为、社交行为、运动行为等的培养上，尤其在用于单一行为方式的建立上，效果更好。行为协议法是指教育者与学生在共同协商的基础上，签订对双方都具有约束力的协议，然后通过协议来增强他们的自我控制能力，并有益于来访学生通过对后果的承担来养成对人对己的责任心。行为契约是一份非常清晰的陈述书，有效的契约必须符合三个条件：①明确描述在约定中要表现的具体行为；②说明可获得的强化；③具体说明对行为进行检查、测量和记录的方法。代币经济法的基本方法是先确定感兴趣的有关行为，即期望行为或非期望行为，在公布后每天记录学生的遵守状况，积累达到一定程度时（一般为一段时间），就依据行为记录实施奖惩。系统脱敏法利用的是人的肌肉放松状态去颉颃由焦虑或恐怖引起的个体的心率、呼吸、皮电等生理活动的变化。放松状态多次与引起来访者焦虑或恐怖的刺激物结合，即可消除原来因该刺激物引发的焦虑或恐怖的条件反应。角色扮演法指扮演与学生问题有关的特定人物，将其可能出现的行为表现出来，以启发来访学生对人际关系及自我情况有所觉知。该方法多用于社会技能训练，也用于改变来访学生的旧有行为，并进而改变他们对某一问题的看法。一般的程序为：找出典型事例（如某女生希望能够以比较成人化的方式与母亲交流）；鼓励来访学生尝试几种不同的交流方式，此时辅导教师根据来访学生的情况介绍，扮演其母亲；交流分析刚才的扮演情况并选择一种合适的比较成人化的与母亲交流的方式；重新扮演并商讨交流过程中可能遇到的各种情况，以锻炼与母亲交流的技能。在扮演过程中还可进行替换练习，即由学生来扮演母亲，以帮助其增强对对方角色的体验。角色扮演可以在来访学生与辅导教师之间进行，也可以在小组中进行。系统脱敏法一般由三个部分组成：放松训练；建立恐怖或焦虑的等级层次；以及在放松的情况下，按等级层次中列出的项目进行想象或实地脱敏。模仿法是基于观察学习的原理，通过观察学习来增加、获得良好行为，减少、消除不良行为的一种行为改变方法。常见的模仿对象有辅导教师的示范、同伴的示范等。模仿的有效性依赖于：模仿对象的威信地位及其与来访学生的相似性；示范呈现之后是否有针对性的讨论——究竟示范告诉我们什么；是否对来访学生的适应性行为给予强化。

（4）多种模式策略与技巧。

A. 理论基础。横跨情感性、认知性和行为性3个领域有2种——沟通分析和折中派，两者的理论基础涵盖多种学派。沟通分析还涉及人格结构分析，其目的是增加认知和对情绪的察觉以改变行为。

B. 技巧。分析心理游戏、生活脚本、自我状态、沟通类型以及交流等为沟通分析重要的技巧。沟通分析使用完形派的经验和心理游戏以补充其技术，同时也应用行为派的行为协议法和强化法。在应用技术以前，事先阅读有关沟通分析的词汇和要领是必需的工作。有时候为了教学目标，在解释以前，教师应先指定一些阅读材料。沟通分析对人际关系有困难者特别有效，沟通分析的教材对于帮助学生了解自我和了解别人，改善人际关系是有效的工具。我们认为，以沟通分析策略作为加强正向自我概念，改善学生人际关系与处理自己的感觉及情绪是值得推荐的，就学生而言，理论的分析不必很深入，应用一些重要概念就够了。

（5）心理健康教育策略的整合。2000年，陈旭、张大均认为，心理健康教育策略的整合主要包括三个方面的整合。①从纵向关系上协调整合，即宏观的、一般的心理健康教育策略与微观的、具体的心理健康教育策略的整合。如心理咨询与辅导策略、心理素质训练活动策略、学科渗透心理健康教育策略与讨论策略、角色扮演策略、辩论策略之间的整合，心理咨询策略与会谈策略、邮件咨询策略、短（微）信咨询策略的整合。②从横向上策略与策略之间的整合，如专题训练活动策略与学科渗透策略的整合，启发思考策略、交流讨论策略、群体互动策略与自我剖析、自我反思、自我锻炼策略的整合。③外部行为塑造策略与内部认知、情感等心理活动影响策略的整合，如认知矫正训练策略、移情体验策略、角色行为强化行为训练策略之间的整合。

1985年，柏德逊（Patterson）认为，治疗的关键不是治疗者做些什么，而是他是谁。因此，治疗者应该关注的不是要为受导者做些什么，而是他是怎么样的人。辅导方法和技巧与其使用者及他的性格是无法分割的。同时，使用者也不能与他个人的理论、信念、价值和态度分开，这些因素是彼此相联结的。

1963年，艾鲍（Appell）认为，在辅导过程中，辅导员能带进辅导关系中最有意义的资源，就是他自己。

不同心理学派、理论干预策略比较如表6-3所示。

表6-3 不同心理学派、理论干预策略比较

理论	人性观	主要架构	主要策略	失调问题	目标
精神分析及心理动力理论	为决定论。该结论认为，人类被潜意识力量所役使，人类的生理、性、攻击和生存的需要是重要的。在近代，其形式倾向于更丰富的人性且更乐观	个人发展建立在早期经验和早年对决定性问题的有效协调的基础上，其后的问题的产生都源于儿时。人格是本我、自我、超我的综合，个人和环境间的互动大部分发生在潜意识中	在情绪状态中自由联想，对抵抗、迁移、阐释加以分析。注意：避免粗率的分析，外行的心理咨询者容易忽视理论的复杂性	清楚了解过去对立、混乱、迷惑的情绪经验与现在问题的相关性，以及本我、自我、超我三者间的冲突，以作为检查失调的参考背景	促使潜意识呈现在意识上。人格重建根源于对过去问题的解决，和从旧冲突中发展出崭新的综合结论

（续表6-3）

理论	人性观	主要架构	主要策略	失调问题	目标
行为主义理论	该理论一度被定义为机械论和决定论——人完全为环境所使役，只能做极少的选择。最近的参考架构则强调对行为原则的认识，逐渐增加了自由和选择	人类的发展来自环境与个人间的相互影响，通过系统研究可以找出一定法则且能解释。主张改变是因行为的可变性而不是潜意识的力量，问题行为来自错误的学习	采用行为分析、松弛训练、肯定训练、系统减敏感法、范本、正向增强、图解和其他个种特殊技术。注意：咨询者或机构才有权修正和控制当事人未来的指导行为计划	认清当事人所处的情况和行为的趋向。行为分析和咨询的目的在使咨询者在现实和欲望间达成一致	减少错误的学习和行为，建立更多可采用的行为模式。当事人可自行决定改变行为的特殊方向
当事人的心理论（现代的罗杰斯派）	人有潜能自然地朝正向前进。每个当事人天生具有能力、价值和尊严，可引导自己达到自我实践、成长和健全	一个人自我概念的形成来自自己对世界的看法，心理健康的定义就是真实的我和理性的我两者一致的协调。所以，这种协调是必要的，环境对个人的影响极少被此派重视	强调即时、温暖、诚心并重视同理关系，在咨询中，完全依赖同理和关心的技巧，少发问。在现代罗杰斯派的方法中，被咨询者可与当事人分享个人的经验，并对其多做指导。注意：需要有较高口语表达能力的当事人。费时较久，进行缓慢，有一些罗杰斯派学者趋向使用严格的技术而忽视了许多重要的哲学精神	对真实的我、理想的我之间失调的处理，需深层的探求混淆和冲突的情绪	释放人的潜能去找寻自然的方向，解决真实的我与理想的我之间的不一致，探求复杂的感情，实践个人自我的成长

(续表6-3)

理论	人性观	主要架构	主要策略	失调问题	目标
存在-人本理论	和上述当事人的中心论一样,但有一些特殊理论倾向不同。如人的责任是去发现这世界的意义和方向(有时是可笑和无意义的)。有些存在的方法是悲观的,但强调无穷的可能——那就是生命	每一个体都是独特的,并有不同的建构世界。和心理动力论一样,倾向注意到早期生活的发展,咨询者的主要责任在于处理价值观、罪恶感和焦虑等问题。比较注意此时此刻"我将成为什么""我对别人的看法""以我为世界中心"的看法	存在-人本的方法有多种,没有固定的技术,咨询者最关心的是意义和行动,故心理动力论、当事人中心论、理性情绪论、甚至行为论的方法都可采用。强调当事人对世界的看法。注意:对意义的探求可能充满焦虑,可能对脆弱个人构成威胁	交谈时会有许多矛盾的话语,如"活就是死""采用一种行动就是忽视另一种可能""需要做一次冒险的选择——当不能确定哪种选择是否可能的时候"等	发掘意识并采取行动,意识到人的焦虑、选择、实行等问题。发掘成熟的"注意"

(续表6-3)

理论	人性观	主要架构	主要策略	失调问题	目标
完形理论	本质上属于存在-人本主义，认为人是整体，不能分割成部分的，人有能力为自己寻找方向且努力追求寻找完满	人有时可能分裂成几部分，从完形论来看，分裂将带来焦虑和病态。被咨询者的任务是使当事人恢复完整。完形论强调个人的责任，要求当事人完成未达成的课业，并注意当事人此刻对过去某些经验的想法和感觉	对不存在的问题，咨询是没有必要的，咨询应重在即刻的经验。重要的技术有指导性的空椅技术，语言改变，对自己某部分说话、系统化梦的工作等。注意：完形技术是最具即刻威力的，但粗心的咨询者可能会太重视人的功能而忽略了人与世界其他部分的关联	完形论在各理论中可能是最广泛和直接注意到失调的问题的。重视人的整体性说明了完形论中最主要的观点是失调	意识到并担负起现时的生活。对自己生命的方向负责

(续表6-3)

理论	人性观	主要架构	主要策略	失调问题	目标
特质－因素理论	很少被清楚地表达过。认为特质和因素是在这复杂世界中有效行为和选择最相关的哲学。此派来自存在论，但强调力行胜于思考，认为个人的工作就是把理性的决定付诸行动	每人都是独特的，前来交谈时已带了一段个人的背景历史，被咨询者需让当事人明了过去是如何影响到他自己现在的社会地位。除了解当事人本身外，尚需了解外在世界的情况。此派主要协助职业的决定，而其架构由许多从事社区建设的人完成	从普谈、询问和测验中对个人做研究，用同样方法也可对当事人的环境做一审视。咨询者在当事人需要外在协助时可给予适当劝告和引导。注意：强调行动和责任可促使当事人重新回顾。某些被咨询者往往缺乏对当事人环境的认识	实际中心问题为：当事人需做职业选择却不知如何决定时，被咨询者要提供有效的方案以系统地改变当事人的行为，并界定程度来减少当事人的失调	谨慎考虑各因素后，促使当事人提高自主能力

(续表6-3)

理论	人性观	主要架构	主要策略	失调问题	目标
理性－情绪理论	常被归纳在存在-人本论一类里。理情派对个人决定引导自己生活的力量表示乐观，但也强调这种奇特的力量有时也给人们带来问题	人有能力做理性的思考，但由于经验关系可能因想法错误而造成极大痛苦。人可以对自己生活的看法做奖赏或惩罚。咨询是一种再教育的过程	以A—B—C方法分析当事人自我陈述模式的逻辑，能教导当事人使用PET的方法。用询问、说明、对立的动态关系给予当事人家庭作业。注意：被咨询者要重视对立，教导和影响技巧可能造成对个别当事人缺乏敏感性。因此，被咨询者必须非常有技术	主要在于对自己和个人世界的想法和逻辑间的失调	消除自我挫败的想法，发展理性和持久地对待他人和自我的观点

(续表6-3)

理论	人性观	主要架构	主要策略	失调问题	目标
交往分析理论	属于存在-人本论第三位的学派。该理论认为,人可以处理、解决并改变自己的生活。根据心理动力的功能,当事人能意识到过去历史的意义,但并不特别重视	心理动力的架构已改成一种较易理解的形式,使用像父母、成人及儿童等名词。通过冲击的分析,该理论强调人与他人的关系	通过生活草图的分析、交往分析、冲击的考验以及各种游戏、作业,该理论直接表达了概念并点明了关键所在。能表达解释内容并和人分享,信息的影响技术将变得重要。注意:有些问题可能与父母效能训练(parent effectiveness training, PET)中的心理动力和存在-人本派有关	自我状态或与人互动中存在隔阂,冲突和失调都应被检视	促使当事人脱离固定的模式,做出更自由、更合适的决定

(续表6-3)

理论	人性观	主要架构	主要策略	失调问题	目标
超个人论	起源于存在-人本主义，并主张人是可以超越的，从"是"到"可能是"。深信人类精神里有穷的创造力和价值	改造的方法从使用科学性的生物反馈到神秘的传播以及东方宗教力量。一般还是相信通过各种改变途径促使人与世界产生关联，在架构中努力试图统整以上各学派理论	具有各种特殊技巧，注重生理、性、情感、智慧、整合能力的成长，不同方面的成长需以不同方法达成。注意：像任何一种新理论一样，其方法尚未被系统化，也未建立起有效的证明（如生物性反馈）。这方法可能被一些行骗的人用于寻求传统式咨询的无知的当事人身上	中心工作是保持个人与他人及环境间关系的交流，一旦这些交流有了阻碍就导致失调。例如，有人生理上受苦，就必须先解决生理阻碍才能谈更高层次的发展和意识	尽一切可能发展人的潜能，有些也许在存在论者认为是一个"问题"的事情在此派可能会被认为是一个"机会"

2. 团体工作层面上的策略与技巧

（1）团体辅导与团体心理咨询的基本概念。团体辅导（group guidance）是一种预防性、发展性的工作，运用团体的情景，设计出活动、课程、内容，用来预防个体在各发展阶段中会碰到的各类问题，促使个体在同辈团体中通过观察、学习、体验，认识自我、探讨自我、接纳自我，与他人分享经验与观念，调整改善与他人的关系，学习新的态度与行为方式，以发展良好的适应，解决学生中共同性问题的助人过程。

团体心理咨询（group counseling）注重对补救性、情绪性问题的解决进行辅导,借助团体动力及交互作用以促进成员更深地进行自我探索、自我了解、自我悦纳等。

团体辅导与团体心理咨询有着工作内容和层次上的不同,辅导员的工作中常常会用到团体辅导向度的策略与技巧。

(2) 团体辅导的特点。团体辅导可以在有限的时间内为更多的人提供心理健康服务,更好地满足人们对心理帮助的需要,也可以弥补个别辅导的一些不足。通过设立特定的场景活动,利用团体成员间的互动达到集思广益、互帮互助、提高心理健康水平的目的,团体辅导非常适合学校心理健康教育工作。其优点主要有:①适用面广,既可以针对具有共同问题的十人左右的小组,又可以针对几十人的发展性群体;②形式多样,生动有趣,有利于吸引学生积极投入;③耗时短,效率高,收效好,每个成员既是"求助者"又是"助人者",可在有引导的相互影响中多视角地学习,有理论,有实践,有体验,有分享,获得多重的反馈,从而产生心理与行为的改变。在团体中不但可以更有效地影响或改变个人的某些自我概念或想法,还可以协助解决原本在个人之间难以解决的问题。

(3) 团体辅导的局限性。①个人深层次的问题不易暴露;②个体差异难以照顾周全;③易产生冲突与竞争,有的成员可能会受到伤害;④某些个人隐私,在团体中过度坦露,在事后有无意暴露的可能;⑤对辅导教师要求高,否则会给成员带来负面影响;⑥极端内向者不宜参加,有时在团体压力下,做出不愿做或顺从他人的意见。

(4) 团体辅导的类型。根据其功能、内容、时间等不同性质,可以将团体辅导划分为不同的类型。

A. 根据功能划分,有成长性团体、训练性团体和治疗性团体。成长性团体(发展性团体)是通过成员间的相互作用,协助成员自我认识、自我探索,从而自我接纳和自我肯定,促进个人成长的团体。(重点为:自我成长完善。)训练性团体是注重成员生活知能的充实与正向行为建立的团体,如人际关系训练团体、身心松弛工作坊等。治疗性团体是注重经验的解析、人格的重塑与行为的重组的团体。

不同性质团体的比较如表 6-4 所示。

表6-4　不同性质团体的比较

项目	发展性团体	训练性团体	治疗性团体
对象	正常人	正常人	患者
目标	知识、信息的获得	促进想法、情绪、态度行为的改变	人格重建、人格改变和治疗
功能	预防性、发展性	预防性、发展性、矫治性	矫治性、临床性
指导者	教师或心理咨询师	心理咨询师	心理治疗师
行为层面	意识的认知活动	意识的思想、情绪问题和行为	意识及潜意识的心理/思想、情绪问题和行为
动力过程	不太重视团体动力	非常重视团体过程与团体动力	重视团体过程与团体动力
方法	与一般教学技术相似、主要在协助成员获得认知	心理咨询技术，在协助成员自我评鉴	治疗技术与咨询较相似，但主要在分析、解释与支持
规模	以班级人数为原则	6～12人	少数人为原则
地点	学校、机构	学校心理健康教育机构	医疗诊所、医院的心理科
时间	定期	短期	长期

B. 根据团体成员的问题性质分，有同质性团体、异质性团体。同质性团体是指团体成员的年龄、学历、生活经历、心理的困扰、需要解决的问题相似，如未婚青年团体、减肥团体、压力适应团体、学习困难儿童团体、情绪调控训练团体等。特点是成员间容易沟通、理解、凝聚力强、支持性较高。异质性团体是指团体成员的某些背景或个人特质不大相同。特点是成员间能取长补短，相互激荡观摩，有利于个体学习行为的建立。

C. 根据团体活动有无设计和目标来分，有结构团体、非结构团体。结构团体是为了帮助成员学习，根据团体所要达到的目标，设计活动，引导成员参与学习。特点是目标明确、角色分明、活动内容安排有序，但成员自主性和自发性行为减少。非结构团体强调团体成员的自主性，领导者配合成员的需要、团体动力的发展与成员彼此的互动关系来决定团体的目标、过程和运作程序。领导者的主要任务是促进成员的互动，对团体的目标与方向很少介入，如表6-5所示。

表6-5 结构团体与非结构团体比较

	结构团体	非结构团体
成员的学习	学习的范围和方向受领导者设计的结构与主题所限制	成员学习的内容较无限制
领导员角色	有清楚的领导角色	领导者领导的角色较不明显
团体气氛	安全的学习气氛是被蓄意创造	初期会因目标不明确而暧昧不清,因而提升成员的焦虑,进而催化成员真实行为的反应

(5) 团体辅导教师的素质要求:①拥有开朗、热情、善解人意、富有爱心的健康人格。②掌握辅导心理学的专业理论和操作技术。③善于巧妙地设计一些欢快有趣、且能投射学生问题的游戏等活动。④参与、投入,建立和谐的气氛,给予赞许、同感、亲切、鼓励,让他们的情绪、行为与感受尽可能轻松自由地表达和发泄出来,找到问题、给予机智的辅导。⑤善始善终,对学生流露的真情无条件接纳。善于激发学生的联想、创造力、组织能力、自制力,鼓励其展现独立的人格。⑥对学生抱有成功的信念,认为每个人都有潜力,一旦被开发,均能获得成功。

1993年,林孟平提出成功团体指导者的特征。

A. 认识并接纳自己,自爱自信。

B. 敏锐的自觉。

C. 自我肯定。

D. 投入并参与。

E. 个人协调和表里如一。

F. 愿意为组员作典范。

G. 愿意接触和面对个人的需要。

H. 清楚了解个人的价值观。

I. 信任团体过程的功能。

J. 保重自己不断更新成长。

K. 个人力量及勇敢。

1996年,樊富珉提出成功的团体指导者应具备的条件。

A. 良好的人格特质有勇气和自信心,关怀他人,平易近人,热情开朗,不自我防卫,有充分的想象力和判断力,有幽默感、真诚、坦率、友善。

B. 对团体咨询理论有充分的理解，了解各种理论、学派的观点以及独特之处，并能择其精华，融会贯通地成为自己的东西。

C. 具备建立良好人际关系的能力，对团体成员信任、理解，创设尊重和自由的团气氛，接纳每一个人。

D. 掌握基本的领导才能与专业技巧，善于运用支持、指导、鼓励等技巧参与、影响团体发展，接受过专业训练。

E. 丰富的咨询经验，不仅要有个别咨询的经验，也要有带领团体咨询的经验。熟知团发展的各个阶段及自己的职责。

F. 遵守职业道德。团体指导者要以成员的利益为重，保守秘密，尊重成员的隐私权。

（6）团体辅导活动方案设计。团体辅导是一种有系统的辅导计划，方案设计是活动经营时一种有组织的行动计划，以确保活动的有效进行。一个完整的设计方案，应该包括以下内容：①方案名称。名称应清楚明确，使人一目了然，能够了解团体的性质、目标。②活动地点。活动地点要表示清楚。③活动时间。应有起讫日期，说明团体的常态性或密集性。④参加对象与人数。掌握成员需求应说明对象的参加条件。⑤活动方式与设计动机。要简要叙述活动的理论依据与技巧选择。⑥设计目标。掌握总目标，配合团体发展过程设计单元分目标，包括陈述团体的总目标、次目标、阶段目标和活动目标。⑦活动资源。活动资源包括陈述活动的人力资源、物力资源和财力资源。⑧活动内容。按团体发展阶段决定各单元活动的目标及深度、设计适合各单元目标的活动，写下每一单元活动的实施步骤及相关事项。⑨时间配置。针对内容做出时间安排，应具体化，随时记住团体的真正目的，不要被活动所取代。⑩方案评估。说明分析鉴定的方法。

学者夏林清认为方案设计应包括以下步骤：①确定对象，即确定哪些人适合参加本次团体活动的主要对象。②了解"我到底要做什么？"即明确目标的制订。针对这些对象，了解和评估他们的需要，再确定团体活动要达到的具体目标。③"我要如何做？"即：进行方式和活动的设计，设计和创造团体经验以引发成员参与分享，利用学习活动促进团体发展。④思考配合团体进行时所需要的场地、设备与材料。⑤将设计好的活动在同时之间或先行组成1个试验性小团体试用1次，并讨论思考和修正。⑥准备每一活动进行的大纲以及必需的材料。⑦准备一些备用活动，根据团体活动的进展有弹性地调整原先的设计，不要为了做活动而妨碍团体的进展，避免用学习活动来填满团体聚会时的空档。⑧团体活动结束时,应用问卷或其他方式方法来了解大家对团体的反馈,以评估活动是否达到团体的目标。⑨团体的反馈、自己的检讨以及所记录的资料都应加以保存,以供下一次参考和改进。

方案设计过程中的注意事项有:①设计团体活动的目标和方式要考虑成员的熟悉度、个性、互动习惯等因素。②设计成员的座位应考虑团体活动的规模,如小团体的活动,成员座位安排可以是钻石形、圆形、八边形和枫叶形;大团体活动,成员座位安排可以是扇形、小半圆形、圆形剧场和大半圆形。③设计时要注意人性哲学,包括团体成员的素质、价值观和文化观念等。④设计时领导者要了解自己的特质、能力、偏好和带领风格。⑤方案内各项活动的设计应具有一致性,前后连贯。⑥活动选择应考虑成员的特性,如年龄、成熟度、需求、团体发目的与预期的结果;应让所有成员都有参与的机会;活动应是领导者的能力范围和曾有的经验,还要考虑场地的适合性。⑦方案设计要强调辅导中预防的作用,计划的内容为发展中的个体一生可能面临的关键事件,如新生入学后的适应性训练、性心理困惑、学习和人际交往困难、升学与就业。⑧方案设计要有弹性,还应考虑安全性。

(7) 团体辅导的策略与技术。

不同的团体辅导的阶段会运用到不同的策略与技术,个体层面的策略和技巧在团体中同样有效。作为团体辅导的组织者和策划者,通常要应用这样一些技术:①反应技术,包括倾听组员的言语,还有复述、反映与澄清等。②互动技术。互动是团体交流的基础。首先,要建立关系。其次,解说、联结、促动、沟通、保证、鼓励和支持的技术也很重要。③行动的技术。主要包括适时和适当的提问、面质(指导者在认清成员在思想、感觉和行为方面的矛盾时,应明确指出,并要求回答)、调停(当团体的时间使用不恰当,团体浪费时间时所采取的干涉行动,目的在于保护成员不受极端的刺激,防止具有破坏性的反馈与行动)、聚焦(把团体的注意力聚焦在团体共同关心的比较有意义的问题展开交流与讨论,使问题更加清楚,达成共识)。

(8) 班级团体辅导的功能。

A. 班级团体辅导的概念。从学校心理健康教育对人个性发展的影响来看,它不应该是一种严肃呆板的说教或居高临下的训导,而应该是一种心灵与心灵的沟通,是一种人际间相互信任、相互帮助的友爱关系,是一种人性化教育的融洽氛围。从人的本性上说,每个人都"有认同的需求,隶属的动机、被爱的欲望",社会学家称之为社会性饥饿(social hunger),班级在某种意义上是这样一个个体心理需求的结合体，是一个"社会-心理"团体（socio-psychological group），因而，班级团体辅导是辅导员在一般的教室情境中，运用团体辅导的策略与技巧，促进团体互动，引发学生的学习动机，传递相关知识与信息，帮助学生增加自我了解和了解他人的一种辅导形式。与一般的团体辅导相比，一方面，班级团体的形成，是经过学校编班而形成。彼此依存关系的建立为非自愿性，成员可能对团体的认同较低。所以辅导员必须主动营造成员彼此互动的机会，以增加成员之间的熟悉和对团体的认同性。另一方面，班级内每个成员之间的互动关系不同，有些学生是班级中的"明星角色"，受班级成员欢迎，有些学生则成为边缘人物，不容易被接纳。辅导员应注意这些不同的互动方式，保证团体正常运作，凝聚班级的共识。

B. 班级团体辅导的意义。具体而言，在学校班级中开展团体辅导有如下几个方面的意义。

（A）成长中的青少年更关注同伴对自己的评价，更容易接受来自同龄人的建议。在团体活动中，团体可以让学生了解并且体验到自己是被其他学生支持的。可以增加其信心，有助于增进班级的归属感、凝聚力及团结。

（B）学生在团体活动的场合中与教师接触，对自身有帮助。例如，可以克服胆怯、减轻压迫感，消除过去的疑惑戒心，改进自己的态度。经过团体讨论，交流分享，学生对学校的各项活动感到更有意义，能够认识更和谐的关系。

（C）促进成员相互间的理解。班级团体辅导是一种互动的团体的过程，这个过程会产生影响团体成员及整个团体的力量，即所谓的团体动力（group dynamics）。提供给学生一个现实的社会的缩影，使他能将从团体中所获得的洞察与日常生活经验相联结，并在安全、信任的气氛中尝试着去学习或改变行为。来自不同的生活背景的团体成员，在充满安全、支持、信任的良好的团体气氛中，通过示范、模仿、训练等方法，可以促进成员相互间的理解。在团体中不论交流信息、解决问题、探索个人价值、还是发现共同情感，成员间也可以提供更多的观点和理解。

（D）学生对自我的成长、心理素质的发展、潜能的开发有着强烈的渴望和追求。团体心理辅导在发展性模式下面向全体学生，促进学生各种潜力得以实现，引领学生对健康的积极向往，从而促进学生人格的健全发展。

C. 班级团体辅导的内容。从内容来看，班级心理辅导活动课能够满足相同年龄段青少年学生共同的心理发展需要。一般来说，同一年龄层次的学生，心理发展基本上处在同一水平上，他们在学习、生活、人际交往和自我意识发展过程中遇到的问题与困惑，基本上呈现出一种普遍性和规律性。因此，班级心理辅导活动课的内容可涵盖学生心理发展过程中方方面面的问题，如自我意识发展、学习潜能开发、情感情绪调控、人际交往训练、青春期心理适应、升学就业与消费指导等。而且，无论是认知的转化、情感的升华，还是情绪的调控、行为的训练，都有一个发生、发展、蕴蓄直至提升的渐进过程，都需要有一段相对说来比较充分、比较集中的辅导时间，并需要围绕一个比较专一的辅导主题来达成。这也提示我们在设计班级心理辅导活动课时应遵循如下原则。

（A）活动性原则。心理健康教育课以学生活动为主，学生获得直接经验。传统的学科教学以教师的讲授为主，学生只能获得间接经验。心理健康教育课的主要目的不是传授心理学知识，而是注重过程、方法、情感态度与价值观，要为学生创设一个可以放松心情的情境，学生在这里重新审视自己、认识自己、悦纳自己。

（B）主体性原则。多个环节始终围绕一个主题展开，活动目标明确。有的老师设计了较多的活动，课堂气氛很热烈，学生的参与程度也比较高，但是效果并不好，原因在于过多的活动目标冲淡了主题。有的活动纯粹是为活动而活动，与主题没有多少关系，而且，活动后没有交流和分享，所以，收效甚微。

（C）发展性原则。从学生身心发展看，心理健康课的设计必须符合学生身心发展的规律和需要。按照学生身心发展的规律，每个年龄阶段都有相应的成长任务和危机。心理健康课应当围绕这些任务和危机形成系列课程，解决学生中存在的较突出的心理问题，如学生良好自我意识的建立，人际交往能力的提高，正确价值观念的建立，调控情绪能力的增强，意志品质的改善等方面，一步一步地促进学生心理健康完善地发展。

（D）参与性原则。评价心理健康课的效果如何，学生的参与程度是一个重要的衡量标志。教师尤其要关注自卑内向的学生，启发、引导他们积极参与活动，踊跃发言。心理健康课的目的在于创设一个良好的课堂氛围，提升学生的心理感受和内心体验，使这些学生想发言、敢发言，实现全员参与、和谐发展的心理健康目标。

D. 班级团体领导者的准备包括如下几个方面。

（A）了解团体成员的心理及需要。不同的团体成员，身心发展所处阶段不同，生活经历不同，成长背景不同，需要和问题类型也不同。所以，团体领导者了解成员的身心发展特征及心理需要十分重要。

（B）了解一般辅导与咨询的原理。团体领导者应该接受过辅导的专业培训。了解有关团体辅导的各种理论、学派的观点以及独特之处，并能择取精华，融会贯通成为自己的东西，形成自己的特色。在团体过程中，领导者不要采取权威的态度，这样才能使成员有勇气并放松地将真正的内心话或真实感受表露出来。尽量用鼓励的方式来增强成员的新的行为。在团体进行中，辅导要适宜，太少会使团体成员急躁，太多则会使成员形成依赖。

（C）了解团体动力及团体过程。带领团体时，应明确告知团体成员有关团体的性质、目的、过程、使用的技术、预期效果和团体守则等，协助每一位成员自由决定他们的参与意愿。带领团体时，应与团体成员订定团体行为原则，规范成员行为，以免造成对团体发展不利而影响成员身心健康的情况。客观、公正地处理团体内的事务，不可存有偏心或持着不公平的态度。

（D）会使用辅导中的基本技术。作为团体的领导者必须能熟练各种辅导技术。领导者不要为自我表现，选用那些有危险性或超越自己知识、能力或经验的技术或活动，以免造成团员身心的伤害。如果为了成员的利益，需要采用某种有挑战性的技术或活动时，应自己先熟悉该项技术或活动的操作技巧，并事先做好适当的安全措施和保护准备。

E. 班级团体领导者的基本职责有如下几点。

（A）注意调动团体成员参与积极性。团体领导者应积极关注团体内每一个成员，认真观察他们的心态变化，激发成员大胆表达自己的意见和看法；鼓励成员相互交流，开放自我，积极讨论，激发大家对团体活动参与的兴趣；对不善于表达的成员给以适当的鼓励，对过分活跃的成员适当制止，始终把握引导团体活动朝向团体辅导的目标方向发展。

（B）适度参与并引导。团体领导者应根据团体的实际情况，把握自己的角色，发挥领导者的作用。在团体形成初期，成员相互尚不了解，团体气氛尚未形成，领导者要以一个成员的身份参与活动，为其他成员做出榜样。在引导成员开始讨论共同关心的问题时，领导者应注意谈话的中心及方向，随时适当引导。

（C）提供恰当的解释。团体辅导过程中，当有成员对某些现象难以把握或对某个问题分歧过大而影响活动顺利进行时，领导者需要提供意见、解释。解释的时机和方式因团体活动形式不同而不同。例如，在以演讲、讨论、总结形式活动的团体内，领导者可以在开始时就成员的共同问题进行系统讲授。在提供解释时应注意表达简洁、通俗易懂、联系实际、深入浅出，避免长篇大论，避免过分专业。同时，在整个辅导活动中应避免解释过多，影响成员的独立思考。

（D）创造接纳融洽的气氛。团体辅导过程中，领导者最主要的职责之一是营造团体的气氛，使成员之间互相接纳、互相尊重、互相关心，使团体充满温暖、真诚、融洽、关怀、理解、亲切、安全的气氛。因为只有在这样的氛围中，团体成员才可以降低社会屏障，真实坦率地开放自己、揭示自己的核心情感，即真实的自我。使每个成员都被其他人如实地看待，并从其他成员中得到关于自我肯定和否定的反馈，以便真正地认识自我，获得成长。

【延伸阅读】团体辅导的阶段

1982年，Corry提出团体辅导的阶段，如表6-6所示。

表6-6 团体辅导的阶段

阶段	特性	成员的功能	可能出现问题	指导者的策略
初期阶段	①彼此认识、试探。②建立团体基本规范。③成员担心被拒、缺少冒险行为。需要学习互动，建立信任感	①主动态度；②学习表达自己；③参与团体规范建立；④确立个人特定目标；⑤学习团体辅导的基本过程	①有人会有看戏的心理，等待别人去表达；②有的会害怕，难以信任他人；③有的会表现抗拒；④有的很快会提供建议	①教导成员团体辅导的基本规则；②鼓励成员表达内心的感受；③示范自我开放；④帮成员建立个人的具体目标

(续表6-6)

阶段	特性	成员的功能	可能出现问题	指导者的策略
过渡阶段	①自我察觉提高，但开始有矛盾心情，想安全地躲着，又想冒险地说出；②抗拒、焦虑、自我防卫强；③会经历权力的争夺；④会向领导者挑战，看看能否适当地处理问题	①须承认不舒服的情绪并表达出来；②处理独立和依赖的冲突；③学习建设性的方法来面质别人	①可能会将别人归类，也可能给自己加上标签；②可能不愿表达负面的情绪而造成彼此间的不信任；③面质处理不当，而使防卫更强；④可能形成小团体而彼此冲突	①教导成员了解及处理冲突的情境；②协助长远了解其自我防卫的行为方式；③示范直接且机智地应付各种挑战；④鼓励成员谈论此时此地有关的事情
工作阶段	①凝聚力强，信任感高；②彼此互为领导者，坦诚自由地表达及给回馈；③较愿冒险，让别人更深入地了解自己，并改变自己；④较能直接且有效地处理成员间的冲突。较适时地面质及支持、鼓励别人	①要将有意义的主题带入团体；②彼此轮流担负领导的功能；③开放地接受回馈及给予回馈；④在生活中实行其由团体中所学的技巧。适时面质别人，鼓励别人	①彼此较熟悉，为了情面有时难以面质别人；②会有领悟，但做不到；③面质及情感佳而带来较大的压力	①示范面质与支持两者之间如何取得平衡；②鼓励成员将领悟化为行动，尝试新的行为；③有共同的主题，让成员能共同参与

205

(续表6-6)

阶段	特性	成员的功能	可能出现问题	指导者的策略
结束阶段	①有分离的忧愁；②成员会担心没有团体的支持是否能继续力行其所学及决定；③对整个团体历程做回顾及调整	①尽量将所学带到日常生活中；②未完成的主题，或还没有解决的问题要加以处理；③回顾团体的历程，将所学加以吸收，以成为自己认知的一部分	①因要分离，成员有的难以面对，又要封闭自己；②成员未回顾并做调整；③有的未将此结束视为成长的一个阶梯，而在此打住	①处理分离的情绪；②给予时间机会处理团体中未完成事件；③让成员给予及接受建设性的回馈；④帮助成员统整团体中其所决定的事；⑤与成员订下家庭作业，使成员能继续实行其决定的事

第七章　心理评估与学校心理测评

> 权，然后知轻重；度，然后知长短。物皆然，心为甚。
>
> ——孟子

　　学校的心理健康教育工作中经常会遇到需要对学生进行心理评估，以便采取适切的服务，响应其需要的情况。这已经成为学校心理健康教育的一种常用手段。与医学上的心理评估不同，学校的心理评估，一方面，有助于教师了解学生的心理特点和个别差异，帮助教师发现和诊断大学生个人或班集体存在的心理障碍与行为困扰；另一方面，有助于教师客观地了解大学生在道德认识和道德情感及行为上的发展水平，有效地了解大学生在特定社会环境下的政治态度、思想问题和意见要求，以便采取恰当的方法进行教育与管理工作。这一章中，笔者仔细地梳理了心理评估与学校心理测评的相关内容，希望可以产生更多的理解，进而建立起此项工作的相对立体的印象。

一、心理评估的含义及其目的

（一）心理评估的含义

一般而言，心理评估是依据心理学及其相关学科的理论，通过各种手段（如观察、会谈、调查和测量等）对人的心理品质和心理活动（主要是行为）进行取样和描述，进而综合各种信息所做出的全面、系统和深入的客观描述、评定和判断。所谓心理品质包括心理过程、人格特征和自我认知等内容，如情绪状态、气质特点、智力水平、性格特征、自我评价等。心理学中，把人的心理品质又称心理现象，分为心理过程、人格特征、自我认知三个方面。其中，心理过程包括认知过程、情绪情感过程、意志过程，人格特征包括人格倾向性（需要、动机、兴趣、信念等）和人格心理特征（能力、性格、气质），自我认知包括人的生理自我（体像）、社会自我、心理自我和自尊等。心理现象的三个方面不是彼此孤立的，而是相互影响、相互渗透、相互联系的。心理过程是心理现象的动态表现形式，人格特征是心理现象的静态表现形式，自我认知是对人格的各个成分进行自我调节的内控系统，以保证人格的完整与协调一致。

（二）心理评估的目的

一般而言，医学上的心理评估有评估服务对象的个性心理特征；评估服务对象的心理活动，为诊断、治疗提供干预信息，指导治疗、预测疗效；评估服务对象的压力源、压力反应及应对方式等三个方面的目的。而学校的心理评估，一方面，有助于教师了解学生的心理特点和个别差异，帮助教师发现和诊断大学生个人或班集体存在的心理障碍与行为困扰；另一方面，有助于教师客观地了解大学生在道德认识和道德情感及行为上的发展水平，有效地了解大学生在特定社会环境下的政治态度、思想问题和意见要求，以便采取恰当的方法进行教育与管理工作。

二、心理评估的方法及内容

心理评估是运用系统的方法对收集到的信息进行相关分析，方法主要有两类：一类是非标准化的评估方法，另一类是标准化的心理测验。

（一）非标准化的评估方法

1. 会谈法

会谈法（interview）又称为"晤谈法"或"交谈法"，通过主评者与被评估者面对面的谈话来进行心理评估。根据谈话内容和形式的不同，可分为精神状况检查、结构式的访谈、非结构式的访谈和半结构式的访谈等几种类型，是心理评估中最为常用的手段。会谈法的特殊之处在于会谈可以提供许多通过其他方法无法获得的信息，收集个体的基本生活信息，了解其精神状况、当前问题的资料史，理解其人格发展历程，了解其问题的根源，为进一步的评估和诊断做准备。

【延伸阅读】案例分析

成××，女，21岁，研究生一年级，因突发失眠及入睡困难1个月，伴头颈痛、胸痛，前来咨询。

（1）精神状况检查。

精神善检查的目的是：在互动过程中，对服务对象行为的系统观察和了解。主要包括以下五个方面：外表和行为、思维和感知觉、情绪和心境、智力状况、意识状况。

精神检查的结果为：来访者意识清楚，仪态整洁，自行前来，双目环视四周，神色紧张。当来访者介绍情况至其表现时，伴有痛苦面容。咨询师鼓励及引导她诉说个人情况，其痛苦表情消失。无幻觉，言谈切题，有点作态，无思维及逻辑障碍。情感反应及内心体验与周围环境相协调，注意力集中，智能正常，定向力完整。

精神状况检查的意义有：确定患者的基本精神状态，明确症状的性质与范围。(例如，患者的智力、意识、人格、情绪等如何？患者属于哪种？或多种共存？)

需要对来访者的哪些行为和状态做进一步的检查和评估，为咨询做出预测。

(2) 半结构式的访谈。

了解来访者的个人生活史，通常包括家庭关系、经济状况、健康状态、婚恋状态、学习经历、遗传病史等内容，一般使用半结构式的访谈。既依据访谈提纲，又带有开放性。

详见如下生活史访谈。

成××，女，21岁，研究生一年级。

独生子女，幼年生长发育良好。8岁入学，成绩一般。4岁时父母来深圳工作后其与爷爷、奶奶居住，爷爷奶奶对其特别娇惯。其上小学二年级时才到深圳与父母同住，与父母的关系一般，认为与父母谈不来，但特别挂念远在老家的爷爷、奶奶。个性内向、不爱说话、谨慎、认真、执着，有时候会跟自己较劲，尤其容易生气后闷在心里不说，看电影、电视时爱哭。两系三代无精神疾病史。

(3) 结构式的访谈。

为DSM-Ⅳ结构化临床访谈。可用于评估焦虑障碍、心境障碍、躯体障碍，以及评估药物的使用情况和前期接受心理治疗的情况。

2. 调查法

调查法是通过全面收集了解个体的各方面情况，一般与会谈法配合使用。根据调查的取向可分为历史调查和现状调查两类。历史调查主要是了解被评估者过去的一些情况，一般包括个人基本情况、身体健康状况、家庭生活情况、生活情况及对个人生活有影响的重大社会生活事件等。现状调查则侧重于当前的情况，以与当事人关系密切的人和环境作为重点调查对象。

3. 观察法

观察法是心理评估的最基本方法之一。观察者运用感觉器官对被观察者的可观察行为（如表情、动作、言语、服饰、身体姿势等）进行有目的、有计划的观察和记录，并根据观察结果做出评估。观察法可分为自然情境中的观察和特定情境下的观察两类。

（1）自然情境指的是被观察者生活、学习或工作未被干扰下的原本状态。自然观察虽然有效，但也面临着一些困难。

（2）特定情境下的观察。特定情境的含义有两个方面：一是平时很少遇到的、比较特殊的情境；另一个含义是心理评估者人为设置的、可以控制的情境，如"单向玻璃室"、摄录像技术。

4. 医学检测法

医学检测法包括身体评估和实验检查，是对某一生物性（或心理行为）变量进行实际的客观的直接的测量，可借助脑成像技术（如CT、MRI、PET、SPECT、fMRI），获得绝对的量化记录。这种方法受到客观的限制，往往仅作为临床护理工作中的辅助变量。

测量脑电活动的变化、大脑左右半球活动水平的差异性、内分泌系统某些激素的分泌水平差异、心率、血压、皮肤导电量、呼吸频率、血流量、肌肉紧张度等方面的变化。

当人们处于焦虑、敌意、抑郁、多动等不良精神状态时，上述的某些方面较正常情况下往往有显著的变化，故可以视其为支持某些心理异常现象的生理基础。

（二）标准化的心理测验

心理测验法是心理评估最常用标准化的方法。心理测验是以实验心理学为基础而形成和发展起来的一种心理评估工具。美国心理学家桑代克（E. L. Thorndike）指出，"凡客观存在的事物都有其数量"。此后，麦柯尔（W. A. Mocall）进一步指出，"凡有数量的东西都可以测量"。随着科学技术的飞跃发展，人们不但对物体的长度、重量及时间、空间等物理特性做出了越来越精确的测量，而且成功地实现了对人的能力、人格、心理健康等心理特性的测量，加深了对人类心理现象的了解，促进了心理学理论的发展。

1. 心理测验的含义

人的心理特性是不能被直接观察到的，但总以其相应的行为显现出来。测验就是让人们产生相应的行为，根据这些行为反应推论他们的心理特性。

因此，心理测验是测量一个人对测验题目所进行的反应。美国心理和教育测量学家布朗（F. G. Brown）认为，测验是测量一个行为样本的系统工程。美国心理学家阿娜斯塔西（A. Anastasi）认为，心理测验是一种对行为样本做客观和标准化的测量。一般认为，心理测验就是通过观察人的少数有代表性的行为，对贯穿在人的全部行为活动中的心理特点做出推论和数量化分析的一种手段。而按照严格的科学程序去编制、施测、评分和解释的测验称之为标准化测验。标准化的心理测验的内容、答案、施测的条件、指导语、评分方法及解释都是统一的，选择或判断一个测验的好坏，须从如下几个方面考虑。

（1）样本。心理测验是衡量某一心理品质的标尺，而这一标尺产生于样本。但任何一种测验也不可能包含要测量的行为领域的所有可能的题目，只能是全部可能题目中的一个样本。因此，测验题目的取样必须有代表性。人是呈正态分布的，两端的人少，中间的人多。取样时，样本要大。在选择测验时，除了了解取样的代表性，还要注意这一样本与受试者的情况是否相符。一般而言，要考虑样本的年龄、性别、地区、民族、教育程度、职业等基本特征。

（2）常模。常模为可用于作比较的标准。常见的有均数、百分位、标准差等。

（3）信度。信度是指测验结果的可靠性或一致性，即多次测验分数的稳定、一致的程度。它既包括时间上的一致性，也包括内容和不同评分者之间的一致性。一般信度用系数表示，系数越大，信度越高。能力测验的信度要求高（0.8以上），人格测验的信度要求低（0.7以上）。标准化测验手册都需要说明该测验用各种方法所测得的信度。任何心理测验总会受到一些无关因素的干扰，因此，心理测验总会有误差存在。一种误差为随机误差，是由于与测验目的无关的偶然因素引起而又不易控制的误差，会导致测验结果围绕某一个值产生不一致、不稳定的变化；另一种误差为系统误差，是由与测验目的无关的变因引起的一种恒定而有规律的误差，会导致测验结果偏离真值，但每次偏离的方向和大小是稳定的，不会影响测验结果的一致性。常用的估计信度的方法有重测信度、复本信度、分半信度和评分者信度。

（4）效度。效度是指测验的有效性或准确性，即测验能够测量出其所欲测量的心理特性的程度。效度越高则表示该测验结果所能代表要测量行为的真实度越高，能够达到所要测量的目的。对于一个标准测验，效度比信度更为重要。效度是一个相对概念，因为在实际测验中，任何一种工具只对一定的测量目的有效。此外，测验是根据行为的样本，对所要测量的心理特性作间接的推断，只能达到某种程度的正确性。一般将效度分为内容效度、构想效度和实证效度。内容效度是指测验题目对有关内容或行为范围取样的适当性。构想效度是指测验对某一理论概念或特质测量的程度。实证效度是指一个测验对处于特定情境中的个体行为进行预测时的有效性，其中，被预测的行为是检验测验效度的标准，简称效标。实证效度一般用测验分数与作为效标的另一个独立测验的分数的相关系数来表示，故又被称为效标关联效度，包括同时效度和预测效度。

2. 心理测验的标准化

标准化是指心理测验的编制、实施、记分以及测验分数解释的程序的一致性，且要有较高的效度和信度及常模资料。标准化测验是一个系统化、科学化、规范化的施测和评定过程，它包括了全过程的标准化。因此，只有心理测验中各个环节都实现了标准化，测验才被称作标准化心理测验。心理测验的标准化具体体现在运用标准化的测验材料、统一指导语、统一时限、统一评分和建立常模等方面。标准化心理测验的编制一般要经过确定测验目的和对象、制订编题计划、编辑题目、题目的试测与分析、合成测验、将测验标准化、对测验进行鉴定和编写测验说明书等步骤。

3. 正确对待和使用心理测验

心理测验是心理学研究的结晶，是一种科学的方法。但在其发展过程中，曾走向两个极端。一个极端是测验万能论，盲目崇拜测验；另一个极端是测验无用论，认为心理测验误差大，没有科学性，对其全盘否定。心理测验学家告诫人们要以科学的严肃的态度对待心理测验，既不能肯定一切，也不能否定一切，既要充分重视心理测验的发展与应用，也要对心理测验的局限性有所认识。正如著名心理学家潘菽教授所言，心理测验是可信的，但不能全信；心理测验是可用的，但不能完全依靠它。

（1）正确对待心理测验。①心理测验是研究心理学的一个重要方法和作决策的辅助工具。②心理测验是一种定量化程度很高的测量技术。心理测验的编制十分严谨，并且经过标准化和鉴定，因此，测验的结果更准确、更客观。另外，心理测验还可以在较短的时间内搜集到大量的定量化资料，因而它是一种重要方法。③心理测验作为一种研究手段和测量工具尚不完善，心理测验不是心理测评的唯一方法，有着不可忽视的局限性。首先，不同的心理测验所依据的理论基础不尽相同,所测特质的定义、观点及概念系统也不同,因此,同样性质的测验测量的可能是不完全相同的心理特质;其次,心理测验是对人的心理特质的间接测量与取样推论,不可能完全准确;再次,作为指导测验编制的"测量理论"有一些比较脆弱的假设;最后,测验过程中的一些无关因素的干扰很难完全排除,会影响到测验结果的稳定性和准确性。

总之,心理测验无论在理论上还是方法上都有不完善的地方。因此,我们需要相信心理测验能提供有价值的资料,但不能完全迷信心理测验,在利用心理测验结果做辅助决策时还必须结合其他信息进行全面的分析,尤其是对个体作预测时必须十分小心。

(2)正确使用心理测验。为了充分发挥心理测验的功能,必须科学地、严肃地对待心理测验,正确使用心理测验。①严格遵守测验工作者的道德规范,向使用对象说明选用量表对确诊的意义,并征得其同意,使用对象有权知道为什么要进行心理测量和为什么选用这种而不是其他测量手段,只有当使用对象表示同意并愿意密切配合时,才可以实施测评工作。②选择测评量表,应有指向性。依据求助者心理问题的性质,选择恰当的心理测验项目,在初诊接待中,咨询人员先通过摄入性会谈法,对求助者的心理问题进行初步理解和判断。例如,已初步确定求助者的问题属于某一方面的问题(如情绪、思维方式、人际关系、行为习惯或人格特征等某一方面的问题),然后,为确定理解和判断的可靠性,再选择相应的问卷或量表做进一步探索。③要以慎重的态度来解释与使用测验结果,主要包括主试要懂得如何解释测验的分数,一般不要把测验结果告诉被试或其他人,而只需告诉测验结果的解释;要以发展变化的观点对待被试,由于测验只能反映一定时间内被试者的能力、人格等心理状态,而被试者的心理是可塑和发展的,因此,测验所得的结果并非一成不变,关键在于因势利导,扬长避短。测验结果不宜向全体学生公开,以免引起不良后果等。

测量结果如果与临床观察、会谈法的结论相左,不可轻信任何一方。必须重新进行会谈,而后再进行测评。

2. 心理测验的分类

心理测验因不同的分类方法有着多种分类,如以沟通方式来分有言语测验和非言语测验(或称操作测验),按一次测验的人数来分有团体测验和个体测验,按测验材料的严谨程度来分有结构性测验和无结构性测验(又称投射性测验)。而按目的、性质和内容来分有能力测验、人格测验、神经心理测验以及使用适应行为评定量表和症状评定量表的心理状况测验。

(1) 智力测验。智力测验是用以测量人的智力水平的一种方法。测量智力的工具称为智力量表。由于一个人智力的高低通常用智商来表示，所以智力测验又称智商测验。智力的理论研究为各种类型的智力测验提供了理论基础，如智力因素理论为各种智力测验的构想效度提供了依据，智力的稳定性理论则为智力测验的预测效度提供了依据。从学校教育的角度看，智力测验主要有两方面的功能：一是鉴别学生的智力差异，供教育教学参考，以便于实行因材施教；二是预测学生未来的发展，为学校教育提供依据。世界上第一个智力量表是法国心理学家比奈（A. Binet）和他的同事西蒙（T. Simon）于 1905 年编制的，称为比奈 – 西蒙量表，该量表是应法国教育部区分正常儿童与低能儿童的需要而编制的。几种较常用的智力量表如下。

A. 斯坦福 – 比奈量表。比奈 – 西蒙量表传到美国后，由美国斯坦福大学教授推孟（L. M. Terman）于 1916 年进行了第一次修订，称为斯坦福 – 比奈量表。以后经过 1937 年和 1960 年两次修订，1972 年，出版了新的常模，又以 1985 年更具代表性的被试和试题取样，进一步修订常模，使其成为当今很有影响力的智力测验，是很多智力测验的检验标准。该量表突出贡献在于使用比率智商和离差智高来衡量个体的智力水平。

B. 韦克斯勒智力量表。美国贝尔维精神病院主任、医学心理学家韦克斯勒（D. Wechsler）长期从事心理测验的编制和研究工作，在智力测验方面做出了杰出的贡献。他编制了一套韦克斯勒成人智力量表，此外，他还编制了适用于 6～16 岁儿童的韦克斯勒儿童智力量表和适用于 4～6.5 岁儿童的韦克斯勒幼儿智力量表。韦氏三个量表既各自独立，又相互衔接，适用于 4～74 岁的被试者，是国际上通用的权威性智力测验量表。这三个量表分别于 20 世纪 70 年代末、80 年代初由我国心理学家引进、修订，出版了中文版并制定了中国常模。

C. 中国比奈测验。比奈 – 西蒙测验于 1922 年传入我国。1924 年，我国心理学家陆志韦在南京发表了他所修订的《中国比奈西蒙智力测验》。1936 年，他和吴天敏合作发表第二次修订本。1978 年，吴天敏主持第三次修订。1982 年，完成《中国比奈测验》。该测验共有 51 个项目，从易到难排列，每项代表 4 个月智龄，每岁 3 个项目，可测验 2～18 岁被试者。用离差智商评定智商的高低。中国比奈测验必须个别施测，并且要求主试必须受过专门训练，对量表相当熟悉且有一定经验，能够严格按照测验手册中的指导语进行施测。为了节约测验时间，吴天敏在《中国比奈测验》的基础上又编制了《中国比奈测验简编》。该测验由 8 个项目组成，一般只需 20 分钟即可测定。

D. 瑞文测验。瑞文测验是英国心理学家瑞文（J. C. Raven）于 1938 年编制的一种非文字智力测验。该测验原名叫"渐进性矩阵图"，整个测验一共由 60 张图案组成，按逐步增加难度的顺序分成 A、B、C、D、E 5 组，要求被试对量表中的图形关系进行推理，可测量图形比较、组合以及系列关系、互换等抽象推理能力。瑞文测验适用于 5 岁半以上智力发展正常的人。此后，心理学家又编制出瑞文彩色推理能力测验，适用于 5～11 岁儿童和心理有障碍的成人。还有瑞文高级推理能力测验，适用于智力高于平均水平的人。我国心理学家自 1985 年来对瑞文测验的修订进行了大量的研究工作，张厚粲对瑞文标准推理测验进行了修订，李丹修订出版了"瑞文测验－联合型"。瑞文测验的优点在于测验对象不受文化、种族与语言等条件的限制，适用范围广，测验既可个别进行，也可团体实施，使用方便，省时省力。它适合于跨文化研究，以及正常人、聋哑者和智力迟钝者之间的比较研究，还可以作为大规模筛查或智力初步分等的工具。

（2）人格测验。人格测验是一类用以确定人们的人格特点或人格类型的心理测量。人格测量具有描述和鉴别的功能，因此，它可用于因材施教和职业指导。由于依据的人格理论不同，就导致了不同的人格测量方法，主要有自陈量表法、投射测验法、客观测验法和情境测验法等。

A. 自陈量表法。自陈量表又称自陈问卷，是测量人格最常用的方法。自陈量表法是对拟测量的人格特征编制许多测验试题，让被试回答，从其答案来衡鉴这项特征。它不仅可以测量外显行为，也可以测量自我对环境的感受。其基本假设是：只有被试自己最了解自己。由于自我报告对有关变量难以控制且不容易客观评分，因此，自陈量表法多采用客观测验的形式。另外，被试者的答题偏向或习惯会影响结果的真实性，因此，应在量表中增加效度量表以检查被试者答卷的有效程度。常用的有波兰心理学家简·斯特里劳编制的斯特里劳气质调查表和我国山西省教科所张拓基、陈会昌编制的气质类型调查表等。

B. 投射测验法。投射测验法是一种非组织的、随意的测验方法。它是向被试提供一些意义不明确的刺激情境，让被试在没有控制的情况下，对多种含义模糊的刺激，不受限制地、自由地做出反应，从而不知不觉地表露出人格特质。其基本假设是：人们对外界刺激的反应都是有其原因且可以预测的，而不是偶然发生的。依据被试的反应方式可将投射测验分成：联想法、构造法、完成法、选排法、表露法等5类。投射测验有罗夏墨迹测验、主体统觉测验、房树人测验、句子完成法测验。

C. 客观测验法。客观测验法是测定性格特征和性格类型较为常用的方法，常用测定性格的量表有卡特尔16种人格因素量表（Catell 16 Personality Factor Test，16PF）、艾森克人格问卷（Eysenck Personality Questionnaire，EPQ）日本淡元路治郎的向性检查卡、萧孝嵘品质评定量表、梵兰社会成熟量表、卜氏儿童社会行为量表、瑟斯顿气质量表等。

（3）评定量表。通过观察对某个人的某种行为或特质确定一个分数的方法，用来表达评定结果的标准化程序叫作评定量表。评定量表是以自然观察为基础的，与自然观察一样，其依据的资料是在真实条件下获得的，因此，评定量表可以看成是自然观察的延伸。评定量表范围极广，常用于心理健康评估的评定量表被称为心理健康评定量表（Rating Scalesin-Mental Health），有些心理学、社会学及精神病学评定量表与心理健康评估关系密切，心理健康评定量表自然也包括了这些种类的量表。

A. 心理健康评定量表的性质。心理测量学（psycho metrics）上，评定量表（rating scales）是用来量化观察中所得印象的一种测量工具，为心理健康评估中收集资料的重要手段之一。在心理健康教育、理论研究和临床实践中，常常需要对群体或个体的心理和社会现象进行观察，并对观察结果以数量化方式进行评价和解释，以有效诊断群体或个体的心理健康状况，确定群体或个体的心理健康问题或障碍的症状及特点，这一过程称为评定（rating）。而评定决非漫无目的，需要按照标准化程序来进行，这样的程序便是量表，如症状自评量表（Symptom Checkist 90，SCL - 90）、汉密尔顿焦虑量表等。这些量表之所以标准化，一方面，在于量表的内容（项目）只是所研究现象的部分有代表性标准样本，取部分代表全体；另一方面，对所有受评者进行同样的内容评定，按照相同的评定规则进行结果描述，或给予一具体分数，或划分某一范畴，并进行解释评价。心理健康测量除了在量表编制、实施等方面与其他心理测量一样有严格的要求，在结果的解释上要求则更为严格。如果通过测验而得到较高的量表分，只是揭示有这种可能性，有这种症状或倾向，但并不必然，不能简单地下结论，而应慎之又慎，否则就不符合心理测验的要求。因此，心理健康测量是技术性高、责任性强的一项工作。

B. 心理健康评定量表的形式。心理健康评定量表形式有多种多样，除具有他评量表性质的主观评定量表外，常见的形式还有自陈量表（self-report scales）、问卷（questionnaire）、调查表（inventories）和检核表（checklists）等，这类量表均有评定量表的性质，但其内容、结构及功用稍有不同。

主观评定量表（主观量表）在心理学和教育学领域使用较多，其特点是结构明确，量表各项目描述精细，通过知情人对受评者心理特点、行为等项目根据其观察印象逐项判断，不仅要判断每一项目被评定者是否出现，而且要按照量表项目程度等级标准做出程度估计。虽然评定者的评价是主观的，但评定依据来源却是客观的，故具有相当的真实性。

自陈量表较早用于人格测量，后来发展起来的用于调查个体情感、兴趣及行为的各种问卷、调查表等均属同一性质，总称为自评量表（self-rating-scales）。此类量表均是让受评者自己按照量表内容要求提供关于自己心理（内隐行为）、行为及个人社会经济背景材料的报告，量表的内容通常为一系列陈述句或问题，每个句子或问题描述一种行为特征或现象，要求受试者做出是否符合自己情况的回答。量表的项目以"是"或"否"回答方式最常见。也有折中是非式（是、否、不一定）、二择一式、多项数字选择式、文字量表式等方式。自陈量表主要特点为其项目数量多，项目描述清晰，内容较全面，了解的信息量大，而且可以团体实施。但受评者报告自己行为时常常会带有某些偏向。

检核表常作为了解个体行为特征，尤其是异常行为的调查工具。在性质上通常属于他评量表，也有少数属自评量表。量表项目具体，通常包含一系列行为描述语句；量表操作简便，评定者仅只需确定各行为项目是否在受评者身上出现即可。

C. 心理健康评定量表的种类。心理健康评定量表分类可按量表项目编排方式，也可按评定者性质进行，而最常见的为按量表内容进行分类。此外，还有按量表功能分为特征描述性量表和诊断性量表。由于心理健康评定量表主要是对心理健康状态各个侧面做出评定，故前者居多，后者虽有包括，但使用范围有限。即使是诊断性量表，也主要是指"心理特点诊断"，如对受评者人格结构、尚保存的和受损的能力或心理功能加以评估，而不是应用临床医学的疾病诊断。

按量表项目编排方式可以分为如下5种。

（A）数字评定量表。该量表提供一个定义好的数字序列，由评定者给受评者的行为确定一个数值（等级）。例如，SCL－90是由受评者自己对每项症状陈述做出从无至极重的程度选择,其数字序列为 0～4 这 5 个数字。

(B) 描述评定量表。该量表对所要评定的行为提供一组有顺序性的文字描述,由评定者选出一个适合受评者的描述。也可将描述量表与数字量表综合起来,给每个描述一个等级。这种方法简单易懂,较为常用。

(C) 标准评定量表。该量表呈现 1 组评定标准让评定者判断受评者。例如,在结束咨询时的效果反馈表效判断,就是根据改善、有效、无效、转介的工作用标准而选择其一种情况。

(D) 检选量表。该量表提供一个由许多形容词、名词或陈述句构成一览表,评定者将表中所列与被评者的行为逐一对照,将适合受评者行为特征的项目挑选出来,再对结果加以分析。此类量表常用于人格自陈量表的效度检验。

(E) 强迫选择评定表量。该量表要求评定者在各项目中强迫选择一种与受评者状况最接近的情况。

按评定者性质可分为自评量表和他评量表。

(A) 自评量表。量表的填表人为受评者自己,受评者对照量表的各项目陈述选择符合自己情况的答案并做出程度判断。该量表实施方便,可作为团体测评,但要求受评者有一定的阅读和理解能力。

(B) 他评量表。量表填表人为评定者,一般由专业人员担任,如心理评估工作者。评定者既可根据自己的观察,也可询问知情者意见,或者综合这两方面情况对受评者加以评定。评定者要具有与所使用量表内容有关的专业知识,并且需要接受严格的训练。

按量表内容分类,心理健康评定量表种类颇多,常用的有心理健康综合评定量表、生活质量和幸福度评定量表、家庭功能与家庭关系评定量表、人际关系与人际态度评定量表、抑郁评定量表、焦虑评定量表、孤独评定量表、自尊与自信评定量表、心理控制源评定、烟草与酒精依赖的评定等 10 类评定量表。

除上述这些分类方式外,还有其他多种形式,如按记分方式划分等,这些划分不是绝对的,某一量表可能划入多种类别中。

D. 评定量表在心理健康评估中的价值,评定量表之所以广泛使用,主要在于其如下价值。

(A) 客观。一般每个评定量表都是一定的客观标准,不论是何人、在何时、何条件下来评定受评者,均应根据这个标准来收集资料,做出等级评定,因此所得结果比较客观。即使就他评量表而言,尽管评定者做出的评价是主观的,但其依据来源是真实的,从这种意义上讲,同样具有相当的客观性。

(B) 数量化。对影响人们健康的心理和社会因素描述,如果没有一定的数量,而只有文字描述,那么在不同地点、不同时间、不同的观察结果便难以比较。评定量表使观察结果数量化用数字语言代替文字描述,是研究样本较理想的人组指标和研究因素的变量形式,有助于分类研究,便于将观察结果作统计学处理,更有利于计算机分析,研究的结果表达更符合科学要求。

(C) 全面。评定量表的内容全面而系统,等级清楚。用它来观察受评者,收集个体一般资料,评价心理健康各个方面,估计防治效果,一般不会遗漏重要内容。其功能相当于一份详尽的观察和晤谈大纲,并能协助评定者发现其他评估方法如观察、晤谈等所遗漏的内容,并弥补如心理测验等方法的不足之处。此外,评定量表适用范围几乎涉及心理健康状况的所有侧面,各种心理健康调查和各种研究心理和社会因素对人类健康的课题均可应用。

(D) 经济方便。评定量表能够广泛运用,一个重要原因在于各类人员较易学会操作方法,且无须像心理测验那样的特殊器材和条件,完成每一份量表评定通常只需 10～30 分钟,省时、省力、省钱。评定者和受评者一般都乐意接受。

(三) 心理评估的内容

一般而言,心理评估侧重于个体心理活动、个体的个性心理特征及个体与周围环境的相互作用等三个方面,个体心理活动是指个体发展过程中的心理活动,包括自我概念、认知、情绪、情感等方面现在的或潜在的健康问题;个体的个性心理特征一般尤其指性格,以便对被评估对象的心理特征形成印象;个体与周围环境的相互作用则包括个体对周围环境的评价,个体一般的交往方式,个体与他人发生矛盾时的处理方式、理解方式、应对方式等。在学校的心理健康教育中,常常需要进行评估的层面有自我认知和情绪与情感的评估。

1. 自我认知

(1) 自我认知的概念。自我认知也称自我意识或自我概念,是个体对自己存在的感知、看法和评价;是人们通过对自己的内、外在特征以及他人对自己的反应的觉察与体验而形成的对自我的认识与评价；是个体在与社会环境相互作用过程中逐步形成的动态的、评价性的"自我肖像"。

自我认知是一个人对自己心理、生理特征的判断，如对自己情绪情感、意志特征、身体健康状况的评价，对自己人际交往能力的评价，对自己性格特征的评价，对自己在他人心目中的地位的评价。个体认知自己的途径主要有：通过与他人的比较，依据他人对自己的态度认知自己，通过对活动成果的分析。

（2）自我认知的形成阶段。自我认知的形成经历了生理的自我、社会的自我和心理的自我3个阶段。

A. 生理的自我阶段。在生理的自我阶段，自我认知主要表现为个体对自己的身体、衣着、物品、父母及家庭对自己的态度的评价判断，个体可直接通过镜子和照片来感受自我形象，表现出自豪或自卑的情绪情感体验。

B. 社会的自我阶段。此阶段的自我认知主要表现在个体对自己的社会地位、名誉、威望、社会中其他人对自己的态度的评价判断，追求他人对自己的重视与注意，追求名誉地位以及他人对自己的情感，表现出自尊或自卑的情绪情感体验。

C. 心理的自我阶段。心理自我阶段是自我认知发展的最高阶段，自我认知主要表现在个体对自己才能、性格、智慧、道德水平等方面的评价与判断，追求事业上、政治上、道德上的发展和发挥自己的潜能，维护自己的人格和尊严，不容他人任意歧视、侮辱、诽谤，从而产生自我优越感或自尊等自我道德感体验。

影响自我认知形成的因素包括环境、经济条件、角色、期望、生长发育过程中的正常生理变化、生活经历、自身认识水平、主观经验、有重要意义的人物对自己的评价、身体健康状况等。

（3）自我认知紊乱。从心理学的角度来讲，正常与异常没有明确的界限之分，正常心理活动与异常心理活动两者往往相互交织在一起，因此，对"病人"难以下确切的定义。在临床上理解为，病人是指个体的生理与心理行为功能发生改变，生活质量明显下降，并且社会功能活动受到影响者。病人从健康状态转为疾病状态，会出现自我认知紊乱的现象。自我认知紊乱是指个体对自己存在的感知、看法的消极评价或不适应状态，包括对自己的体像（身体心像）、社会角色（社会身份）、生理功能及自尊的消极认知评价。

A. 体像。体像又称身体心像，是指个体对自己身体的形态、功能和感觉的主观心理体验。任何形式的体像改变都会影响个体的自我认知，如容貌缺陷、毁容、截肢、感知觉障碍等。体像障碍者表现为回避现实，不愿参加集体活动；不愿讨论容貌问题，拒绝照相、照镜子；拒绝训练活动；易出现性格改变，常表现为悲伤（如哭泣、愤怒、失望等）、易激惹、情绪不稳或沉默不语等。

B. 社会角色的改变。社会角色改变指无能力承担或履行个体应有的特定角色功能的责任、权利和义务。一个成年人往往同时扮演着多种社会角色。一旦身体健康状况发生变化就增加了新角色，这一角色的出现影响了以往正常生活方式，人就难以适应当前的社会角色便出现角色冲突。角色改变还会出现在一个人正常生理功能发展过程中或家庭结构改变时。角色改变后表现为缺乏安全感，依赖性增强，出现紧张、恐惧、焦虑、抑郁等不良情绪。

C. 生理功能认知改变。生理功能认知的改变主要源于病理性病变。表现为主观感觉异常，注意力由外部世界集中到自身的感受和体验，过分关注身体自觉症状，如对心跳、呼吸、胃肠蠕动异常敏感；对声、光、温度等刺激反应过于敏感；感到疼痛加剧，感觉度日如年或感知障碍，甚至出现思维紊乱或幻觉等。

D. 自尊的认知。改变个体的自尊源于对自我认知的客观正确的评价以及对自我价值、能力和成就的恰当估价。出现心理问题时个体的自我价值感必然受挫，自尊心也会不同程度受到影响，表现为自我贬低、自卑、信心不足、犹豫不决、窘迫感、推诿责任、敏感多疑等。

（4）自我认知评估的内容与方法。自我认知评估的内容主要包括体像（身体心像）的自我感受、社会角色的适应状况、生理功能的认知评价、自尊与人格特点等。可用交谈法、调查法、观察法、评定量表法等进行评估。

2. 情绪与情感

（1）情绪与情感的定义。情绪与情感指客观事物是否符合个体的需要而产生的主观体验。对定义的理解如下三个方面。

A. 情绪与情感由客观刺激引起。所有情绪情感都不是自发的，它是由现实环境中的刺激而引发。引起情绪与情感的客观刺激包括人和物或机体生理状态等。

B. 情绪与情感是主观态度体验。体验是情绪情感的基本特色。客观事物对人具有不同的意义，人对客观事物的态度也各不相同。情绪情感不是对客观事物本身的反映，而是反映客观事物与人的需要之间的关系。

C. 情绪与情感产生的基础是需要。情绪情感是以需要能否满足为基础的，当客观事物满足了人的需要就会产生积极的态度体验（愉快、满意），相反则产生消极的态度体验（伤心、抑郁）。

（2）情绪与情感的区别和联系。情绪与情感的产生需要、反映特点、不同表现形式均存在差别，情绪是情感的外在表现形式，情感是情绪的内在本质内容。情绪和情感相互依存交融为一体，彼此不可分割。内在的情感体验需要通过外在的情绪呈现出来，外在的情绪表现受内在稳定的情感制约、调节和监督。

（3）情绪与情感的分类。基本的情绪情感形式有如下几种。

A. 原始情绪。根据情绪与生理需要的关系，把复杂的情绪分为喜欢、快乐、恐惧、愤怒、悲伤等基本的情绪形式。

B. 感知情绪。与感觉刺激有关的情绪，如看到辽阔大海而心潮澎湃、听到优雅琴声而陶醉、触到伤口而疼痛等。

C. 人际情绪。与人际交往有关的情绪，如爱恨情仇、思念、牵挂等。

D. 自我评价情绪。与个体对自己的看法评价有关的情绪，如自信、自卑、内疚、惭愧、骄傲、悔恨、自责等。

情绪状态根据情绪发生的强度、稳定性、紧张度和速度，可分为心境、激情和应激3种情绪状态。

A. 心境。心境是一种微弱而持久的具有笼罩性和弥散性特点的情绪状态。心境作为一种心理背景，在某一时间段影响人的一切活动，使人的所有方面都带有相同的感情色彩。这种状态持续时间少则数小时，长则数周、数月或更长时间。积极乐观的心境，使人信心倍增，精神振奋，调动灵感发挥创造性，提高活动效率；消极悲观的心境，使人意志消沉、萎靡不振、丧失信心，降低活动效率，阻碍活动进展，有害身心健康。

B. 激情。激情是一种迅速、强烈而短暂的情绪状态。它具有爆发性、冲动性、激动性的特点。激情是可以被人意识到的，个体能够主动的用理智来控制、调节、避免或减轻激情发作时的强度。激情有积极和消极之分，积极的激情能够鼓舞人心，激励人们迎接挑战、攻克难关去实现目标，是促进人们积极行动的巨大驱动力；消极的激情则会让人头脑不冷静，做出缺乏理智的冲动失控行为，影响身心健康和人际关系。

C. 应激。应激是在出乎意料的紧急情况下所引起的高度紧张的情绪状态。在现实生活中发生突发事件和意外事件时，常需要人们迅速毫无选择地做出抉择应付危机形势，这时所产生的高度紧张的情绪状态就是应激。

社会情感是由社会需要引起的人类所特有的高级情感形式，包括道德感、理智感、美感。

A. 道德感，指个体的思想意图、行为举止是否符合社会伦理道德规范而产生的主观体验。

B. 理智感，是个体通过智力活动探索科学知识的过程中产生的主观体验。

C. 美感，是依据一定的审美标准评价客观事物时所产生的主观体验。美感包括艺术美感、社会美感、自然美感。

（4）情绪变化的特征。情绪活动的特征包括主导心境、情绪的强度、持续的时间和稳定性四个方面。

A. 主导心境差。受心理问题的影响来访者主导心境普遍较差，多表现为郁郁寡欢、紧张不安、萎靡不振、忧心忡忡、寝食难安。

B. 情绪活动的强度大。来访者的情绪反应强度普遍大于正常人。其情绪反应的强度随着问题的进展而发生变化。

C. 情绪活动的持续时间长。由于个体情况对正常生理功能造成了明显影响，来访者的情绪体验以消极情绪为主，持续的时间也较长。

D. 情绪活动不稳定。多数来访者的情绪活动不稳定，表现出易激惹、冲动、急躁，或易愤怒争吵，悲伤哭泣，无理取闹，情感脆弱易受伤害。

（5）来访者常见的不良情绪。个体在出现心理问题后，由于社会角色及环境的改变，正常生活模式被破坏，不少来访者的心理状态失去了平衡，产生不良情绪反应。常见的不良情绪有恐惧、焦虑、抑郁和愤怒。

（6）情绪与情感的评估方法。

A. 会谈法。通过与来访者和来访者家属及同事、朋友谈话，收集了解来访者情绪情感变化的主客观资料。

B. 观察与测量。主要观察情绪的外部表现和测量生理指标的变化。

情绪的外部表现有：面部表情；眼睛和口是反映情绪的最重要表情部位，如高兴时眉开眼笑，口角微翘；疼痛时眉头紧锁，口角抽动；震惊时目瞪口呆；无奈时目光呆滞，双唇紧闭；身体表情：当一个人情绪发生变化时常伴有肢体动作表现，如紧张时坐立不安，双腿发抖；悔恨时捶胸顿足；得意时摇头晃脑；骄傲时趾高气扬；言语表情：言语是交流思想表达情感的物质工具。如喜悦时音调高亢、语速较快；紧张时声音颤抖，语言断续；悲哀时音调低沉、语速缓慢；痛苦时呻吟等；情绪引发的生理变化：主要有呼吸系统、消化系统、循环系统、内外腺体（汗腺、泪腺、肾上腺、胰腺等）和脑电波、皮肤电的变化。可通过肤电反馈仪、脑波仪、血压计等观测。

C. 量表评定法。这种方法是对情绪情感较为客观的评估方法。常用的有 Avillo 情绪情感形容词量表、焦虑自评量表、抑郁自评量表（Self-rating Depression Scale，SDS）等 3 种。

（四）转介评估

无论是咨询还是干预，都要求目的明确、方向正确。没有明确的评估归类，咨询还是转介的结论便无法得出，即使得出也是不一定可信。因此，通过心理评估确定问题的性质和概念是咨询和干预的前提，心理评估是来访者确定是否将来访者转介的依据之一，是否转介需考虑如下内容。

（1）首先明确来访者是正常人，但经过评估后是具有严重心理障碍或精神症状的来访者，应将转介。

（2）大部分的咨询师都有自己擅长的解决的问题，并不能适应每一个来访者，对于那些自己不太熟悉或者是把握性不大的心理问题来访者，应予转介。

（3）即使对咨询师而言，都有自身未完成的事件，所以咨询师除了评估来访者的心理问题，还要对自身的心理进行评估，需要注意如下事项。

A. 重视心理评估在健康评估中的意义。
B. 心理与身体评估同时进行。
C. 注意主客观资料的比较。
D. 避免咨询师的态度、观念、偏见等因素对结果的影响。

（五）危机事件心理评估

有时心理咨询会接待心理问题危机的来访者，此时心理评估就非常重要，这种评估被称为危机评估。危机评估是危机心理援助的第一步，有助于危机的顺利解决和消除。危机事件心理评估的基本态度，是指咨询师对待心理评估这一过程所持有的立场以及个人倾向。

（1）连续体观点。这种观点是指咨询师在为来访者进行心理评估时，要明确正常心理和异常心理之间没有绝对的界限，他们是一个渐变的连续体，区别往往是相对的。

（2）多因素观点。心理活动的表现是受到多种因素的影响，这就要求心理评估时要考虑多方面的因素，要同时考虑来访者的生物、心理社会因素的共同作用，使心理评估知识不断接近最好的辨别标准。因此，咨询师要从多个维度采用多元的方法来解决来访者的问题。

（3）动态的观点。要以动态的观点来看待来访者的问题和整个心理评估的过程，避免用直线思维影响心理评估工作，明确心理评估只是对来访者当前的问题的一种定性，而不是最终的结论，要看到来访者的潜力以及自治愈的能力。

三、学校心理测评

（一）心理测评的含义

心理测评是通过科学、客观、标准的测量手段对人的特定素质进行测量、分析、评价。这里的所谓素质，是指那些完成特定工作或活动所需要或与之相关的感知、技能、能力、气质、性格、兴趣、动机等个人特征，他们是以一定的质量和速度完成工作或活动的必要基础。心理测评是心理学服务于社会的一个重要手段，目前，它已广泛用于医疗、教育、人事等相关领域，来对测试对象的生理、心理、社会等方面的要素进行评估。在高校心理健康教育中应用心理测评，可以得到比较客观的筛查、评估和判断学生心理健康状况的依据，增进心理健康教育的科学性，促进心理健康教育工作的深入开展。

（二）心理测评的特征

（1）心理测评具有客观性。所谓客观性，主要是指心理测评各个环节实施的标准化程度。首先，测评前保证所用的设施、工具、指导语等前期准备工作经过标准化检验；其次，评测时环境条件和时间控制必须标准化，确保测评对学生的刺激是客观的；最后，测评结束后评分计分、分数转化及分数解释必须标准化，以保证对测评结果的推论是客观的。

（2）心理测评具有间接性。心理测评是对心理特质进行测量和评估，只能通过有代表性的外显行为进行推论。这就决定了心理测评是一种间接的测量和评估，只能对测量结果进行分析和评价，间接了解学生的心理属性。

（3）心理测评具有相对性。心理测评不存在绝对的衡量标准。对被测者所测得的结果进行比较，形成一个连续的序列，每个人较他人而言处于这一序列的某一相对位置上。

（三）心理测评的意义

通过心理测评把心理特性量化，在社会生活、教育工作和理论研究中有着重要的功能和意义。

（1）心理测评可以从个体的智力、能力倾向、创造力、人格、心理健康等各方面对个体进行全面的描述，说明个体的心理特性和行为。同时，可以对同一个人的不同心理特征间的差异进行比较，从而确定其相对优势和不足，发现行为变化的原因，为决策提供信息。

（2）心理测评可以评价个体在学习或能力上的差异，人格的特点以及相对长处和弱点，评价儿童已达到的发展阶段等。

（3）心理测评的结果可以为客观、全面、科学、定量化地选拔人才提供依据。因为它可以预测个体从事某种活动的适宜性，进而提高人才选拔的效率与准确性。心理测评可以了解个体的能力、人格和心理健康等心理特征，从而为因材施教或人尽其才提供依据。

（4）心理测评可以确定个体间的差异，并由此来预测不同个体在将来活动中可能出现的差别，或推测个体在某个领域未来成功的可能性。

（5）心理测评可以帮助心理，测评者了解自己的心理健康状况，通过心理评测唤醒人们注重心理健康的意识，知道自己怎样来预防和治疗心理疾病；指导人们如何在生活当中来调节自己的心态，从而提高生活质量，透视心灵的窗户来测出心理健康状态。

(四) 心理测评在心理健康教育中的作用

我国高校心理健康教育起步较晚，还处在建立机构、探索规律、学习方法、规范操作的阶段，各地各高校开展心理健康教育的程度，也因城乡差距、东西部的差距、重视程度的差异等因素而各不相同。中小学阶段心理健康教育的缺失，家庭和社会只重视学生的学习成绩，不重视心理发展状况的导向，导致大学生不了解心理健康的重要性，不重视自己的心理健康，不会调整不良心理，不知道寻求帮助或不愿意接受心理咨询。心理健康教育不仅要向学生传授心理学知识、心理健康理念、心理调适的技巧，还要帮助学生自我了解、自我评价、自我定位，从而达到健康发展的目的。与课堂教学、课外训练、心理咨询等教育形式不同的是，心理测评能够吸引大学生主动参与其中，认识自己。大学生在参加测评之后可能会主动学习心理健康知识，并为完善自己而走近心理咨询，获得专业的指导和帮助。心理测评这种开放式教育的手段，在高校心理健康教育中发挥着独特的作用。

(1) 心理测评可以帮助学生了解自我。学校心理健康教育的目标之一就是要帮助学生了解自我，认识自我。大学生有着较高的人生目标和追求，但因为欠缺自我认识的知识，加之知识结构、社会实践等方面的局限，易于产生自卑、自贬等不良心态，从而抑制了自身的发展。心理测评可以帮助他们了解自己的人格特征、气质特点、能力倾向、健康状况等，并为他们提供开发自身潜能的预测信息和完善自我的科学依据，从而使他们明确自我完善的方向，提高心理素质，愉快、高效地学习和生活。

(2) 心理测评可以评估学生的心理发展状况。在学生的发展中，目标和方向是非常重要的。但是当理想与现实发生矛盾时，一些学生对自己的现状不满，对自己的未来困惑，在现实生活中缺乏为实现自己理想应有的积极的行动，更没有较为长远的目标。因此，他们的大学生活过得十分盲目，学习发展也不如意，而且对前途也感到渺茫。用心理测评评估学生的学习态度、能力差异、人格特点、长处不足，评估学生目前的发展阶段和程度，可以帮助学生了解自己的心理发展状况，依据自己的特点树立理想，确定生活目标和自我努力的方向。

(3) 心理测评可以筛选心理干预对象和确定心理问题。在学生群体中筛选出需要进行心理干预的对象，评估这些对象的心理问题或心理障碍，是危机干预的一个重要内容。然而，心理健康与心理不健康是一种连续的状态，在许多情况下，它们之间只有程度的差异，并无绝对的界限。只有运用科学的心理测评，才能够快速和比较准确地确定学生中有心理问题的高危群体或个体，获得有关信息和资料，以便开展有针对性的引导帮助，进行及时有效的危机干预，预防因心理问题或心理障碍导致的突发事件的发生，保障学生的健康成长。

（4）心理测评可以普及宣传心理健康知识。与心理咨询相比，心理测评的方式解除了学生接受心理咨询的种种顾虑，容易为更多的学生所接受。依据心理测评的结果向学生进行分析解释或心理咨询时，学生一般都能积极配合，较少有防御或逆反心理。因为他们想了解测评的结果是否符合自己的实际情况，想了解自己和别人之间的差距，想知道自己需要改进和完善的方面。因此，对学生进行心理测评和向学生反馈测评结果的过程，也是向学生宣传普及心理健康知识，唤醒学生主动关注自己的心理健康的过程。

（5）心理测评能够为心理健康教育理论研究提供依据。心理测评为心理健康教育的理论研究收集可靠资料，为分析学生的心理发展特点，做出有针对性的教育策略。通过心理测评获得的资料相对快捷、客观、科学、有效，使教育者能够在较短时间内触及学生存在的核心问题，预测学生的心理发展趋势，从而把握学生的心理全息景象，有利于引导学生正确面对各种心理困扰，增强抗挫折的能力和社会适应能力。

（五）科学应用心理测评的几个问题

在高校心理健康教育中，心理测评主要用于新生心理健康普查、建立学生心理档案，帮助学生了解性格、气质、能力和职业性向，诊断心理问题或心理障碍。心理测评的间接性、相对性和客观性特征，提醒我们在应用心理测评时，必须遵守一定的原则和规范，以保证做到科学地应用心理测评，为高校心理健康教育服务。

（1）合理选择心理测评。每一种心理测评量表都具有特定的目的和使用对象，施测者要依据施测目的和测评对象来考虑量表的选用。要选择信度、效度高、常模与所测群体接近、敏感性高、测评项目有一定难度和区分度的心理测评。还要注意尽可能使用新近修订的测评和常模。实施测评所需的人力、物力和财力，以及能否被社会和受测者所接受和认同，也是需要考虑的因素。心理测评量表的选择使用应对受测者负责,并注重科学性。

(2) 施测者应具有一定的知识技能。施测者应该具有心理学或实验心理学的相关知识,接受过使用心理测评的训练,熟悉测评内容、适用范围、测评程序、记分方法。具有善于与不同的人打交道的个性心理特征。要尊重、理解受测者,要热情、真诚、耐心地对待受测者。能够激发受测者对测评的兴趣,以得到受测者的配合。能够熟练应答受测者的质疑,妥善处理施测过程中出现的问题,能够与受测者建立良好的关系。

(3) 测评结果的分析、解释、反馈要科学规范。对于新生心理健康普查,学校要适当组织进行反馈与访谈,对参与反馈和访谈的人员要进行专门的培训,以保证反馈、访谈工作的规范性与有效性。对于开放的由学生自主选做的心理测评,则要由专门的人员对受测者进行适当解释,帮助他们理解测评结果。还要注意结合受测者的其他资料对测评结果进行分析;以建设性的、易于理解的、个别化的方式,向受测者进行结果解释;多强调测评结果的积极意义,以有利于受测者从测评中获益,促进其自我了解。

(4) 保护受测者的权利。心理健康教育是以人为本的教育思想的体现,是否能够充分保护受测者的权利,关系到心理测评乃至心理健康教育引导的正面效果和积极意义。受测者的权利包括:了解测评目的和测评性质,了解如何准备测评及参加测评,清楚是否可以获得测评结果的反馈等,这些都需要得到保护。要对受测者的测评结果及个人隐私保密;回答有关机构的查询时,一般需要征得受测者的同意。此外,严格的管理制度、适宜的施测环境、清晰明确的指导语、严谨的操作程序,都是科学实施心理测评的保证。

(六) 心理健康测量在大学生心理健康教育中存在的问题分析

心理健康测量的目的是明确学生心理健康的标准和水平,可以有效推进心理健康教育的科学性,为高校对大学生心理状况的综合了解提供了很大便利,为学校开展心理健康教育、推行心理辅导与咨询工作提供依据,进而为促进学生的全面发展和提高教育质量服务。但现阶段各高校在实际操作过程中存在着诸多不科学和不规范的问题,需要引起一定重视。

心理健康测量在大学生心理健康教育中存在的问题分析如下。

1. 测评量表选择过于单一

通过中国知网 CNKI 的中国期刊网络出版总库，对 1995—2015 年的期刊输入检索条件"大学生心理健康"，共查找到 13 482 条结果。再继续对这 13 482 篇文献增加检索条件：摘要包含"SCL-90"，共查找到 1405 条结果；增加检索条件：摘要包含"UPI（大学生人格问卷，University Personality Inventory）"，共查找到 212 条结果；增加检索条件：摘要包含"EPQ"，共查找到 126 条结果；增加检索条件：摘要包含"16PF"，共查找到 94 条结果；增加检索条件：摘要包含"MMPI"（明尼苏达多项人格测验，Minnesota Multiphasic Personality Inventory），共查找到 12 条结果。可见，SCL-90 的使用频率最高，是大学生心理测评的首选量表。但是运用 SCL-90 量表对大学生进行心理测评时，很容易受到外界物质环境等因素的干扰，影响测评的准确性。单纯依靠 SCL-90 一种量表进行测评，不仅无法进行比对分析，也难以全面反映大学生的心理状况。心理测评集中选择一种量表，显然这种单一的做法是不合理的，无法对学生做出全面的了解。

2. 心理测评量表缺乏本土化研究

心理测评的理论体系、基本框架均出自西方国家的心理学，不能够全面适应我国的历史文化和传统习俗。尤其是西方的测评量表不能完全适应我国人民的身心特点。心理测评量表的本土化研究主要存在跨文化翻译、修订与重塑不当的问题。首先，现存的一些跨文化翻译只是单纯字面意义上的直译，没有充分考虑文化差异，缺乏对特定的内容的推敲，无法做到精准地翻译。其次，在对已有内容进行修订和重塑时，不能恰当地在原有精华内容之上重新构造出新内容，修订过的内容缺乏实践的检验。

3. 常模老化问题

所谓常模，是指一种用来比较的标准量数，由标准化样本测评结果计算而来，它是心理测评后用于比较和解释测评结果的参照分数标准，常模有时间上和空间上的限制，一般情况下只能够代表一个地方在一段时间内的情况。通常情况下，常模的有效期限在 10 年，超过 10 年就需要进行更新和修订。而我国部分测评量表的常模 10 年，甚至 20 年里都不进行更新换代的现象时有发生。各高校经常使用的测评量表也普遍存在常模老化的问题，例如，各高校使用频率最高的 SCL-90 的常模于 1986 年制定,至今已有 30 年。由此看来,我国大学生心理测评普遍存在着常模老化的问题。

【延伸阅读】常用心理评定量表

1. SDS

SDS 由 Zung 编制,是一种使用广泛的抑郁状态自评表,由测试者本人对最近 1 周的情况进行评定。SDS 共由 20 个条目组成,每一条目代表一种症状,按照发生频率分为 1～4 四级评分。1 分:从来没有或偶尔发生;2 分:有时发生;3 分:经常发生;4 分:持续发生,如表 7-1 所示。

表 7-1 SDS

	偶/无	有时	经常	持续
1. 感到情绪沮丧,郁闷。	1	2	3	4
2. 我感到早晨心情最好。	4	3	2	1
3. 我要哭或想哭。	1	2	3	4
4. 我夜间睡眠不好。	1	2	3	4
5. 我吃饭像平常一样多。	4	3	2	1
6. 我的性功能正常。	4	3	2	1
7. 我感到体重减轻。	1	2	3	4
8. 我为便秘烦恼。	1	2	3	4
9. 我的心跳比平时快。	1	2	3	4
10. 我无故感到疲劳。	1	2	3	4
11. 我的头脑像入学一样清楚。	4	3	2	1
12. 我做事情像平时一样不感到困难。	4	3	2	1
13. 我坐卧不安,难以保持平静。	1	2	3	4
14. 我对未来感到有希望。	4	3	2	1
15. 我比平时更容易激怒。	1	2	3	4
16. 我觉得决定什么事很容易。	4	3	2	1
17. 我感到自己是有用和不可缺少的人。	4	3	2	1
18. 我的生活很有意思。	4	3	2	1
19. 假如我死了别人会过得更好。	1	2	3	4
20. 我仍旧喜欢自己平时喜欢的东西。	4	3	2	1

评分与意义：20个条目中一半为正性词陈述，另一半为负性词陈述，将20个条目得分相加得到SDS总分，然后计算抑郁严重度指数＝总分/80。Zung认为，该指数在0.50以下表明无抑郁，0.50～0.59为轻微型至轻度抑郁，0.60～0.69为中至重度抑郁，0.70以上为重度抑郁。

2. SAS

SAS（表7-2）是由Zung编制的一种广泛适用于具有焦虑症状的成年人。由测试者本人对最近1周的情况进行评定。SAS共由20个条目组成，每一条目代表一种症状，按照发生频率分为1～4四级评分。1分＝从来没有或偶尔发生；2分＝有时发生；3分＝经常发生；4分＝持续发生。

表7-2 SAS

	偶/无	有时	经常	持续
1. 我觉得比平时容易紧张和着急。	1	2	3	4
2. 我无缘无故地感到害怕。	1	2	3	4
3. 我容易心理烦乱或觉得惊恐。	1	2	3	4
4. 我觉得我可能将要发疯。	1	2	3	4
5. 我觉得一切都很好，也不会发生什么不幸。	4	3	2	1
6. 我手脚发抖打颤。	1	2	3	4
7. 我因为头痛、头颈和背痛而苦恼。	1	2	3	4
8. 我觉得衰弱和疲乏。	1	2	3	4
9. 我觉得心平气和，并且容易安静坐着。	4	3	2	1
10. 我觉得心跳得很快。	1	2	3	4
11. 我因为一阵阵头晕而苦恼。	1	2	3	4
12. 我有晕倒发作或觉得要晕倒似的。	1	2	3	4
13. 我呼气吸所都感到很容易。	4	3	2	1
14. 我手脚麻木和刺痛。	1	2	3	4
15. 我因为胃痛和消化不良而苦恼。	1	2	3	4
16. 我常常要小便。	1	2	3	4
17. 我的手常常是干燥温暖的。	4	3	2	1
18. 我脸红发热。	1	2	3	4
19. 我容易入睡并且睡得很好。	4	3	2	1
20. 我做噩梦。	1	2	3	4

评分与意义：将20个条目得分相加得到 SAS 总分，然后计算焦虑严重度指数＝总分/80。Zung 认为，该指数在 0.50 以下表明无焦虑，0.50～0.59 为轻微型至轻度焦虑，0.60～0.69 为中至重度焦虑，0.70 以上为重度焦虑。

3. 贝克抑郁自评量表

贝克抑郁自评量表（Beck Depression Inventory，BDI）（表7-3）是含有20个项目、分为4级评分的自评量表，原型是 Zung 抑郁量表（1965年）。其特点是使用简便，并能相当直观地反映抑郁患者的主观感受。主要适用于具有抑郁症状的成年人，包括门诊及住院患者。只是对严重迟缓症状的抑郁，评定有困难。

表7-3　BDI

[指导语] 每题选1个答案，请在大题号后（　）内写上所选答案数字。

一、（　）
1. 我不感到忧郁。
2. 我感到忧郁或沮丧。
3. 我整天忧郁，无法摆脱。
4. 我十分忧郁，已经忍受不住。

二、（　）
1. 我对未来并不悲观失望。
2. 我感到前途不太乐观。
3. 我感到对前途不抱希望。
4. 我感到今后毫无希望，不可能有所好转。

三、（　）
1. 我并无失败的感觉。
2. 我觉得和大多数人相比我是失败的。
3. 回顾我的一生，我觉得那是一连串的失败。
4. 我觉得我是一个失败的人。

四、（　）
1. 我并不觉得有什么不满意。
2. 我觉得我不能像平时那样享受生活。
3. 任何事情都不能使我感到满意。
4. 我对所有的事情都不满意。

(续表7-3)

五、（　）

1. 我没有特殊的内疚感。
2. 我有时感到内疚或觉得自己没有价值。
3. 我感到非常内疚。
4. 我觉得自己非常坏，一钱不值。

六、（　）

1. 我没有对自己感到失望。
2. 我对自己感到失望。
3. 我讨厌自己。
4. 我憎恨自己。

七、（　）

1. 我没有要伤害自己的想法。
2. 我感到还是死掉的好。
3. 我考虑过自杀。
4. 如果有机会，我还会杀了自己。

八、（　）

1. 我没失去和他人交往的兴趣。
2. 和平时相比，我和他人交往的兴趣有所减退。
3. 我已失去大部分和人交往的兴趣，我对他们没有感情。
4. 我对他人全无兴趣，也完全不理睬别人。

九、（　）

1. 我能像平时一样做出决定。
2. 我尝试避免做决定。
3. 对我而言，做出决断十分困难。
4. 我无法做出任何决断。

十、（　）

1. 我觉得我形象一点也不比过去糟。
2. 我担心我看起来老了，不吸引人了。
3. 我觉得我的外表肯定变了，变得不具吸引力。
4. 我感到我的形象丑陋且讨人厌。

(续表7-3)

十一、（ ）

1. 我能像平时那样工作。
2. 我做事时，要花额外的努力才能开始。
3. 我必须努力强迫自己，方能干事。
4. 我完全不能做事情。

十二、（ ）

1. 和以往相比，我并不容易疲倦。
2. 我比过去容易觉得疲乏。
3. 我做任何事都感到疲乏。
4. 我太易疲乏了，不能干任何事。

十三、（ ）

1. 我的胃口不比过去的差。
2. 我的胃口没有过去那样好。
3. 现在我的胃口比过去的差多了。
4. 我一点食欲都没有。

评分：总粗分、标准分（Y＝总粗分×1.25后取整）。

结果解释：标准分（中国常模）。（1）轻度抑郁：53～62；（2）中度抑郁：63～72；（3）重度抑郁：＞72；（2）分界值为53分。

SDS总粗分的正常上限为41分，分值越低状态越好。标准分为总粗分乘以1.25后所得的整数部分。我国以SDS标准分≥50为有抑郁症状。抑郁严重度＝各条目累计分/80。

结果：0.5以下者为无抑郁，0.5～0.59为轻微至轻度抑郁，0.6～0.69为中至重度，0.7以上为重度抑郁。

4. SCL-90

SCL-90（表7-4）由L. R. Derogatis于1975年编制，是进行心理健康状况鉴别及团体心理卫生普查时实用、简便而有价值的量表。该量表包括90个项目，包括感觉、思维、情感、行为、人际关系、生活习惯等内容，可以评定一个特定的时间，通常是评定1周以来的心理健康状况。该量表分为5级评分（从0～4级）：0＝从无，1＝轻度，2＝中度，3＝相当重，4＝严重；有的也用1～5级评分，但在计算实得总分时，应将所得总分减去90。该量表包括躯体性、强迫症状、人际关系敏感、抑郁、焦虑、敌对、恐怖、偏执、精神病性等9个症状因子。

表7-4 SCL-90

[指导语]
如下列出了有些人可能会有的问题，请仔细阅读每一条，然后，根据最近1周以来自己的实际感觉，选择最符合您的一种情况。

	0	1	2	3	4
1. 头痛。	□	□	□	□	□
2. 神经过敏，心中不踏实。	□	□	□	□	□
3. 头脑中有不必要的想法或字句盘旋。	□	□	□	□	□
4. 头晕或晕倒。	□	□	□	□	□
5. 对异性的兴趣减退。	□	□	□	□	□
6. 对旁人责备求全。	□	□	□	□	□
7. 感到别人能控制您的思想。	□	□	□	□	□
8. 责怪别人制造麻烦。	□	□	□	□	□
9. 忘性大。	□	□	□	□	□
10. 担心自己的衣饰整齐及仪态的端正。	□	□	□	□	□
11. 容易烦恼和激动。	□	□	□	□	□
12. 胸痛。	□	□	□	□	□
13. 害怕空旷的场所或街道。	□	□	□	□	□
14. 感到自己的精力下降，活动减慢。	□	□	□	□	□
15. 想结束自己的生命。	□	□	□	□	□
16. 听到旁人听不到的声音。	□	□	□	□	□
17. 发抖。	□	□	□	□	□
18. 感到大多数人都不可信任。	□	□	□	□	□
19. 胃口不好。	□	□	□	□	□
20. 容易哭泣。	□	□	□	□	□
21. 同异性相处时感到害羞不自在。	□	□	□	□	□

(续表7-4)

22. 感到受骗、中了圈套或有人想抓住您。	□	□	□	□	□
23. 无缘无故地突然感到害怕。	□	□	□	□	□
24. 自己不能控制地发脾气。	□	□	□	□	□
25. 怕单独出门。	□	□	□	□	□
26. 经常责怪自己。	□	□	□	□	□
27. 腰痛。	□	□	□	□	□
28. 感到难以完成任务。	□	□	□	□	□
29. 感到孤独。	□	□	□	□	□
30. 感到苦闷。	□	□	□	□	□
31. 过分担忧。	□	□	□	□	□
32. 对事物不感兴趣。	□	□	□	□	□
33. 感到害怕。	□	□	□	□	□
34. 感情容易受到伤害。	□	□	□	□	□
35. 旁人能知道您的私下想法。	□	□	□	□	□
36. 感到别人不理解您、不同情您。	□	□	□	□	□
37. 感到人们对您不友好,不喜欢您。	□	□	□	□	□
38. 做事必须做得很慢以保证做得正确。	□	□	□	□	□
39. 心跳得很厉害。	□	□	□	□	□
40. 恶心或胃部不舒服。	□	□	□	□	□
41. 感到比不上他人。	□	□	□	□	□
42. 肌肉酸痛。	□	□	□	□	□
43. 感到有人在监视您、谈论您。	□	□	□	□	□
44. 难以入睡。	□	□	□	□	□
45. 做事必须反复检查。	□	□	□	□	□
46. 难以做出决定。	□	□	□	□	□
47. 怕乘电车、公共汽车、地铁或火车。	□	□	□	□	□
48. 呼吸有困难。	□	□	□	□	□
49. 一阵阵发冷或发热。	□	□	□	□	□
50. 因为感到害怕而避开某些东西、场合或活动。	□	□	□	□	□

（续表 7-4）

题号	内容				
51.	脑子变空了。	□	□	□	□
52.	身体发麻或刺痛。	□	□	□	□
53.	喉咙有梗塞感。	□	□	□	□
54.	感到没有前途没有希望。	□	□	□	□
55.	不能集中注意力。	□	□	□	□
56.	感到身体的某一部分软弱无力。	□	□	□	□
57.	感到紧张或容易紧张。	□	□	□	□
58.	感到手或脚发重。	□	□	□	□
59.	想到死亡。	□	□	□	□
60.	吃得太多。	□	□	□	□
61.	当别人看着您或谈论您时感到不自在。	□	□	□	□
62.	有一些不属于您自己的想法。	□	□	□	□
63.	有想打人或伤害他人的冲动。	□	□	□	□
64.	醒得太早。	□	□	□	□
65.	必须反复洗手、点数目或触摸某些东西。	□	□	□	□
66.	睡得不稳不深。	□	□	□	□
67.	有想摔坏或破坏东西的冲动。	□	□	□	□
68.	有一些别人没有的想法或念头。	□	□	□	□
69.	感到对别人神经过敏。	□	□	□	□
70.	在商店或电影等人多的地方感到不自在。	□	□	□	□
71.	感到任何事情都很困难。	□	□	□	□
72.	一阵阵恐惧或惊恐。	□	□	□	□
73.	感到在公共场合吃东西很不舒服。	□	□	□	□
74.	经常与人争论。	□	□	□	□
75.	单独一人时神经很紧张。	□	□	□	□
76.	别人对您的成绩没有做出恰当的评价。	□	□	□	□
77.	即使和别人在一起也感到孤单。	□	□	□	□
78.	感到坐立不安心神不定。	□	□	□	□
79.	感到自己没有什么价值。	□	□	□	□
80.	感到熟悉的东西变成陌生或不像是真的。	□	□	□	□

(续表 7-4)

81. 大叫或摔东西。		☐	☐	☐	☐	☐
82. 害怕会在公共场合晕倒。		☐	☐	☐	☐	☐
83. 感到别人想占您的便宜。		☐	☐	☐	☐	☐
84. 为一些有关"性"的想法而很苦恼。		☐	☐	☐	☐	☐
85. 您认为应该因为自己的过错而受到惩罚。		☐	☐	☐	☐	☐
86. 感到要赶快把事情做完。		☐	☐	☐	☐	☐
87. 感到自己的身体有严重问题。		☐	☐	☐	☐	☐
88. 从未感到和其他人很亲近。		☐	☐	☐	☐	☐
89. 感到自己有罪。		☐	☐	☐	☐	☐
90. 感到自己的脑子有毛病。		☐	☐	☐	☐	☐

表 7-4 共有 90 个项目组成，通过因素分析可以概括成 9 组因素群（症状群），如表 7-5 所示。

表 7-5　SCL-90 使用说明

编号	项目	对应的题目	项数/项
1	躯体化	1, 4, 12, 27, 40, 42, 48, 49, 52, 53, 56, 58	12
2	强迫症状	3, 9, 10, 28, 38, 45, 46, 51, 55, 65	10
3	人际关系敏感	6, 21, 34, 36, 37, 41, 61, 69, 73	9
4	抑郁	5, 14, 15, 20, 22, 26, 29, 30, 31, 32, 54, 71, 79	13
5	焦虑	2, 17, 23, 33, 39, 57, 72, 78, 80, 86	10
6	敌对	11, 24, 63, 67, 74, 81	6
7	恐怖	13, 25, 47, 50, 70, 75, 82	7
8	偏执	8, 18, 43, 68, 76, 83	6
9	精神病性症状	7, 16, 35, 62, 77, 84, 85, 87, 88, 90	10
10	其他	19, 44, 59, 60, 64, 66, 89	7

正常成人 SCL-90 的因子分布（常模）如表 7-6 所示。

表 7-6　正常成人 SCL-90 的因子分布（常模）

项目	$X \pm SD$ ($N=1388$)
躯体化	1.37±0.48
强迫症状	1.62±0.52
人际关系敏感	1.65±0.61
抑郁	1.50±0.59
焦虑	1.39±0.43
敌对	1.46±0.55
恐怖	23.00±0.41
偏执	43.00±0.57
精神病性症状	29.00±0.42

统计结果与解释：总分：将 90 个项目的各题得分相加。总均分：总均分＝总分/90。阳性项目数——表示受试者在多少项目中呈现"有症状"。（2 项以上表明有症状。）阴性项目数——表示受试者"没有症状"的项目数。阳性症状分数：阳性症状均分＝总分－阴性项目数/阳性项目数。

因子分：因子分＝组成某一因子的各项目总分/组成某一因子的项目数
解释如下。

（1）躯体化。主要反映主观的身体不适感，包括心血管、肠胃道、呼吸道系统主诉不适和头疼、脊病、肌肉酸痛，以及焦虑的其他躯体表现。

（2）强迫症状。主要指那种明知没有必要，但又无法摆脱的无意义的思想、冲动、行为等表现，还有一些比较一般的感知障碍（如脑子变空了，记忆力不行等），也在这一因子中反映。

（3）人际关系敏感。主要指某些个人不自在感与自卑感，尤其是在与他人相比较时更突出。自卑感、懊丧以及在人事关系明显相处不好的人，往往是这一因子高分现象。

（4）抑郁。它反映的是临床上抑郁症状群相联系的广泛的概念。抑郁苦闷的感情和心境是代表性症状，它还以对生活的兴趣减退，缺乏活动愿望、丧失活动力等为特征，并包括失望、悲叹、与抑郁相联系的其他感知及躯体方面的问题。该因子中有几个项目包括了死亡、自杀等概念。

（5）焦虑。它包括一些通常在临床上明显与焦虑症状相联系的症状与体验。一般指那些无法静息、神经过敏、紧张，以及由此产生躯体征象，那种游离不定的焦虑及惊恐发作是本因子的主要内容，它还包括有一个反映"解体"的项目。

（6）敌对。这里主要以三个方面来反映病人的敌对表现：思想、感情及行为。其项目包括从厌烦、争论、摔物，直至争斗和不可抑制的冲动爆发等各个方面。

（7）恐怖。它与传统的恐惧症状或广场恐惧症所反映的内容基本一致，恐惧的对象包括出门旅行、空旷场地、人群，或公共场合及交通工具。此外，还有反映社交恐怖的项目。

（8）偏执。偏执是一个十分复杂的概念：本因子只是包括了它的一些基本内容，主要是指思维方面，如投射性思维、敌对、猜疑、关系妄想、妄想、被动体验和夸大等。

（9）精神病性。它包括有幻听、思维播散、被控制感、思维被插入等反映精神分裂症择定状项目。

（10）其他。主要反映睡眠及饮食情况。

第八章 学生心理危机的预防与干预

> 预防是解决危机的最好方法。
> ——迈克尔·里杰斯特

一、危机及其特征

危机是一种认识,当个体直觉到外界环境或某一具体事件存在着威胁,仅仅依靠个体自身的资源和应对方式无法解决困难时,就产生了危机。它又名转折点或危象。危机解决不当有可能导致认知、情感和行为方面的失调。凯普兰(Caplan,1964年)指出,危机是指个体面临突然或重大的生活逆境(如亲人死亡、婚姻破裂或天灾人祸等)所出现的心理失衡状态。危机一词最初来自希腊文,意指转折点,即在事件过程中的任何一个曲折变化点。严格地说,转折点可能是事情突然有所改进,也可能是突然变坏。在医学上被用来描述疾病的一个转折点,也常被用来特指个体生活或社会事件的正常进程突然中断,这时必须对个体的行为方式和思维方式加以重新评估。这种日常活动的正常基础的丧失就是危机这一术语的主要含义,并且得到了广泛的应用。例如,某人正经受一次心理危机,是指它的日常生活中突然发生了背离常态的事件，如亲人去世、人际关系紧张、失业以及诸如此类的事情。需要注意的是，危机是不可控制的事件。它有着自己的发展进程。一般说来，危机具有两面性，它包含着危险和机遇两层含义。如果危机严重威胁到一个人的日常生活和其家庭的其他成员，而个体又无法找到合适的解决办法，就有可能导致个体精神崩溃甚至自杀，这种危机就是危险的；但是，如果一个人在危机阶段及时得到适当有效的治疗性干预，往往不仅会防止危机的进一步发展，并且可以帮助个体学到新的应对技巧，从而使个体心理恢复平衡。

现实生活中的危机涉及面很广泛，既包括不同群体的各种不同危机，也包括统一群体不同时期的同一危机。不同的心理学家对危机具有什么特征持不同的观点。吉里兰德和詹姆士（Gililand & James，2000年）认为，危机的特征是：①危险与机遇并存；②有复杂的状况；③存在成长与变化的机缘；④缺乏完全的或快速的解决办法；⑤有选择的必要性；⑥普遍性与特殊性并存。帕里也提出了定义危机的八大特征，它们分别是：①一种关键的压力事件或长期的压力情景；②个体的悲伤经历；③存在损失、危险和羞辱；④有一种无法控制的感觉；⑤事件的发生是预料之外的；⑥日常工作遭到破坏；⑦未来的不确定性；⑧紧张持续时间过长（为2～6周）。

二、危机历程

危机的发生不是突然的。危机是一个动态发展的过程。在危机的不同阶段，个体会有不同的心理行为表现。凯普兰在他的危机理论中描述了危机反应的演变过程，他认为，处于危机中的个体要经历4个阶段。

（1）当一个人感受到自己的生活突然出现变化，或即将出现变化时，其内心的基本平衡被打破了，表现为警觉性提高，开始体验到紧张。为了达到新的平衡，个体试图用自己以前在压力下习惯采用的策略做出反应。处于这一阶段的个体多半不会向他人求助，有时还会讨厌别人对自己处理问题的策略指手画脚。

（2）经过前一阶段的努力和尝试，个体发现自己习惯的解决问题的方法未能奏效，焦虑程度开始增加。为了找出新的解决办法，个体开始试图采取尝试错误的办法来解决问题。在这个阶段中，个体开始有了求助的动机，不过这时的求助行为只是他尝试错误的一种方式。需要指出的是，高度情绪紧张多少会妨碍当事人冷静的思考，也会影响他采取有效的行动。

（3）如果经过尝试错误未能有效解决问题，个体内心的紧张程度继续增加，并想方设法寻求和尝试新异的解决办法。在这一阶段中，个体的求助动机最强，常常不顾一切，不分时间、地点、场合和对象发出求助信号，甚至尝试自己过去认为荒唐的方式，如一向不迷信的人去占卜。此时，个体最容易受到别人的暗示和影响。在这个阶段，个体会采取一些异乎寻常的无效行动宣泄紧张的情绪，如无规律地饮食起居、酗酒，无目的地游荡，等等。这些行为不仅不能有效地解决问题，反而会损害个体的身心健康，增加紧张程度和挫折感，并降低个体的自我评价。

（4）如果个体经过前3个阶段未有效解决问题，很容易产生习惯性的无助。个体会对自己失去希望和信心，甚至对整个生命意义发生怀疑和动摇。

一般来说，危机的发展要经历如下几个时期。

（1）前危机期。个体处于平衡状态，能够应付日常生活的应激事件。但个体可能会遭遇到应激强度很大的事件，个体运用解决问题的常规技术就不足以摆脱困境，在这种情况下，个体就开始产生不安全感。

（2）冲击期。高强度生活事件发生前的几个小时，表现为不合理思维、焦虑、惊恐，一些个体出现意识不清。在这个时期，个体会将情境视为一种威胁，也可能视为一种丧失或者是挑战。如果在这个时期问题无法得到解决，紧张还会继续加重。

（3）危机期。冲击期的表现持续下来，表现为不能解决面临的困难、退缩、否认问题的存在、合理化或形成不适当的投射。在这个时期，个体的紧张和焦虑达到难以忍受的程度，处于一种渴求解脱的状态。一般来说，危机期的个体会感到巨大的痛苦，有强烈的求助愿望，容易接受别人的帮助。

（4）适应期。用积极的办法接受现实，成功地解决问题，焦虑减轻，自我评价上升，社会功能恢复。处于适应期的个体在自身或者外界的帮助下采取了一些方式来应对危机，并取得了一定的干预效果，个体能逐渐地适应社会生活。

（5）后危机期，即危机后期。有些人变得更成熟，获得更多的积极应对技巧。有些人则出现人格改变，或表现出敌意、抑郁、滥用酒精与药物，神经症、神经病或慢性躯体不适，甚至有可能自杀。

三、与危机相关的理论

（一）基本危机理论

基本危机理论是由林德曼提出的，他认为悲哀的行为是正常的、暂时的，并且可通过短期危机干预进行治疗。而这种"正常"的悲哀行为反应包括：①总是想起死去的亲人；②认同死去的亲人；③表现出内疚和敌意；④日常生活出现某种程度的紊乱；⑤某些躯体诉述。林德曼反对把求助者所表现出的危机反应当作异常或病态进行治疗这种观点。

在基本危机理论中，林德曼主要关心的是悲哀反应的及时解决，在对创伤进行危机干预时，采用了平衡/失衡模式。这一模式分为以下4个时期：①紊乱的平衡；②短期治疗或悲哀反应起作用；③求助者试图解决问题或悲哀反应；④恢复平衡情况。

基本危机理论的另一代表人物凯普兰认为，危机是一种状态，而造成这种状态的原因是生活目标的实现受到阻碍，且用常规的行为无法克服。阻碍的来源既可以是发展性的，又可以是境遇性的。凯普兰也采用向林德曼一样的危机干预模式，即平衡/失衡模式，并且发展性地将林德曼的概念和对危机的分期应用于所有的发展性和境遇性的事件，同时将危机干预扩展到取出那些在开始时引发心理创伤的认知、情感和行为问题。

（二）扩展危机理论

随着危机理论和干预实践的发展，人们越来越认识到，在发展、社会、心理、环境和情景的共同作用影响下，任何人都可能出现暂时的病理症状。但基本危机理论没有适当的考虑使一个事件成为危机的社会、环境和境遇因素，却将个体自身的素质因素作为危机的唯一或主要因素，这显然是不够的。一些例子就很好地表明了这一点。面对突如其来的自然灾害，人们一般都会表现出无助和恐慌。扩展危机理论就是在这种基础上建立起来，这一理论主要是从心理分析理论、一般系统理论、适应理论和人际关系理论中吸取了有用的成分。

精神分析理论的基本观点是，通过获得进入个体无意识思想和过去情绪经历的路径，可以理解伴随危机的不平衡状态。关于为什么一个事件发展成为危机，精神分析理论假设某些儿童早期的固着可以作为主要的解释。在受到危机情况影响时，这个理论可以帮助求助者理解其行为的动力和原因。

系统理论主要基于人与人、人与事件之间的相互关系和相互影响，而不强调处于危机中的个体的内部反应。系统论的基本概念可以类比为"一个生态系统，所有的要素都相互关联。而且在任何相互关联水平上的变化都会导致整个系统的改变"。贝尔金进一步指出，该理论"涉及一个情绪系统、一个沟通系统及一个需要满足系统"，所有属于系统的成员都对别人产生影响，也被别人所影响。

适应理论认为，适应不良的思想和损害性的防御性机制对个体的危机起维持的作用。该理论假设，当适应不良行为改变为适应性行为，危机就会消退。

打开功能适应不良链意味着变化到适应性行为、促进积极的思想以及构筑防御机制以帮助求助者克服因危机而导致的失能，并向积极的功能模式发展。在危机干预工作者的帮助下，求助者能够学会将旧的、懦弱的行为变化为新的、自强的行为。这样的新行为可以直接在危机条件下起作用，最后将导致危机的成功解决或强化解决危机的努力。

人际关系理论以科米尔等提出的增强自尊的诸多维度为基础，如开放、诚信、共享、安全、无条件的积极关注和天真。人际关系理论的要点是，如果人们相信自己、相信别人，并且具有自我实现和战胜危机的信心，那么个人的危机就不会持续很长的时间。

如果人们将自我评价的权力让给别人，他们就会依赖于别人才能获得信心。因此，一个人的控制权的丧失与他的危机会持续相等的时间。人际关系理论的最终目的在于将自我评价的权力交回到自己手中。这样做或使人获得对自己命运的控制，重新获得能力以采取行动应付危机境遇。

（三）应用危机理论

布拉默提出，应用危机理论包括发展性危机、境遇性危机和存在性危机三个方面。发展性危机是指在个体正常成长的发展过程中，急剧的变化或转变所导致的异常反应。例如，小孩出生、大学毕业、中年生活改变或退休都可能导致发展性危机。发展性危机被认为是正常的，但是，所有的人和所有发展性危机都是独特的，因此，必须以独特的方式进行评价和处理。境遇性危机是指当出现罕见或超常事件，且个人无法预测和控制时出现的危机。交通意外、被绑架、被强奸、集体抵制和失业、突然的疾病和死亡都可以导致境遇性的危机。区分境遇性危机和其他危机的关键在于它是随机的、突然的、震撼的、强烈的和灾难性的。存在性危机是指伴随着重要的人生问题，如关于人生目的、责任、独立性、自由和承诺等出现的内部冲突和焦虑。存在性危机可以是基于现实的，如一个40岁的人从未做过什么有意义的事，从未对自己所从事的专业或所在组织产生或独特的影响；也可以基于后悔，如一个50岁的人从未结过婚，从未离开过父母，从没有过独立的生活，而到现在却永远丧失了机会；也可以基于一种压倒性的、持续的感觉，如一个60岁的人觉得自己的生活是毫无疑义的，这种空虚无法以有意义的东西来填补。

四、大学生心理危机

（一）大学生危机的特点

社会正在经历着急剧变化，大学生也面临着前所未有的严峻挑战，他们在心理和生理上都承受着巨大压力。由于大学生这个群体具有特殊性，他们的文化水平较高，心理发展水平正好处在埃里克森所谓的"自我同一性对角色混乱"的时期，这是人生全程最重要的阶段。他们这一时期遇到的心理危机的特征既有普遍性，也有特殊性，一般来说，大学生心理危机的特点主要表现如下。

（1）对他们造成了损失。危机是对个体而言有害的事件，会给大学生造成心理或物质上的损失。

（2）症状复杂，难以理解。危机是个体的生活环境、家庭教养、朋友交往等关系相互交织的综合反映，不遵循一般的因果关系的规律。因此，危机是复杂的。

（3）感到无法控制，没有迅速解决的办法。对于处于危机中的大学生，他们几乎都感觉到无法控制自己的情感和周围的环境,因找不到迅速的解决方法。任何企图寻找迅速解决问题的想法,都会适得其反,最终都可能会导致危机的加深。

(4) 具有不确定性,且伴随着日常常规的改变。危机使人们常常感觉到事件的结果不能确定,并能感觉到危机给日常生活带来了明显的变化。

(5) 具有普遍存在性。危机是一种正常的生活经历,而非疾病或病理过程,没有人能够幸免危机。对成长中的大学生也不例外。要稳定、冷静地处理各种危机不太容易,但是把握机会、设定目标和行程计划、通过努力处理问题都是能够做到的。

(6) 处于危机中的个体防御机制削弱。危机时期,个体的认知、情感和意志资源都受到了限制,这时面临危机的个体的防御机制就会受到影响。

(7) 危机与机遇并存。对于正处于危机中的大学生,危机意味着危险,又蕴藏着机遇。其危险在于它可能导致个体严重的病态,包括自杀和杀人。机会在于它带来的痛苦会迫使当事人寻求帮助,危机的解决会导致积极的和建设性的结果,如增强应付能力、改变消极的自我否定、减少功能失调的行为。大学生在寻求帮助的过程中,能够使个体获得成长和自我实现,最终走向成熟。

(8) 具有时代性。当代大学生的心理危机,反映了时代、社会对大学生的要求和期望,个人对理想的追求,表现为成为通才型的人才、身体健康、心理承受能力强、完成学业、胜任职业、继续深造、实现理想等压力下的冲突和矛盾,不是孤立的。

(二) 大学生常见的危机

根据大学生心理危机的来源和表现,主要有如下几种危机较为常见。

1. 成长危机

一方面,大学生已经进入青年中期正处于生理发育的基本成熟和部分心理发展相对滞后的特殊时期,人生观和世界观逐渐形成,心理状态不稳定,容易受到外界的各种影响而产生心理危机。另一方面,大学生性生理已经基本成熟,性意识增强,渴望异性的友谊和爱情。但由于大学生性心理还没有完全成熟,生活经验缺乏,常会产生一些不正当的行为,给身心带来严重的影响。

2. 人际关系危机

和谐的人际关系既是大学生心理健康不可缺少的条件，也是大学生获得心理健康的重要途径。大学生人际交往危机主要指在校大学生在与他人相处和交往的过程中表现出来的不适、自闭、逃避、自恋、自负以及难以调和与他人关系的不良心理状态和行为表现。从中学到大学，大学生面临着一种全新的人际关系。在中学时代，他们或许能够凭借出色的成绩赢得同学和老师的青睐；但在大学，成绩好的不一定就能获得好的人际关系，这需要一定的技巧，同时也需要懂得在出现矛盾是怎么解决。此外，大学的同学来自五湖四海，每个人的家庭背景、生活方式、价值观、性格、兴趣爱好可能会千差万别，这些差异会不可避免地带来摩擦和冲突，如果得不到及时的解决，就会产生人际关系上的危机，给大学生的心理健康带来严重影响。

3. 就业危机

近几年来，由于社会竞争的加剧，高校扩招，就业市场的不景气，大学生找工作或找比较理想的工作越来越困难。一方面，由于大学毕业生供给突然增多，但社会的工作岗位需求变化似乎并没有与之相适应的改革。另一方面，普遍都不景气的国有企业正在面对更多的职工下岗。扩招速度快，矛盾解决不了。部分大学生看不到自己的前途在哪里，特别是对那些学习成绩不好、能力又不出众的学生而言，就业就像一座大山压在他们的身上。他们努力增强自己日后的就业实力，给自己设置一些不合实际的目标，花费大量的财力和时间来学习热门实用的课程，这样就处于长期的紧张状态和高负荷压力下，一旦失败就会体验到严重的挫折感和失败感。

4. 学业与经济危机

对大学生来说，学习是首要任务和主要活动方式。大学生的学习压力相当一部分来自所学专业非己所爱，这使他们长期处于冲突与痛苦之中；课程负担过重，学习方法有问题，精神长期过度紧张也会带来压力；另外，还有参加各类证书考试及考研所带来的应试压力；等等。精神长期处于高度紧张的状态下，极可能导致大学生出现强迫、焦虑甚至是精神分裂等心理疾病。生活的压力主要在于学生不善于独立生活和为人处世，还有生活贫困所造成的心理压力。目前，我国高校在校生中约有20%是贫困生，而这其中的5%～

7%是特困生。这些人群中，有些人虚荣心过强，经不起贫困带来的精神压力，与同学相处时较敏感而自卑，采取逃避、自闭的做法，有的同学甚至发展成自闭症、抑郁症而不得不退学。

5. 情感危机

当前，大学生对情感方面的问题能否正确认识与处理，已直接影响到大学生的心理健康。情感危机是指一个人在感情中遭到突然的打击，使其无法控制自己的感情，从而严重地干扰其正常思维和对事物的判断处理能力，甚至使工作学习无法进行。在极度悲痛、恐惧、紧张、抑郁、焦虑、烦躁下，极易冲动、精神崩溃，甚至萌生自杀的念头。在大学生中，最常见的情感危机莫过于失恋，这是诱发大学生心理问题的重要因素。恋爱失败往往导致大学生心理变异，有的人因此走向极端，甚至造成悲剧。

（三）学生危机后的反应

危机发生后，个体会在躯体、认知、情绪、行为等方面发生种种变化。在躯体方面，会产生疲劳、失眠、头痛、做噩梦、容易惊吓等。在认知方面，在危机状态时注意力集中于急性悲痛之中，并无法从负性的观念中脱离。在情绪方面，常出现害怕、焦虑、忧郁、伤心、悲伤、易怒、绝望、否认与不安等情绪。在行为方面，当事人不能完成社会功能，不能专心学习和从事各项活动；与人隔绝，回避人或采取不寻常努力以使自己不孤单，变得令人生厌或黏着性；与社会联系破坏，当事人感到与人脱离或相距甚远，可发生对己和对周围的破坏行为并以此作为对解决问题的最后努力；拒绝他人帮忙，认为接受支持是自己软弱无力的表现，其行为和思维、情感是不一致的；还会出现一些平时不多见的行为。

从过程来看，个体在危机发生后可能出现如下一系列的反应。

（1）事后震惊。事后震惊是指危机过后，经历危机的人可能产生的一种潜在反应。表现和特征是：周期性或持续性的颤抖，长期心烦意乱或心不在焉，极端不安和精神恍惚，精神错乱。

（2）责难。责难包括责怪自己和责怪他人。

（3）内疚和焦虑。面临危机的个体可能因为害怕、恐怖和忧虑而感到不知所措。他们告诉咨询师紧张的情绪将引起他们突然发作或者衰变，他们的精力过剩，从而导致他们以一种坐立不安的方式行动，这在日常生活的坐、站、步行中可得到证明，并且常常借助于抽烟、喝酒、祈祷、打电话、吃药、和那些能够帮助自己的人交谈等途径来减少焦虑。伴随着焦虑反应的共同的心理症状有：过多地出汗、头痛、心悸、胸痛、战栗、换气过多、头晕眼花。焦虑的人们不时地在眼睛、思索、幻想和睡梦中反复体验创伤。一般正常的问题被夸大了，并被设想得特别严重，似乎是不可克服的。日常的个人活动变成了主要的障碍物，并且需要相当完善的计划才能完成。

（4）抑郁。人们在面临危机时往往表现得很抑郁，特别是在很极端的时候，人们会极度地悲伤、痛心或绝望。在这种情况下的个体在认知上会表现得很无助，他们会认为面对如此的情景，无论采用什么方法和手段都是没有用的，无论谁也无法帮助他们摆脱这种情况。

（5）逃避。逃避为一些危机个案伴随的假装适应的反应。这是所有的心理危机反应中最敏感的。这些人表面上都好像很成功地驾驭了创伤和压力，但其实是表面上的故作轻松。假装适应的反应是一种由抑制、自我克制等综合构成而支撑起来的相当脆弱的方法。假装适应的人很少主动寻求帮助。

（6）茫然与攻击。人们可能被创伤事件弄得不知所措。他们感到麻木和茫然，而留给他们自己的仅仅是"这并没有真正发生在我们身上"的感觉。这会在他们的外表上表现出来，如眼神呆滞，说话时恍恍惚惚，难以集中注意力，走路僵硬，并且很容易受到暗示的影响。一些人由于突发事件而引起的压力反应是对他人或自己进行攻击，他们总觉得能够发泄满腔怒火和重新获得自尊的唯一途径是毁灭那个他们认为伤害了自己的人。另一些人则可能选择自我毁灭式，如暴饮暴食、酗酒，直到神志不清。

（7）寻求改变。危机中的个体虽然对事件的不确定感到很难受，处理问题的能力受到了限制，但个体不会坐以待毙。他们也想获得别人的帮助，寻求摆脱困境，只不过常常采用一些不当的方式来处理问题。

（四）大学生心理危机的诱因

社会竞争激烈，学习和就业压力增大，加上身心疾病、感情波折和经济困难等因素，大学生心理危机时有发生，甚至出现自杀和违法犯罪等恶性事件。大学生心理危机问题已经开始引起全社会的广泛关注。

大学生心理危机的诱因很多，蔺桂瑞教授将其归纳如下：

（1）学生家庭父母关系不合、离异，造成学生的心理创伤。

（2）社会就业竞争激烈。

（3）不适应大学生活环境。同宿舍的学生都是独生子女，各有各的个性，不能相互容纳，由此发生矛盾冲突，日积月累，却又不敢表达，因为这些原因造成大学生的心理问题最多。

（4）不适应大学学习环境。某些学生上高中时，考大学的目标非常明确，上大学后，突然失去了目标，心中茫然，有一种失落感。

（5）恋爱与失恋问题。

（6）性行为问题。一类学生是过于封闭自我，导致性压抑；另一类学生是过于开放，随便发生性关系，之后又非常后悔自责。

（7）就业观念滞后，就业期望值过高。以前，我国是精英教育，能上大学的就是人才。现在大学扩招，教育已趋向普及化，大家都有受教育的机会。可是一些学生和家长的观念却没有转变，非要找到一个理想工作不可，求职期望值非常高，与现实不符。这样就给学生造成极大的心理压力。

（8）社会贫富差距越来越大。有的学生家里经济条件比较好，穿名牌衣服，过生日请同学吃饭。这都会对那些贫困生的心理造成很大的压力。

我们认为，大学生是一个独特的群体，其心理危机具有如下两方面的鲜明特点。

（1）发展性。大学生面对许多成长中必须解决的发展性课题，这些课题反映了社会对大学生角色的要求，它们既是大学生成长的外部动力，也是潜在的应激源。大学生许多心理危机具有发展性的特征，如果能够得到及时干预处理，能帮助他们安全渡过危机，会使他们从中获得宝贵的经验。

（2）易发性。大学生处在走向成熟的过渡阶段上，生理方面更多具备了成人的特征，但社会阅历和经验相对不足，处理问题的社会经验和能力更是有限，这种反差的存在，使得心理危机在他们身上十分容易得到表现乃至爆发。近年来，高校自杀学生人数不断增加，也从另一角度佐证了大学生心理危机的易发性。

（五）大学生心理危机的发展过程与影响因素

一般来说，大学生心理危机的发生会经历如下几个时期。

（1）冲击期。在危机事件发生后不久或当时，感到震惊、恐慌、不知所措。

（2）防御期。表现为想恢复心理上的平衡，控制焦虑和情绪紊乱，恢复受到损害的认知功能，但不知如何做。此时会出现否认、合理化等心理防御反应。

（3）解决期。积极采取各种方法接受现实，寻求各种资源想方设法解决问题从而减轻焦虑，增加自信，恢复社会功能。

（4）成长期。经历了危机后变得更成熟，获得应对危机的技巧。但也有人消极应对而出现种种心理不健康的行为。

从危机的后果来说，会有四种不同结局。第一种是顺利度过危机，并学会了处理危机的方法策略，提高了心理健康水平；第二种是度过了危机但留下心理创伤，影响今后的社会适应；第三种是经不住强烈的刺激而自伤自毁；第四种是未能度过危机而出现严重心理障碍。

究竟是哪些因素影响了个体应对危机的结果？研究发现，个体的人格特点、对事件的认知和解释、社会支持状况、以前的应对危机经历、个人的健康状况、干预危机的信息获得渠道和可信程度、个人适应能力、所处环境等都会影响危机的进程与应对效果。

（1）个体对事件的知觉。对某一事件的认知和主观感受在个体决定应付行为的性质和程度中起着重要作用。认知方式限制了人们探索压力事件的信念，极大地影响了人们对他人的知觉、人际关系以及对采取不同类型的心理治疗的反应。如果个体对事件的知觉是客观的、合乎逻辑的，则问题解决的可能性会大大提高。

（2）社会支持系统。人的本质是社会化的，人是生活在一定的社会联系和关系中的。社会支持系统是人们应对大量压力的重要的心理资源。这种资源的缺乏或丧失，面对压力的个体将变得无比脆弱、失衡并进一步产生危机。

（3）应对机制。人们通过日常生活，学会了运用各种手段去应对焦虑和减少紧张，并逐步形成了应对压力的模式。那些被人们运用的、有效的应对策略会成为人们日常生活中解决压力的一部分而被纳入他们的认知模式中，并逐渐形成了人们解决压力的一套有效的应对机制。相反，如果没有恰当的、有效的应对机制，个体的压力或紧张持续存在，危机便会随之产生。

（4）个体的人格特征。心理危机还受个体的人格特征的影响，容易陷入危机状态的个体在人格上具有特异性。如注意力明显缺乏，看问题只看表面看不到本质；社会倾向性过分内倾，这种人格特征使个体遇到危机时往往瞻前顾后，总会联想不良后果；在情绪情感上具有不稳定性，自信心低，独立处理问题的能力极差；解决问题时缺乏勇气进行尝试，行为冲动缺乏理性，经常会有毫无效果的反应行为。

（六）大学生心理危机的干预

如何对大学生的心理危机实施有效干预，是摆在高校心理健康教育工作者面前的一个重要的实践课题。许多高校目前已经积极开展这方面的工作，积累了许多宝贵经验。笔者认为，大学生心理危机的干预可以从如下几方面着手。

1. 重点关注高危个体

首先，要明确哪些大学生是心理危机的高危个体。笔者在日常工作中整理了一些需要关注的对象，供各位在工作中参考。

（1）在心理健康测评中筛查出来的有心理障碍或心理疾病或自杀倾向的学生。

（2）遭遇突然打击和受到意外刺激后出现心理或行为异常的学生（家庭发生重大变故，身体发现严重疾病，遭遇性危机，感情受挫，受辱，受惊吓，与他人发生严重人际冲突后出现心理或行为异常的学生）。

（3）学习压力、就业压力特别大以及严重环境适应不良出现心理或行为异常的学生。

（4）因严重网络成瘾行为而影响其学习及社会功能的学生。

（5）性格内向、经济严重贫困且出现心理或行为异常的学生。

（6）有严重心理疾病（抑郁症、恐惧症、强迫症、癔症、焦虑症、精神分裂症、情感性精神病等）且出现心理或行为异常的学生。

（7）对近期发出下列警示信号的学生，应作为心理危机干预的重点对象及时进行危机评估与干预：①谈论过自杀并考虑过自杀方法，包括在信件、日记、图画或乱涂乱画的只言片语中流露死亡的念头者；②不明原因突然给同学、朋友或家人送礼物、请客、赔礼道歉，无端致以祝福、诉说告别的话等行为明显改变者；③情绪突然明显异常者，如特别烦躁、高度焦虑、恐惧、易感情冲动，或情绪异常低落，或情绪突然从低落变为平静，或饮食、睡眠受到严重影响等。

2. 加强心理健康教育，提高学生心理素质与应对技能

危机通常是需要立即处理的紧急情形，个体的心理健康水平和心理素质直接影响对危机的克服与应对。因此，提高大学生的心理素质和心理健康水平，可视为危机干预的源头工作。

如何营造心理健康的环境，提高个体对危机的应对技能？可从如下的角度考虑。

（1）正确看待压力、挫折和危机。人的认知犹如"过滤镜"，它会使许多情境改变颜色。首先，压力、挫折和危机都是客观存在的。人的一生困难、挫折和危机是不可避免的，可以说是逢时俱来，这是客观存在的东西，不以人的意志为转移。面对客观存在的这些情境，我们应该承认它，怨天尤人是没有任何意义的。其次，压力、挫折和危机又是辩证的。它们对人既是刺激、威胁，然而也是挑战，有人将其称之为"生命之盐"是有一定道理的。从积极的意义上看，适度的压力、挫折是维系正常心理功能的条件，有助于人们适应环境，提高能力，有助于认识自身的长处与短处。而危机能激发潜能的发挥乃至发挥之极致。危机的克服能使人在增长人生经历的同时提高自信心，使人生变得丰富而充实。

（2）争取社会支持。人是社会的人，人的发展离不开社会的支持。大学生应该努力争取拥有良好的人际关系，拥有家庭的亲情和朋友、邻居的友情，以及拓展的网络，包括同伴、同乡、同学、团体的接纳与被接纳。社会支持的作用一是屏障作用，二是支持本身所具有的意义和价值。所以，我们应培养社会兴趣，在人际交往中学会与他人协调合作。我们建议：①学会从他人的角度看问题，既要对自己负责，也要对他人负责；②对人不苛求，善于发现他人的优点，欣赏他人的成功；③不嫉妒人，比自己强的人没资格去嫉妒，比自己弱的人不屑于嫉妒；④主动关怀并帮助他人，从中营造互助互利的氛围，体味人生的价值；⑤当面临自身难于应付的困难、挫折时，应主动寻求、善于利用并乐于接受他人所提供的社会支持，包括工具性的和情感性的支持。

（七）在危机干预理论的指导下实施针对性干预

心理危机干预的许多理论产生于西方国家。这些理论从不同角度对危机干预的本质以及方法、策略、过程进行了探讨，既是对危机干预实践的提升，

反过来对危机干预的实施又起着重大理论指导作用。为危机边缘学生所规划设计的综合辅导方案，一方面受到危机干预模式的影响，同时受到新认知学习理论、自我效能理论、自我模式改变理论、复原力理论、生涯发展与生涯教育等数项理论的启发；另一方面受心理健康教育与心理咨询的内涵所导引。以下来分别说明：

1. 危机干预模式

西方学者贝尔金（G. S. Belkin）把危机干预归纳为3种基本模式：平衡模式（equilibrium model）、认知模式（cognitive model）和心理转变模式（psychosocial transition model）。

（1）平衡模式。危机中的人通常处于一种心理或情绪失衡的状态，在这种状态下，原有的应对机制和解决问题的方法不能满足他们的需要。平衡模式的目的在于帮助人们重新获得危机前的平衡状态。平衡模式最适合早期干预，这时人们失去了对自己的控制，分不清解决问题的方向且不能做出适当的选择。

（2）认知模式。危机根植于对事件和围绕事件的境遇的错误思维，而不是事件本身或与事件和境遇有关的事实。该模式的基本原则是，通过改变思维方式，尤其是通过认识其认知中的非理性和自我否定部分，通过获得理性和强化思维中的理性和自强的成分，人们能够获得对自己生活中危机的控制。认知模式最适合危机稳定下来并回到接近危机平衡状态的求助者。

（3）心理转变模式。该模式认为，人是遗传天赋和从特殊的社会环境中学习的产物。因为人们总是在不断地变化、发展和成长，他们的社会环境和社会影响总是在不断地变化，危机可能与内部和外部（心理的、社会的或环境的）困难有关。危机干预的目的在于与求助者合作，以测定与危机有关的内部和外部困难，帮助他们选择替代他们现有行为、态度和使用环境资源的方法，结合适当的内部应对方式、社会支持和环境资源以帮助他们获得对自己生活（非危机的）的自主控制。这个模式适合已经稳定下来的求助者。

不同模式指明了不同危机干预时期的重点，每种模式下又包含许多种不同的操作方式和方法。危机干预工作者应当了解不同干预模式适应的对象及各自的优点与不足，深入掌握一些危机干预的手段和方法，积累实践经验，从而帮助大学生面对危机，度过危机。

2. 新认知学习理论

专注于从认知、情绪和偏差行为等互动关系，来研究危机边缘青少年问题的学者 Kelley（1993 年），曾提出一个"新认知学习理论"（neocognitive learning theory），包含了其对危机青少年的 3 项主要假定（Stumbo，1999 年）。

（1）每个小孩天生具有发挥健康心理功能（healthy psychological functioning）的能力，绝非注定要沦为犯罪少年、药物滥用者或其他形式偏差行为者。Kelley 相信，人与生俱有的健康心理功能，包括常识、有学习意愿、表现利社会的生活风格、正向的自我价值（positive self-worth），以及高度自我肯定（high self-esteem）等。

（2）偏差及功能不良的行为是外在压力的结果。负向的参照架构是透过非制约或制约学习的结果，也就是说外在的回馈将负向信息加诸儿童（你怎么这么笨），造成儿童的不安全感，及对自我价值的怀疑。

（3）无论儿童先前的挫折经验还是不安全感，其健康且充分的自我形象可以被重新建构。也就是说，行为可以不同的形式一再地学习，旧的自我价值感可以借由特别的介入及处遇策略而重新被提振起来。

新认知学习理论的这些假定，为辅导人员透过适当的介入与处遇策略来协助危机青少年重新学习到自我肯定感和自我价值感，带来相当乐观的希望。

3. 自我效能理论

Bandura（1986 年）从社会认知观点所提出的"自我效能理论"（self-efficacy theory），提醒学校中的心理健康教育及辅导人员，可通过设计一些学习活动来提升青少年对自己能力表现的信心，进而促发其表现出适当的因应行为。

该理论模式中，"自我效能预期"（expectations of self-efficacy）是指"人们对自己达成特定成就表现之行动能力的判断"，关系着个人对自己行动能力的信心，以及对完成特定行动目标或成就表现的信心。亦即，自我效能预期包含"效能预期"（efficacy expectancy）和"结果预期"（outcome expectancy）两项主要内涵。前者系指个人对自己是否有能力成功地执行该特定行为的评估；后者则指个人对某一特定行为是否能达成特定结果的评估。自我效能的强度决定了当个人面临某一难题困境，是否会采取应行为、会下多大的功夫及在障碍情境中的努力会持续多久等。基于此一观点，危机青少年如何评估自己因应外在困境的能力，会影响到他所选择的因应方式。自我效能感很低的人常在面对困难任务时选择逃避或退缩，因为他们觉得自己没有能力将事情做好。

Bandura（1986年）同时也提出这些自我效能预期的来源，包括成就表现、替代学习经验（vicarious experience）、口语说服（verbal persuasion）和过去的情绪唤起（emotional arousal）经验等。也就是说，个人会从其过去的学习经验中发展出对自己从事某些活动能力的信心，以及表现某些特定行为可能获致结果的期待。一方面，个人对特定行为结果的期待会影响到其对自己能力表现的信心；另一方面，个人对自己能力的信心，亦会影响其对行为结果的期待，两者具有交互影响的关系。

个人是否能投入特定行动，尚取决于其是否设定了未来的发展目标。人们所做的事不只是反应事件和周遭环境而已，他们也会设定目标，以便帮助自己在不同的时间、情境中指导自己的行动作为。个人目标（personal goal）有助于组织、引导并持续其行动。然而，个人目标的设定，很大程度上系受到个人之自我效能和结果期待的影响。

因此，学校的心理健康教育和辅导人员若能为危机边缘学生妥善规划以促进其自我效能为目标的活动，增进学生获得成功经验的机会，并学会日常生活中所需的各类因应技能和问题解决技能，当可重建青少年对自己能有效从事某些学习活动的自我信心和自我效能，提升其自我肯定和自我价值感，从而促进其建立正向的个人目标，展开循序渐进且按部就班的规划，以自主地形塑个人的生涯发展和生活风格。

4. 自我模式改变理论

模式改变理论（schema change theory）是由晚近认知治疗学者所提出。许多认知心理学家主张，模式是我们内心的讯息处理过程，如同计算机软件般，它会组织我们的生活经验，使我们以一致、可预测的方式来对外在事件加以诠释和反应，并创造出我们的期待，所以我们常会见到我们认为会看到的事物。Elliott和Lassen（1998年）提出3种主要的模式类型，包括关于他人的模式（角色及人物模式）、对于不同生活状况的模式（脚本模式），以及关于自己的模式（自我模式）。其中，适应不良的自我模式最可能促使个人产生情绪或行为上的困扰。自我模式储存了大量有关自我的信息，包括自己的特色、长处、弱点、行为、偏好，即与他人产生关联的方式等。有3个主要的生命区:"自我价值区"(self-worth)——个人对自己的评价,"增展权能区"(empowerment)——关于个人对自己生活任务的能力感和支配感,而"人我关系区"(relationship)——对自己和他人关系的看法。

这些模式信息是透过我们被对待的方式、我们操弄环境的方式、我们听到别人的评价,以及我们观察到别人的行为结果来加以传递。而家人、同辈朋友、学校经验、文化影响等都是传递这些模式信息的主要来源。如果这些信息来源中充满了创伤经验,一而再、再而三地重创青少年的自我价值感和自我能力感,则自我模式中将不可避免地充斥着相当多的负面讯息。因此,一个从小缺乏家人关爱照顾、学业表现低落、不受教师喜爱、不被同辈接纳或尊重的人,就很可能会发展出诸如"没有价值""无能为力""不受喜爱""易受伤害"等适应不良的自我模式。这些模式信息既从生活经验中学习而来,当然也能透过重新学习的历程来加以改变。协助青少年及早对适应不良的自我模式进行改造,才能发展出良好且正向的模式,促进青少年的心理健康,以表现出建设性的利社会行为。

改变自我模式的方法要从引导青少年欣赏自己的优点、营造积极的自我概念开始。许多危机边缘青少年很难想出自己有些什么优点,却总以为别人具备了许多他所没有的优点,这些优点显然是青少年期待自己也能拥有的。让青少年以某些他所喜爱的人物为对象,一一列举出这些他所欣赏的优点,再引导他用相同的量尺来中肯地评价自己,他可能会发现自己其实或多或少也具备了这些优点。提高自我调节能力的核心是营造积极的自我概念。董妍、俞国良在《自我提升的研究现状与展望》一文中指出,自我概念不是遗传的结果,而是后天社会实践的产物。具有积极自我概念的人的主要特质:①以"真实的我"的面目出现,有适度的自信,不矫揉造作;②对自我有明晰的认知评估,并以肯定的态度接纳自己,既能接纳自己的长处,也能接纳自己的短处乃至缺陷,作为学校心理健康教育和辅导人员的我们应该协助青少年开发自己潜在的正向资源,并给予适时适切的正向回馈,促使他们从事实践活动并力争获得成功,将有助于青少年重建良好正向的自我模式,成功可增强人的自我效能感、价值感,提高自信心,同时还是医治抑郁症、焦虑症的良药。

5. 复原力理论

我们常会发现到,处于相同情境条件中的青少年,有些容易受到外在环境的伤害而产生危机行为，有些却不会。于是 McWhirter 等（1998）使用了"复原力"（resiliency）一词，指即使处在相当困厄的情境中仍能解决问题、做出健康的决定且维持正常生活功能的青少年。这些具有复原力的青少年常具有以下特质：①能主动处理生活中的难题或困扰的情绪经验；②以建设性的方式来觉知痛苦、挫折和其他恼人的经验；③能从他人获得正向的注意；④对维持正向和有意义的生活具有高度的信心；⑤在社会、学习和认知领域上，均能展现其能力。

这些特质如同保护伞一般，使青少年能避免、调适且因应不愉快的环境或发展上的条件，改变压力源的冲击，并使自己较不受伤害。而且，这些具有复原力的青少年经常也是最少出现危机的。根据 McWhirter 等（1998）的观察，这些低危机边缘青少年多具备如下数项关键能力，称为"5C 能力"（five Cs of competency）。

（1）关键性的学习能力（critical school competencies）。具备听、说、读、写等基本学习技能，以及促进成功学习所需的技能，如专心听讲、听从指示、发问及回答问题、流畅书写等。

（2）良好的自我概念及自我肯定（concept of self and self-esteem）。拥有成功经验，具有正向的自我概念与高度的自我评价，且相信自己有能力做改变。

（3）人际沟通技能（communication with others）。能够与他人有效沟通，并维持良好的人际关系或友谊，且能够设身处地了解他人的想法、情绪和行为。

（4）因应能力（coping ability）。遭遇冲突或压力情境时，能够建设性地且有效地处理焦虑和压力；且能以较客观和轻松的态度处理个人所面临的难题。

（5）控制能力（control）。对自己的抉择、未来发展和生活具有自我控制的能力，能为自己的决定负责任，拥有生活目标且明白生命的意义。

相反地，高危机或易受伤害的青少年，则经常因缺乏上述的能力，而无力因应生活中的挫折压力，以致易于产生攻击或破坏性的行为。例如，青少年若缺乏听、说、读、写等基本学习能力，不但容易在学校课业学习上出现低成就，更可能以愤怒、反抗、冷淡、疏离或退缩等行为模式来因应。这些低学业成就的高危机青少年，由于长期在代表主流社会价值的学校中缺乏成功的经验，无法以主流社会所认可的方式来维持其自我肯定感，于是将转而向其偏差次文化群体寻求认同,表现出能获得该次文化群体所赞许的偏差或反社会行为,来提升其自我肯定。

此外,高危机青少年也多缺乏社会沟通的技能等,以至于无法发展令其满意的人际关系或维持友谊,亦难参与建设性的团体分享活动及同辈互动等。他们缺乏有效处理焦虑、压力及自我控制的能力。这是高危机青少年令人忧心忡忡的地方。于是,他们当面临压力或焦虑时,不是采取否认、退缩、逃避等无效的因应方式,就是冲动地采取攻击性的行为,甚少考虑到其行为可能导致的后果。而且,由于缺乏解决问题、做决定与规划的技能,他们也很难为自己设定建设性的且可以达成的目标,以致常感到生活中的事件、甚至自己的行为均被外在压力所控制,只能过着随波逐流、今朝有酒今朝醉的糜烂生活,宁可和面临同样危机的同伴躲在阴暗角落相偎取暖,也不向往明日的朝阳。

因此,危机边缘学生需要特别的综合性介入策略,发展其所需的各项因应技能,以强化其复原力。1999 年,Stumbo 提出,这些技能应包括:愤怒控制及压力管理,促进正向的身心健康,加强合作、沟通及倾听,培养问题解决、做决定及规划,促进休闲活动的参与,以及培养建立友谊,等等。

五、心理危机事件预防干预工作流程及要点

(一) 对已经发生的自杀事件的应对措施

1. 流程图

对已经发生的自杀事件的应对流程如图 8–1 所示。

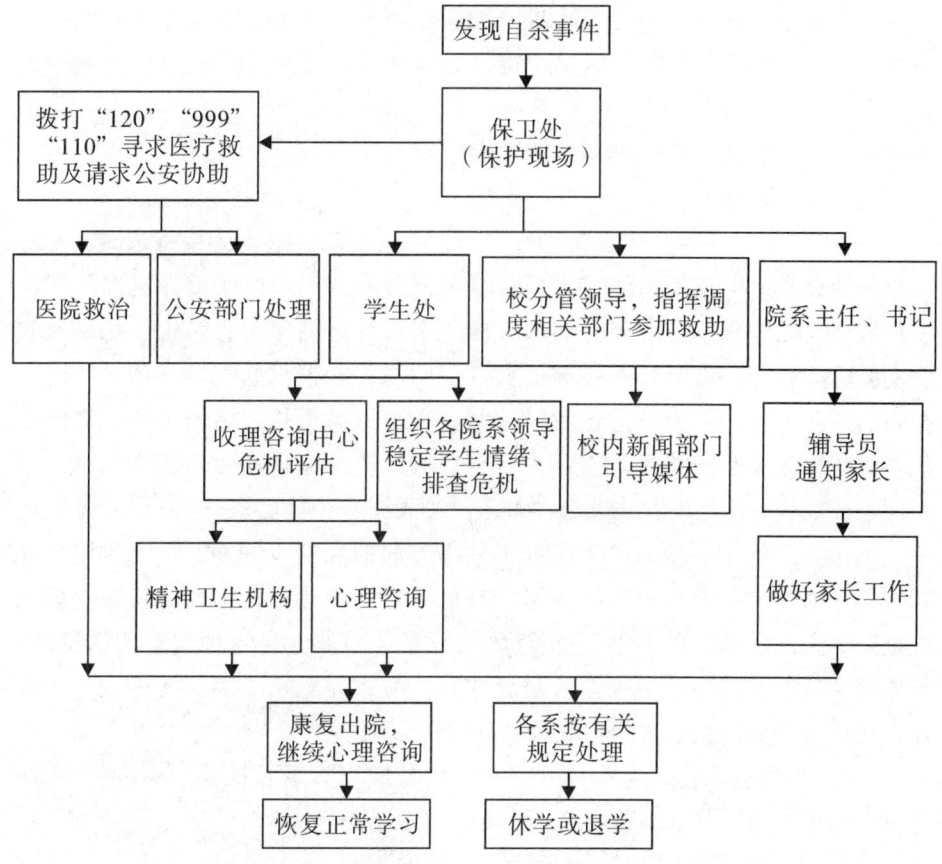

图8-1 对已经发生的自杀事件的应对流程

2. 应对措施

（1）及时报告。

（2）处置现场。

（3）通知家长。

（4）提交报告。

（5）发布校内公告。对在校内公开场合出现的自杀行为，为减少不明真相的猜测和议论，建议在校园网上进行公告。公告内容、格式应全校统一，内容简明扼要，简述事件过程和处理情况。

（6）关注网络。

(7) 给予心理关怀与心理辅导。①保护被调查学生；②关心死者同宿舍同学；③对受危机事件影响的学生进行心理辅导；④对受危机事件影响的教职员工进行心理辅导。

(8) 排查危机，警惕模仿自杀发生。

(9) 协调媒体。

(10) 与家长沟通。①由院系负责；②需要主动沟通；③接待亲属；④选择合适的交流地点及列出注意事项；⑤联系公安部门。由学校保卫部门帮助家长与公安部门联系，由公安部门直接向家长宣布刑事调查结论。在家长和公安部门沟通中，由家长直接与公安部门沟通，学校只起配合作用，不进行中间的信息传递，避免信息偏差或遗漏。学校可为家长提供车辆等，安排家长看望学生遗体。家长对调查结论有异议的，协助家长向公安部门反映。⑥不向家长发表结论性意见。对于学生死亡原因，公安机关一般采用"排除他杀"的说法。学校不做法律无法证实的单方面的判断，例如，认为学生是抑郁症等原因导致自杀。家长如果愿意自行调查学生死因，学校应积极协助家长进行调查。⑦不讨论责任。⑧理性化解家长冲突。充分理解家长的情绪，不要与家长争执。如果个别家长过分冲动，其行为影响了学校正常的教学秩序，则请公安部门按法律程序处理。

(11) 慰问金发放。学生死亡之后，学校应当为家长提供一定的慰问金。慰问金源于人道关怀，非由责任而起。

(12) 后事处理。

(13) 恢复常态，对学生及教职员工进行生命教育。

(14) 总结经验教训。

（二）出现自杀未遂事件之后的危机应对

1. 流程图

自杀未遂事件的危机应对流程如图 8-2 所示。

第八章 学生心理危机的预防与干预

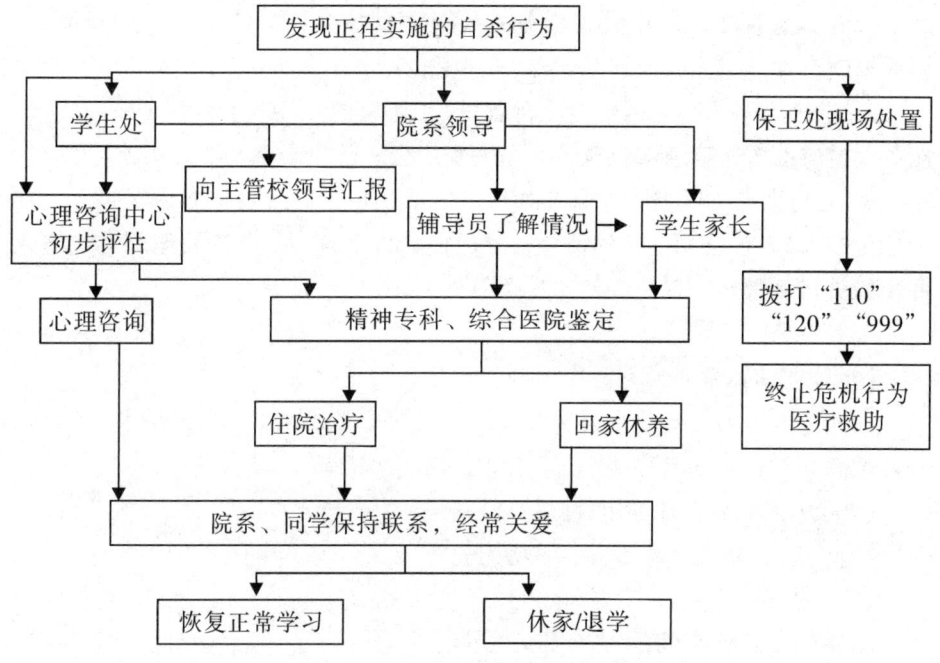

图8-2 自杀未遂事件的危机应对

2. 应对措施

对于正在实施的自杀行为，应对措施如下。

（1）及时报告，进行呼救，终止危机行为。

A. 发现者要立即报告学校。可以马上联系到的学校有关人员（院系主管学生工作的副书记、辅导员、学生处、心理咨询中心、保卫处等），学校学生处、保卫处等部门相关领导要以最快速度到达事发现场。

B. 还可以拨打广州市心理危机干预热线（目前，该热线设在广州惠爱医院），寻求专业救助。

C. 拨打报警电话"110"。报警时应陈述清楚详细地点，详细情况。警方到达后，与警方密切合作。

D. 拨打急救电话"120"，通知急救中心、校医院或最近的医院，及时抢救生命。

E. 向主管领导汇报。收集基本情况，如当事人基本信息，现场目击者描述等，在到达现场的最快的时间内向主管校领导进行口头汇报。

F. 通报校长办公室或校内新闻部门。

（2）处置现场。现场处置任务主要是协助校内保卫部门配合公安部门，协调校内有关部门完成如下工作。

A. 学校保卫部门应尽可能准备各种应急的救生工具（救生气垫），学校医务人员应准备医疗急救包或转运车辆和担架。防止当事人随时实施自杀。

B. 与当事人尝试进行沟通（如果已确认当事人的身份，通常找当事人比较信任的人），设法稳定他的情绪，延迟他的自杀行为，此刻要避免对当事人的情绪进行刺激。

【延伸阅读】危机时刻稳定自杀者情绪的沟通方法

在和有自杀倾向的学生谈话而又没有其他心理卫生专业人士在场协助时，可以遵照如下方式进行。

（1）保持冷静，耐心倾听。
（2）让他/她谈出自己内心的感受。
（3）要接纳他/她，不对他/她做任何评判。

不要试图说服他/她改变自己的感受。

询问他/她是否有自杀的想法，可以询问："你是否感觉很痛苦，以至于想结束自己的生命？""有时候一个人经历非常困难的事情时，他们会有结束生命的想法。你有那种感觉吗？""听到你的这些话，我很疑惑，不知道你是否有自杀的想法？"而不要这样问："你没有自杀的想法，是吧？"

相信他/她所说的话，任何自杀迹象均应认真对待。

不要答应对他/她的自杀想法给予保密。要及时将他/她的情况汇报给教师，以便在教师的帮助下及时采取应对措施。

让他/她相信别人是可以给其帮助的，并鼓励他/她寻求他人的帮助和支持，例如，去心理咨询中心求助。

若认为他/她有随时自杀的危险，要立即采取措施，例如，不要让他/她独处，去除自杀的危险物品，或将他/她转移至安全的地方，陪他/她去心理咨询机构寻求专业人员的帮助。

如果自杀行为已经发生，必须马上给医院或救助中心打电话，不可有丝毫犹豫。

C. 在救助现场设立警戒线。由校内保卫部门设置警戒线，确保无关人员接近现场，同时组织人力引导交通。防止其他人员围观、拍照、录像。

D. 由保卫部门出面，配合警方处理进行救助。

E. 排查学生身份。如果当事人的身份现场不能确认，则记录下其服饰、身高、相貌特征等基本情况，或拍其正面头部照片，放入电脑，尽快发至各院系进行排查。注意排查时不要惊扰学生。

（3）通知家长。

A. 通知家长到校。一般由学生家长较为熟悉的辅导员、班主任通知。建议采用学生重病在医院治疗等说法，请家长来学校。既说明严重程度，又不能给家长造成突然的巨大心理压力。在家长来学校的过程中，逐步透漏学生的状况。与母亲相比，一般父亲的承受能力会强些，可以主要与父亲保持沟通。

B. 如果学生在医院救治，陪同家长赶往医院，因为有时需要在抢救手术前签字。

（4）提交报告。向校办、主管校领导提交书面报告。在处理完全部事情后，由自杀未遂者所在院系的主管学生工作的教师提交相关报告，供存档备查。报告包括如下方面。

A. 个人基本信息。该生的基本个人信息，包括姓名、性别、院系、年级、是否有男女朋友、性格特征、爱好、成绩、人际关系及老师同学对该生的一般评价。

B. 事件发生情况。说明自杀未遂事件发生的基本过程，如时间、地点、发生方式、抢救等相关工作。

C. 原因分析。发生问题可能的原因分析。可能包括该生的一贯表现，其在学校中可能会有成绩困难、人际困难、家庭经济及成员互动情况。

D. 调取相关部门档案。如可以去心理咨询中心调查新生入学时心理量表数据，学生咨询记录等（如有必要）；如果学生身体健康状况不好，则可调查校医院的就诊记录。档案内容要注意保密。

E. 调查同学反映。汇总整理同学对该生平时表现的反映。

F. 调查个人博客。调查自杀学生在人人网等个人博客情况。

G. 未来工作方向思考。思考院系在未来的日子里准备就该生的情况继续做好哪些方面的工作。

（5）做好监护。如果当事人不需要去医院抢救，则要做好监护工作。

A. 院系负责看护。家长到达学校之前，看护工作一般情况下由学生所在院（系）负责。一般是24小时监护。

B. 两人以上在场。在看护学生时，要至少有两人以上同时在场。保证必要时两人交替工作。负责看护人最好是该生熟悉并信任的教师。

C. 临时安全住宿。家长到校之前，该生可住在学校的宾馆里，一定选择一楼或两楼的房间，同时有两人以上的辅导员或学生干部陪伴，以免一旦该生情绪失控，试图跳楼时保证安全降落地面。同时，要将有可能被拿来用作自杀工具的危险物品全部拿掉，确保该生生命安全。

D. 尽快送到专业医院。辅导员和学生都没有监护的义务，他们没有受过专业训练，不能完全有效地阻止危险的发生。所以，监护时间越短越好，尽快将该生送往专科医院。

E. 简短培训负责看护的人员。在看护人员执行监护任务之前，要有简短的对监护任务的介绍，让其了解心理危机的特点、抑郁症的一般规律、可能发生的危险情况、被监护学生可能的反应、不能两人同时离开当事人等具体工作方法。

F. 为当事人保密，不要扩散当事人的自杀行为，以免给其造成心理上新的伤害。给予更多的关心，让其感受到人与人之间的关怀和温暖。

（6）转介医院进行专业评估。

A. 自杀未遂者在综合医院被急救之后，学校通常要提出对该生进行精神诊断的要求。如果精神诊断的结果是精神疾病，该生需要入住专科治疗。建议完成在综合医院的身体治疗后，直接转院到精神卫生专科医院继续接受治疗。如果医生要求治疗，而该生或其家长不同意，则要求该生休学，家长带该生离校。

B. 到医院进行诊断，一般由家长陪同。

C. 因特殊情况家长不能陪同，由该生所在院系辅导员陪同。

D. 无论是家长或辅导员陪同，都要拿到精神科医生对该生是否患有精神疾病的诊断书。

（7）确诊为精神病者的应对措施。

A. 医生建议住院治疗的学生要住院治疗。

学生住院治疗要由家长办理住院手续。因特殊情况家长不能陪同，学校教师需持有家长或监护人的委托书（内容为：委托学校代理家长办理住院手续，提供委托人身份证复印件，并有委托人签字和盖章），代替家长办理住院手续。

B. 医生建议或家长提出回家服药休养可回家休养。

给医生建议或家长提出回家服药休养的学生办理休、退学手续。

要给家长介绍在休养期间精神病护理的有关常识，以免在休养期间发生再次自杀。

C. 保持联系，经常关爱。

在学生休养期间，辅导员及本班、同宿舍同学要和该生保持经常的联系，关心、鼓励该生战胜疾病，使其感受到教师、同学的温暖，尽快恢复健康。

D. 复学。

对精神病康复后提出复学的学生，要求其持有正规的精神专科医院的医生诊断证明（证明其已康复，可以复学），方可办理复学手续。

（8）对可以在学校坚持学习学生的心理辅导。

A. 辅导员应对其进行心理疏导。

辅导员平日和学生关系比较近，可以与之谈话，关心他/她，陪伴他/她，缓解他/她的情绪，减少他/她的孤独感。

B. 心理咨询中心提供专业咨询。

（9）持续关怀。

（10）总结经验教训。

完成事件处理全过程报告，分析该生的自杀原因，总结工作中的经验和教训，完善学校心理危机预防干预工作，加强学生的心理素质教育。

（三）对有自杀倾向学生的应对措施

自杀倾向主要包含有3种情况。

（1）有自杀倾向，在语言和行为上流露出有自杀的想法。

（2）患有严重精神疾病者，主要是抑郁症、精神分裂症、双相情感障碍患者。

（3）遭遇重大突发事件创伤者。

应对措施如图8-3所示。

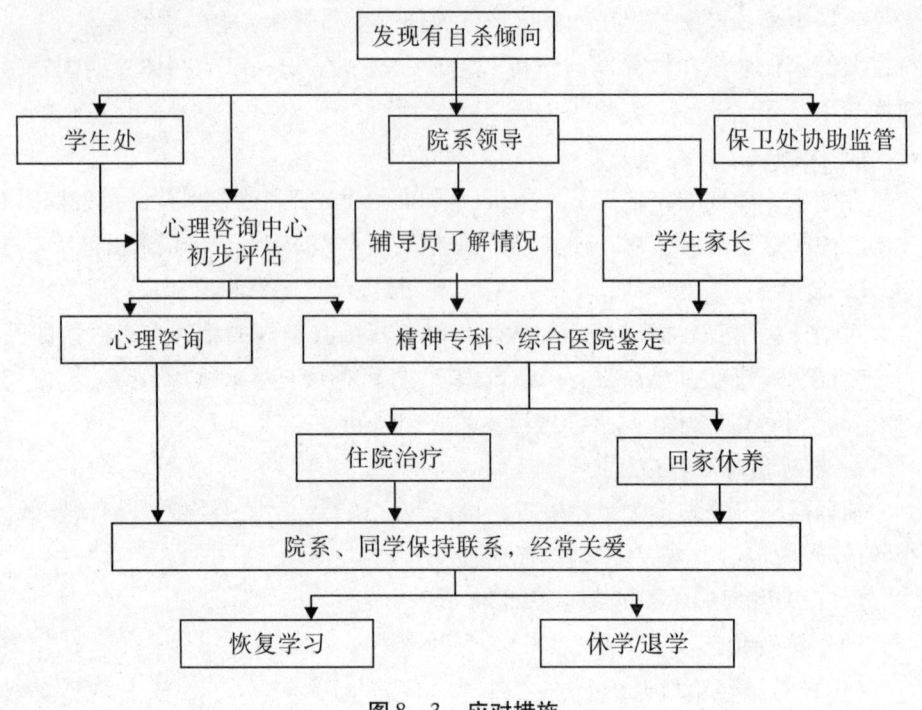

图8-3 应对措施

1. 及时发现

(1) 识别自杀的征兆。

言语上的征兆有：①流露出无助或无望的心情或无价值感。②表达过死的念头，谈论与自杀有关的事或开自杀方面的玩笑。③谈论自杀计划，包括自杀方法、日期和地点、易获得的自杀工具等。④直接说出"我希望我已死去""我再也不想活了"。⑤间接说出"我所有的问题马上就要结束了""现在没人能帮得了我""没有我，别人会生活得更好""我再也受不了了""我的生活一点意义也没有"等。

行为上的征兆有：①睡眠、饮食或体重明显增加或减少，过度疲劳，体质或个人卫生状况下降。②易激惹，过分依赖，持续不断地悲伤或焦虑，常常流泪。③注意力不集中、成绩下降、经常缺勤。④孤僻、人际交往明显减少。⑤无缘无故地生气或与人敌对。⑥饮酒或吸毒的量增加。⑦突然把个人有价值、有纪念性的物品送人，或与亲朋告别。⑧出现突然的、明显的行为改变，如曾经情绪一直不好，突然变得很平静甚至比较高兴了。⑨频繁出现意外事故。

（2）识别精神疾病的症状。

A. 抑郁症的可疑症状。如果一个人在两周或更长时间内，同时存在3个下述症状，尤其是第1、第2和第13项，即需怀疑罹患抑郁症的可能。①几乎每天心情都非常恶劣。②对以前感兴趣的东西或活动失去兴趣。③感到麻木、空虚、无聊。④躯体疼痛（胃痛、头痛）。⑤睡眠困难（难以入睡、早醒或睡得过多）。⑥体重改变或饮食习惯改变。⑦过分的挫败感和过分自责。⑧集中注意力、思考问题困难。⑨和平常比，更易怒、紧张或易激惹。⑩感到无价值、内疚或满心羞愧。⑪彻底的无助感、无望感。⑫没有精力或动力，内心有压力感。⑬反复出现死亡或自杀的想法，觉得活着还不如死了好。

B. 精神分裂症的可疑症状。如果一个人在1个月以内有下列2种以上的症状，需高度怀疑罹患此病。①幻觉（看到或听到他人对自己思想及行为的批评，或听到两人以上彼此交谈，但实际上这些声音或图像并不存在）。②妄想（超越现实中个人所能达成或与现实不符的想法，如有的病人会有自己当总统、主宰世界、拯救众生等与现实不符的想法）。③语无伦次（思维松弛、语言逻辑性差，难以理解）。④冲动或怪异的行为（有可能伤人或伤己的行为，及不可理解的异常行为）。⑤情感上则陷于停滞，行为退缩（情感不能与内心体验相吻合、与周围环境不协调）。⑥发病后在工作能力、人际关系、自我照料等功能上明显降低（影响到工作生活的各方面）。

C. 双相情感障碍的可疑症状。双相情感障碍主要表现为心境高涨与心境低落交替发作。心境低落时多为抑郁发作的表现，心境高涨时以情绪高涨、兴趣增加、精力和活动增多为主要表现，且持续时间达一周以上。可疑症状为：①言语比平时显著增多。②联想加快，思维奔逸，自感言语跟不上思维活动的速度。③注意力不集中，或者随境转移。④自我评价过高，甚至显得荒谬离奇，如一个普通学生认为自己是万物之神。⑤自我感觉良好，如感头脑特别灵活，或身体特别健康，或精力特别充沛。⑥睡眠的需要减少，且不感疲乏。⑦活动增多，或精神运动性兴奋。⑧行为轻率或追求享乐，不顾后果，具有冒险性、挥霍性。⑨性欲望及社交欲望明显亢进。

2. 及时报告

（1）发现自杀危机倾向的人及时报告给院系主管学生工作的党委副书记、

辅导员，也可直接报告学生处、研工部、心理咨询中心、保卫处等部门。

（2）院系工作的党委副书记、辅导员，应当尽快与该学生进行直接面谈，并从相关人员处了解情况。

（3）院系请有自杀倾向学生送心理咨询中心进行初步评估或直接送专科精神病医院进行诊断。

（4）主管人员对于所有关于自杀的汇报都要认真对待。

3. 做好监护

（1）院系负责看护。家长到达学校之前，看护工作一般情况下由学生所在院（系）负责。一般是24小时监护。

（2）两人以上在场。在看护学生时，要至少有两人以上同时在场。保证必要时两人交替工作。负责看护人最好是该生熟悉并信任的教师。

（3）临时安全住宿。家长到校之前，该生可住在学校的宾馆里，一定选择一楼或两楼的房间，同时有两人以上的辅导员或学生干部陪伴，以免一旦该生情绪失控，试图跳楼时保证安全降落地面。同时要将有可能被拿来用作自杀工具的危险物品全部拿掉，确保该生生命安全。

（4）尽快送到专业医院。辅导员和学生都没有监护的义务，他们没有受过专业训练，不能完全有效地阻止危险的发生。所以监护时间越短越好，尽快将该生送往专科医院。

（5）简短培训负责看护的人员。在看护人员执行监护任务之前，要有简短的对监护任务的介绍，心理危机的特点，抑郁症的一般规律，可能发生的危险情况，被监护学生可能的反应，不能两人同时离开当事人等具体工作方法。

3. 初步评估

由学校心理咨询中心的专业教师进行自杀倾向及自杀的风险程度做出评估。心理咨询人员无权进行精神疾病诊断，但可以进行疑似自杀倾向和疑似精神疾病的初步评估。

因为精神疾病的复杂性及高校心理咨询中心缺少精神诊断经验，有时难以对复杂的精神疾病做出准确评估。如有必要，学校可以邀请有3位中级职称或以上的精神病医生来校会诊，根据诊断结果指导下一步工作。

当发现学生有自杀倾向时，心理咨询教师要以保护学生生命安全为第一任务，不要承诺向其家长和老师保密，让学生知道学校将通告其父母及院系的现实，并请该生签字确认。如该生不签字，咨询师要在咨询记录上明确说明。无论该生是否同意，院系都要将这个情况通报家长。

4. 通知家长

（1）及时通知学生家长，及时就医。根据目前的精神卫生管理条例，只有家长或监护人才有权利要求该生住院。如果心理咨询中心评估后认为该生有自杀的风险，或有严重精神疾病，均由学生所在院（系）通知家长，在家长知情并同意及陪伴的情况下，由院（系）负责人及家长送学生到学校指定专科医院就诊。

（2）家长暂时无法到达的处理。若短时间内难以与学生家长取得联系，而学生的心理问题已严重危及自身生命安全，学校可直接送学生到医院就诊（非住院）；同时，通过各种方式与家长取得联系。

（3）要让家长感受到学校对学生的关心，不要让家长产生学校推脱责任的误解。

（4）要理解与接纳家长对孩子担心的情绪，向家长介绍有关自杀及精神疾病的知识，消除家长对精神疾病的恐惧。

（5）说服家长尊重专业的诊断和治疗建议。有的时候，因为家长不了解精神疾病的知识，也因为担心精神疾病会影响孩子的学业与发展，家长不愿意承认孩子有病，不愿接受专业的诊断和建议，提出要求在校陪读，让孩子正常上课等要求。工作人员要尽量说服家长尊重专业的诊断和治疗建议。

（6）让家长承担其作为监护人应当承担的法律责任。

如果不能说服家长时，为了学生的生命安全和健康，学校仍要坚持尊重专业的诊断和建议，让家长承担其作为监护人应当承担的法律责任。

5. 转介医院

（1）对经初步评估为疑似自杀倾向者和患有严重心理疾病者要及时转介到本省市正规的精神专科医院进行诊断，确认当事人是否患有精神疾病。

（2）到医院进行诊断，一般由家长陪同。

（3）因特殊情况家长不能陪同，由学生所在院系辅导员陪同。

（4）无论家长或辅导员陪同，都要拿到精神科医生对学生是否患有精神疾病的诊断书。

6. 必要时将危机学生强制送医院监护

当危机学生的行为已构成对自身及他人的威胁，严重影响学校秩序，家长还没赶到学校时，学校可以联系公安部门，强制送到医院监护，待家长到来后，由家长办理就诊事宜。

7. 确诊为精神病者的应对措施

（1）医生建议住院治疗的学生要住院治疗。

学生住院治疗要有家长办理住院手续。因特殊情况家长不能陪同，学校老师需持有家长或监的委托书（内容为：委托学校代理家长办理住院手续，提供委托人身份证复印件，并有委托人签字和盖章），代替家长办理住院手续。

（2）医生建议或家长提出回家服药休养可回家休养。

给医生建议或家长提出回家服药休养的学生办理休、退学手续。

要给家长介绍在休养期间精神病护理的有关常识，以免在休养期间发生再次自杀。

（3）保持联系，经常关爱。

在学生休养期间，辅导员及本班、同宿舍同学要和该生保持经常的联系，关心、鼓励其战胜疾病，使其感受到教师、同学的温暖，尽快恢复健康。

（4）复学。

对精神病康复后提出复学的学生，要求其持有正规的精神专科医院的医生诊断证明（证明其已康复，可以复学），方可办理复学手续。

8. 对可以在学校坚持学习学生的心理辅导

（1）辅导员心理疏导。

（2）心理咨询中心提供专业咨询。

9. 持续关怀

10. 总结经验教训

完成事件处理全过程报告，分析学生自杀原因，总结工作中的经验和教训，完善学校心理危机预防干预工作，加强学生的心理素质教育。

参考文献

［1］［古希腊］柏拉图．柏拉图全集［M］．王晓朝，译．北京：人民出版社，2012.

［2］钱穆．国史新论［M］．北京：生活·读书·新知三联书店，2001.

［3］张春兴．现代心理学［M］．上海：上海人民出版社，2005.

［4］彭聃龄．普通心理学［M］．北京：北京师范大学出版社，2001.

［5］孟昭兰．普通心理学［M］．北京：北京大学出版社，1994.

［6］黄希庭．心理学导论［M］．北京：人民教育出版社，1997.

［7］高玉祥．心理学［M］．北京：北京师范大学出版社，1985.

［8］崔丽娟．心理学是什么［M］．北京：北京大学出版社，2002.

［9］卢家楣．心理学［M］．上海：上海人民出版社，1998.

［10］阴国恩．普通心理学［M］．天津：南开大学出版社，1998.

［11］赵冰洁．心理学［M］．重庆：重庆大学出版社，1998.

［12］叶奕乾，何存道，梁宁建．普通心理学［M］．上海：华东师范大学出版社，2000.

［13］全国十二所重点师范大学联合编写．心理学基础［M］．北京：教育科学出版社，2002.

［14］程正万．心理学（第3版）［M］．北京：北京师范大学出版社，2003.

［15］张明．记忆心理学［M］．北京：科学出版社，2004.

［16］张春兴．现代心理学——现代人研究自身问题的科学［M］．上海：上海人民出版社，1995.

［17］李小融．教育心理学新编［M］．成都：四川教育出版社，2005.

［18］黄希庭．心理学与人生［M］．广州：暨南大学出版社，2005.

［19］黄希庭．心理学导论［M］．北京：人民教育出版社，2001.

［20］王有智，欧阳仑．心理学基础——原理与应用［M］．北京：首都经济贸易大学出版社，2003．

［21］汪新建．西方心理疗法的整合趋势及其前瞻［J］．心理科学，2003，26（5）：856－859．

［22］车文博．心理咨询大百科全书［M］．杭州：浙江科技出版社，2001．

［23］车文博．20世纪西方心理学大师述评（共15卷）［M］．武汉：湖北教育出版社，1999—2000．

［24］吴江霖．心理学概论［M］．广州：广东高等教育出版社，2003．

［25］王益明，耿爱英．实用心理学原理［M］．济南：山东大学出版社，2000．

［26］［美］理查德·格里格，菲利普·津巴多．心理学与生活［M］．王垒，等译．北京：人民邮电出版社，2003．

［27］彭聃龄，张必隐．认知心理学［M］．杭州：浙江教育出版社，2004．

［28］教育部人事司．高等教育心理学［M］．北京：高等教育出版社，1998．

［29］欧居湖，徐建奇．心理学与大学生［M］．成都：四川出版社集团，天地出版社，2006．

［30］李小融．心理学［M］．成都：四川大学出版社，2002．

［31］刘爱伦．思维心理学［M］．上海：上海教育出版社，2002．

［32］刘志雅．思维心理学［M］．广州：暨南大学出版社，2005．

［33］陈琦，刘儒德．当代教育心理学［M］．北京：北京师范大学出版社，1999．

［34］姚本先．心理学［M］．北京：高等教育出版社，2005．

［35］王雁．普通心理学［M］．北京：人民教育出版社，2002．

［36］朱德全，宋乃庆，彭智勇．教育实验研究［M］．重庆：重庆出版社，2000．

［37］中共北京市委教育工作委员会．心理素质：成功人生的基础［M］．北京：北京出版社，2005．

［38］张厚粲．心理学［M］．天津：南开大学出版社，2002．

［39］吕建国．大学心理学［M］．成都：四川大学出版社，2004．

［40］钟祖荣，刘维良．教育理论［M］．北京：高等教育出版社，2000.

［41］董操，宋尚桂，王本法．新编心理学［M］．北京：教育科学出版社，2000.

［42］叶奕乾，祝蓓里．心理学［M］．上海：华东师范大学出版社，1997.

［43］张世富．心理学［M］．北京：人民教育出版社，1998.

［44］孙喜林，荣晓华．旅游心理学［M］．大连：东北财经大学出版社，2003.

［45］阴国恩，梁福成，白学军．普通心理学［M］．天津：南开大学出版社，2000.

［46］何华敏，邓伦凯，王立新，耿德英．心理学题库［M］．成都：四川教育出版社，1994.

［47］黄希庭．心理学导论［M］．北京：人民教育出版社，1991.

［48］卢家楣．情感教学心理学［M］．上海：上海教育出版社，2000.

［49］赵冰洁，张莉，李恒荣．心理学［M］．重庆：重庆大学出版社，1998.

［50］Franken R E．人类动机［M］．郭本禹，等，译．西安：陕西师范大学出版社，2005.

［51］卢家楣，魏庆安，李其维．心理学［M］．上海：上海人民出版社，2004.

［52］冯军梅，邱小捷．心理学原理［M］．北京：高等教育出版社，2003.

［53］叶奕乾，孔克勤．个性心理学［M］．上海：华东师范大学出版社，1993.

［54］［美］尼奇·海斯，苏·奥雷尔．心理学导论［M］．爱丁，等，译．北京：电子工业出版社，2004.

［55］卢家楣．学习心理与教学［M］．上海：上海教育出版社，1999.

［56］张奇．学习理论［M］．武汉：湖北教育出版社，1999.

［57］吴增强．学习心理辅导［M］．上海：上海教育出版社，2000.

［58］林崇德．品德发展心理学［M］．上海：上海教育出版社，1989.

［59］张大均．教育心理学教程［M］．成都：四川民族出版社，1992.

［60］张大均．教育心理学［M］．北京：人民教育出版社，2004.

[61] 陈琦，刘儒德. 当代教育心理学［M］. 北京：北京师范大学出版社，1997.

[62] 张大均. 教学心理学［M］. 重庆：西南师范大学出版社，1997.

[63] 邵瑞珍. 学与教的心理学［M］. 上海：华东师范大学出版社，1990.

[64] 莫雷，何先友，冷英. 教育心理学教学参考资料选辑［M］. 广州：广东高等教育出版社，2004.

[65] 莫雷. 教育心理学［M］. 广州：广东高等教育出版社，2005.

[66] 吴增强. 学校心理辅导通论：原理．方法．实务［M］. 上海：上海科技教育出版社，2004.

[67] 王志超. 中小学生心理问题个别辅导［M］. 广州：暨南大学出版社，1999.

[68] 李铮，姚本先. 心理学新论［M］. 北京：高等教育出版社，2001.

[69] 莫雷. 青少年心理健康教育［M］. 上海：华东师范大学出版社，2003.

[70] 吴增强. 当代青少年心理辅导［M］. 上海：上海科学技术文献出版社，2003.

[71] 韦有华. 人格心理辅导［M］. 上海：上海教育出版社，2002.

[72] 张玲. 心理健康研究与指导［M］. 北京：教育科学出版社，2001.

[73] 周家华，王金凤. 大学生心理健康教育［M］. 北京：清华大学出版社，2004.

[74] 黄训美. 大学生心理保健［M］. 北京：人民出版社．2001.

[75] 郑杭生. 社会学概论新修［M］. 北京：人民大学出版社，1998.

[76] 李百珍. 青少年心理卫生与心理咨询［M］. 北京：北京师范大学出版社，1997.

[77] 樊富珉. 大学生心理健康教育研究［M］. 北京：清华大学出版社，2002.

[78] 朱智贤. 心理学大词典［M］. 北京：北京师范大学出版社，1989.

[79] ＡＪ马尔塞拉，ＲＧ撒普，ＴＪ西勃罗夫斯基. 跨文化心理学［M］. 肖振远，荣新海，范学德，等，译. 长春：吉林文史出版社，1991.

[80] 马克思恩格斯全集（第4卷）［M］. 北京：人民出版社，1997.

[81] ［美］E. 弗洛姆. 逃避自由［M］. 陈学明，译. 上海：上海人民出

版社，1986.

[82] 江光荣．社会变革与人的适应［J］．华中师范大学学报，1995（5）：19–23.

[83] 潘道生．社会变革带来的心理问题［N］．北京青年报，1995–06–05（4）．

[84] 潘元康．社会青年与心理变化［J］．百科知识，1990（4）．

[85] 陈学诗．精神医学的进展．中国医学年鉴［M］．天津：天津科技出版社，1985.

[86] ［美］英格尔斯．人的现代化［M］．殷陆君，译．成都：四川人民出版社，1985.

[87] 沈杰．中国社会心理嬗变：1992—2002［J］．中国青年政治学院学报，2003（1）：133–139.

[88] 沈杰．中国现代化进程中的大众文化与青年社会化［J］．中国青年政治学院学报，2002（1）：26–31.

[89] 沈杰．中国现代化起飞阶段的青年成才心理［M］．中国人才，2004（2）：52–53.

[90] 沈杰．后单位制时代中国青年择业心理的多元化取向［J］．中国青年研究，2002（2）：40–44.

[91] 沈杰．中国社会发展进程中的青年发展：一种宏观性的分析［J］．青年探索，2003（6）：17–19.

[92] 杨长征．中国青少年流行文化现象报告［M］．北京：中国青年出版社，2003.

[93] 北京青年研究会．北京青年发展报告［M］．北京：北京师范大学出版社，2001.

[94] 北京青年研究会．北京青年发展报告：北京青年指数2003年版［M］．北京：人民出版社，2004.

[95] 李路路．当代中国现代化过程中的社会结构及其变革［M］．杭州：浙江人民出版社，1992.

[96] 陆学艺．中国社会发展报告［M］．沈阳：辽宁人民出版社，1991.

[97] 汝信．中国社会形势分析与预测［M］．北京：社会科学文献出版社，2001.

[98] 郭永玉．沙利文的精神医学的人际理论［J］．中国临床心理学杂

志，1997（5）：3.

［99］编写委员会．心理素质教育实用全书［M］．北京：开明出版社，2000.

［100］刘金花．儿童发展心理学［M］．上海：华东师范大学出版社，2001.

［101］闫志雄，陈华平．儿童发展心理学［M］．上海：华东师范大学出版社，2001.

［102］王振宇．儿童心理发展理论［M］．上海：华东师范大学出版社，2000：75.

［103］［美］查尔斯·H·扎斯特罗，卡伦·K·柯斯特-阿什曼．人类行为与社会环境［M］．6版．北京：中国人民大学出版社，2006.

［104］纪秋发．北京青少年道德状况调查报告［J］．青年研究，2000（2）：18-24.

［105］杨长征．中国青少年流行文化现象报告［M］．北京：中国青年出版社，2003.